KNAUR

Über das Buch:
Kriege. Erderwärmung. Industrielle Tierausbeutung. Aufstieg der Rechten. Es ist höchste Zeit, aktiv zu werden und Widerstand zu leisten! Doch angesichts ungezählter Krisen ist das eine echte Herausforderung – denn wo soll man anfangen?
Victoria Müller ermutigt dazu, den Kampf für eine bessere Zukunft aufzunehmen. Sie selbst wehrte sich schon als Teenagerin gegen die Nazis in ihrer Stadt und ist seitdem politisch aktiv, manchmal bis an die Grenze des Erlaubten. In ihrem Buch belegt sie am Beispiel erfolgreicher Revolten die Wirkmacht von Protest. Und sie zeigt, dass Wandel oft im Kleinen beginnt und wir alle etwas bewegen können.

Über die Autorin:
Victoria Müller, 1988 in Ostdeutschland geboren, studierte Germanistik, Anglistik und Geschichte. Sie arbeitet als Moderatorin, freie Autorin und haltungsstarke Content-Creatorin. In ihrer Kolumne »Retrospektiv« im *VETO Magazin* behandelt sie soziale Bewegungen. Zusätzlich engagiert sie sich aktiv im Tierschutz und hat mit anderen den Verein ddao Tierschutz e. V. gegründet, der vor allem in der Ukraine und anderen Krisen- und Kriegsgebieten tätig ist. Für ihre Tierschutzarbeit wurde sie mehrfach ausgezeichnet. Sie erklärt in ihrem Instagram-Format »Das kritische Wörterbuch« komplexe politische Begriffe verständlich, um mehr Menschen in gesellschaftliche Diskussionen einzubeziehen. Victoria lebt in Berlin und arbeitet an ihrem Traumprojekt, dem Aufbau eines Lebenshofs in Brandenburg.

Victoria Müller

BE A REBEL

Ermutigung
zum
Ungehorsam

KNAUR

Besuchen Sie uns im Internet:
www.droemer-knaur.de

MIX
Papier | Fördert gute Waldnutzung
FSC® C014496

Originalausgabe Juni 2024

Ein Imprint der Verlagsgruppe
Droemer Knaur GmbH & Co. KG, München

Covergestaltung: Viktoria Cichoń
Coverabbildung: Illustration von Viktoria Cichoń / Foto der Autorin von Max Threlfall
Satz und Layout: Adobe InDesign im Verlag
Druck und Bindung: GGP Media GmbH, Pößneck
ISBN 978-3-426-44794-9

2 4 5 3 1

»Deeds not words.«

Inschrift auf dem Grabstein
der Frauenrechtlerin Emily Davison

Inhaltsverzeichnis

4.
Viva la revolución
149

5.
Keimzellen des Wandels
175

6.
Rebel 101
197

Nachwort
Be a Rebel
221

Glossar
Das kritische Wörterbuch
225

Anmerkungen
231

Einleitung
Ich bin wütend

Ich wollte dieses Buch eigentlich mit den theatralischen Worten »Mein Name ist Victoria, und ich bin wütend« beginnen. Dieses Buch beginnt jetzt aber mit den Worten »Mein Name ist Victoria, und ich bin auf der A4 in Polen«. Es ist ein extrem heißer Sommertag im Juni. Der längste Tag des Jahres. Um neun Uhr morgens verzeichnete das Thermometer im Auto bereits drückende 30 Grad. Joris und ich haben die Nacht hinter Katowice in einem Autobahnhotel verbracht, das den gleichen Namen wie die daran vorbeiführende Autobahn trägt: A4. Um 3:54 Uhr waren wir eingecheckt, 250 Zloty kostete die Nacht, die Orlen-Tankstelle direkt vor der Tür. Nach viereinhalb Stunden klingelte bei uns synchron der Wecker.

»Ich habe den gleichen nervigen Klingelton«, murmelte ich schlaftrunken ins andere Bett rüber.

Wir nehmen immer ein Doppelzimmer mit getrennten Betten. Das Zimmer war erstaunlich groß, roch nach modrigem altem Teppich und Reinigungsmitteln. Und nach diesem künstlichen Bananenaroma. Irgendwie gibt es in Osteuropa immer so abgedrehte Seifengerüche. Kaugummi, Banane, Melone – immer alles etwas zu doll. Dieses Odeur hatte sich wie ein Schleier über das Zimmer gelegt. Ehrlicherweise war mir das bei der Ankunft und beim Aufwachen egal. Ich stand etwas neben mir. Die Nächte vor der Abfahrt waren kurz gewesen, die Tage lang. Viele Telefonate, WhatsApp- und Telegram-Nachrichten, E-Mails, unzählige Gespräche mit anderen Volunteers und ewiges Kopfzerbrechen.

Zum Frühstück gab es erst mal eine vegane Ketwurst, an polnischen Tankstellen kein Problem. Meine Verdauung war nicht in der besten Verfassung, die Ketwurst fiel wie ein schwerer, aber wohlschmeckender Stein in meine leere Magengrube. Die 30 Grad machten uns fertig, man konnte kaum atmen. Trotzdem wollte ich noch die Platten in meine Weste machen, bevor wir an der Grenze ankommen.

»Das hab ich dir selbst überlassen, die gehen so schlecht rein. Man muss super dolle drücken«, sagte Joris etwas schadenfroh.

Neben schusssicheren Westen war unser Auto voller Hundefutter, das einen einzigartigen Geruch im gesamten Innenraum des Caddy verbreitete.

Um 9:54 Uhr sind wir wieder auf der A4, mit 130 Sachen und der Klimaanlage auf Anschlag. Wir brauchen noch zweieinhalb Stunden bis zur Grenze.

»Wo seid ihr?«, schreibt mein Freund. »Kommt ihr gut durch, seid ihr schon drüben?«

Drüben – das ist nicht die nostalgische Umschreibung eines Teils von Deutschland, den es nicht mehr gibt, sondern meint jenes Land, das am 24. Februar 2022 von Russland angegriffen wurde und auf dessen gesamtem Staatsgebiet seither Krieg herrscht. Wir fahren in die Ukraine, und das sehr regelmäßig. Wir evakuieren Tiere aus den Kriegsgebieten, bringen Futter in entlegene Bereiche oder besuchen ein Tierheim in Butscha, das wir seit einiger Zeit finanziell unterstützen und ausbauen.

Diese Fahrten ins Kriegsgebiet lösen in mir ein Potpourri an Emotionen aus. Es verdichten sich noch einmal dieselben Emotionen, die überhaupt dazu geführt haben, dass ich in den grauen VW Caddy unseres Vereins steige und in ein Land fahre, in dem Raketen fliegen. Da ist die überbordende Wut über diesen unfairen Krieg, über den Umstand, dass ein Land die souveränen Grenzen eines anderen verletzt und unschuldige Menschen und auch Tiere einfach so angegriffen werden. Zu dieser Wut gesellt sich die Hoffnung, ein bisschen was tun zu können, auch wenn die Situation nur wenig hoffnungsvoll ist. Auf diesen endlosen Touren werden mir diese Emotionen bewusst, und ich spüre, wie sie mit den vielen Gesichtern des Aktivismus interagieren. Natürlich wusste ich das, rein theoretisch, auch schon davor. Aber auf diesen Autofahrten wird die Theorie zu meiner eigenen Realität. Und ich erinnere mich daran, dass nicht jede Form des Aktivismus immer auf Akzeptanz stößt. Vielleicht eint das die diversen Arten des Betätigungsdrangs: Unverständnis ist ein stetiger Begleiter, und viele Menschen bringen das auch ganz unverblümt zum Ausdruck.

»Darf ich dich mal fragen, wieso du das machst? Also dein Leben in Gefahr bringen für Tiere? Ich bin ja selbst vegan, und das soll nicht blöd klingen«, fragte mich neulich beim gemeinsamen Hafermilch-Latte ein geschätzter Kollege. Eine Frage, auf die wohl jede aktivistische Person schon mindestens einmal antworten musste. Ich reagierte kurz angebunden, denn wie sollte ich es erklären? Leben retten klingt zu heroisch, etwas verändern zu hochtrabend und realitätsfremd. Was ist also mein Antreiber, mein Katalysator? Wieso mache ich das?

Diese kleine, scheinbar harmlose Frage hat mich zum Nachdenken gebracht. Denn eine rationale Antwort habe ich darauf nicht. Zumindest keine, die meinem sonst eher analytischen und sachlichen Weltbild entsprechen würde. Hand aufs Herz: Den Lauf der Geschichte werde ich nicht verändern. Ich werde nicht das Tierleid auf der Erde, nicht einmal in Deutschland oder in meinem Bundesland stoppen. Auch kann ich nicht verhindern, dass weiterhin Tiere für Tierversuche missbraucht oder Frauen auf der Straße sexuell belästigt werden. Ich werde die Politik nicht davon abhalten, Menschen an den EU-Außengrenzen einfach sterben zu lassen, oder

Großkonzerne davon, Menschen auszubeuten oder zu viele Emissionen in den Orbit zu jagen. Ich, Victoria Müller, werde dies nicht ändern können. Wieso also so viel Energie, Zeit, Schweiß und Tränen in Dinge investieren, die ich sowieso nicht ändern kann?

Und dennoch hat diese Frage, die Frage nach dem »Warum«, bei mir nur kurz für Verwirrung gesorgt. Schnell saß ich argumentativ wieder im Sattel, und das Gefühl, dieses eine Gefühl, der Antreiber war wieder da und hat jeglichen Zweifel wieder dahin verwiesen, wo er hingehört: ganz weit weg!

Dieses spezielle Gefühl und die Frage nach dem Sinn aktivistischen Handelns sollen in diesem Buch weiter ergründet werden. Was treibt uns an, Kämpfe zu kämpfen, die scheinbar aussichtslos sind? Wie und wieso stellen wir uns konstanter Kritik, Hass und riskieren sogar unsere körperliche Unversehrtheit?

Ich möchte auf den nächsten Seiten dafür werben, diesem Gefühl nachzugehen, das man in der Magengegend hat, wenn man über Missstände in der Zeitung liest, wenn man ein enthüllendes Video aus einer Mastanlage sieht oder im Umfeld mitbekommt, dass jemand aufgrund von Herkunft, Religion oder Hautfarbe mal wieder richtig scheiße behandelt wurde. Dem Gefühl, das sich einstellt, wenn ein Naziaufmarsch in der eigenen Stadt angekündigt wird, Forschende in einer Talkshow über die unmittelbaren Auswirkungen des Klimawandels berichten oder die *Tagesthemen* die alljährliche Femizid-Statistik präsentieren, also die Zahl, wie viele Frauen binnen eines Jahres von Männern ermordet wurden. Könnt ihr das Gefühl abrufen? Haltet mal kurz inne und versucht, dem Gefühl einen Namen zu geben, spürt mal richtig rein. Was ist da? Und wo? Ein Stechen aus Angst im Kopf, ein wütender Druck auf der Brust, ein schweres Gefühl im Magen, Herzrasen aus Euphorie oder Anspannung?

Vermutlich gebt ihr dem Gefühl einen eigenen Namen. Bei

mir heißt dieses Gefühl, das den Motor anspringen lässt und ziemlich lange am Laufen hält, ganz banal **Wut.** Um es etwas zu entschärfen und dem Ganzen die für mich typische analytische Komponente zu verleihen, nenne ich es genauer: **konstruktive Wut.**

Denn ja, mein Name ist Victoria, und ich bin wütend.

Aktivistisches Handeln, Veränderungen vorantreiben, das muss nicht immer total rational sein, und das Ganze darf neben der sachlichen auch eine emotionale Ebene haben. Gefühle sind es nämlich, die das Feuer brennen lassen. Deshalb möchte ich mit euch gemeinsam entweder das Feuer entflammen oder es verstärken, indem ich noch ein bisschen Öl reinkippe.

Aber nicht nur unser (potenzieller) eigener Antrieb soll in diesem Buch Thema sein, auch die Notwendigkeit für mehr Akzeptanz in Sachen Aktivismus. Zu laut, zu radikal, nicht anschlussfähig, holt nicht das Gros der Gesellschaft ab – diese Kritik ist im Rahmen von emanzipatorischen Bewegungen so sicher wie das Amen in der Kirche. Aktuell sieht sich die Klimabewegung diesen Bewertungen ausgesetzt, vor allem Gruppen wie die Letzte Generation. Aber ich kenne diese Debatten auch gegen uns in der Tierrechtsbewegung. Das Wie wird bei lauten Protestbewegungen sehr häufig thematisiert, und die vermeintliche mangelnde Anschlussfähigkeit ist für viele auch der Grund, diese Gruppen und ihre Forderungen nicht zu unterstützen.

Doch wie wirksam sind radikaler Protest und laute, unbequeme Protestformen? Dazu gibt es Forschung, die ich genauer beleuchten möchte. Wenn wir einen Blick in die Geschichte werfen, erkennen wir schnell, dass unsere heutigen Freiheiten oft das Ergebnis mutiger Protestbewegungen sind. Ob Frauenwahlrecht oder die 40-Stunden-Woche – die Pionierleistungen von damals haben den Weg für unsere heutigen Errungenschaften geebnet.

Spannender- und vielleicht auch überraschenderweise gibt es viele Überschneidungen in der Art der Protestaktionen, und auch die Akzeptanz beziehungsweise die Kritik ähnelt sich sehr stark.

Neben der Gefühlsebene und der wissenschaftlichen und historischen Einordnung möchte ich auch von meinen eigenen Erfahrungen erzählen. Seit meiner Kindheit bin ich politisch aktiv. In der siebten Klasse habe ich gezielt Menschen aus der Kommunalpolitik für die Neonazis in unserem Dorf sensibilisieren wollen und habe dazu Vorträge an unserer Schule gehalten. Meinen ersten Polizeiknüppel habe ich ungefähr zur gleichen Zeit auf einer Demonstration abbekommen, und auch wenn sich mein Wie über die Jahre immer wieder modifiziert hat, ist das Gefühl seit Jahrzehnten das gleiche. Diese biografische Erzählung soll kein moralischer Zeigefinger sein, eher eine Anleitung oder Inspiration zur Nachahmung. Denn auch wenn ich häufiger gefragt werden, wieso ich bestimmte Dinge tue, erlebe ich oft, dass Menschen selbst aktiver werden wollen.

Für euch ist dieses Buch. Denn gesellschaftlicher Wandel entsteht nicht isoliert, sondern braucht Engagement. Und dieses Engagement kann man lernen.

1.
Nicht nur eine Phase

Victoria, kannst du nach der Stunde bitte kurz dableiben«, fragte mein Musiklehrer mit einem säuerlich-ernsten Unterton. Herr Lohmann war wie ich aus Ostdeutschland, und das hörte man auch. Vor allem wenn er einen säuerlich-ernsten Unterton auflegte, erklang das Erzgebirge-Sächsisch in seiner vollsten Pracht. Hier im tiefsten Westen eine Rarität, für meine Ohren zwischen all dem Hessisch-Gebabbel aber eine wahre Wohltat. Aus diesem Grund verspürte ich anfänglich Sympathie, doch es sollte sich herausstellen, dass wir außer der ostdeutschen Herkunft nicht viel gemeinsam hatten.

Ich besuchte die siebte Klasse einer integrierten Gesamtschule. Meine Noten waren mittelmäßig bis schlecht, meine Motivation quasi nicht vorhanden. Niemand glaubte ernsthaft daran, dass ich eine steile berufliche Karriere hinlegen würde. Deswegen waren auch alle einigermaßen zufrieden mit meinen Leistungen oder mit dem Umstand, dass ich irgendwie weiterkam. Meine Mutter wollte mich zwar immer wieder animieren, doch noch etwas Gummi zu geben, aber über Realschulniveau kam ich damals nicht hinaus.

An diesem Tag – es war ein regnerischer, grauer Wintertag, und die Weihnachtsferien standen unmittelbar bevor – hatten wir alle unsere Lieblings-CD mit in den Musikunterricht gebracht, und dann wurde reihum der Lieblingssong von eben jenen CDs abgespielt. Der Raum für den Musikunterricht war lange nicht mehr renoviert worden, er versprühte einen nostalgischen 80er-Jahre-Charme. Es roch auch, als wäre seitdem nicht mehr gelüftet worden, so eine Mischung aus selbst geschmierten Salamibroten, altem Linoleum und dem modrigen Duft der alten braunen Vorhänge, die seit ihrer Installation vor 30 Jahren wohl nicht ein einziges Mal gewaschen worden waren. Sweet smell of Schule halt. Der Raum war zudem mit Musikinstrumenten jeglicher Art versehen, die sich in einer separaten Kammer hinter der Tafel befanden. Außerdem gab es zwei an der Wand hängende Boxen und eine daran angestöpselte Stereoanlage. Wir lauschten in diesen 45 Minuten den neuesten Hits der No Angels; Atomic Kitten, Outcast, sogar Safri Duo waren dabei. Die Tische standen in der klassischen U-Form im Raum, ich saß im letzten Drittel der Runde und ließ mich von der etwas unoriginellen Musikauswahl berieseln, die im Wesentlichen die deutschen Charts aus dem Jahr 2001 abbildete. Nachdem die letzten Töne von Shaggys Hit *Angel* den Raum so richtig aufgeheizt und fast alle auf ihren Stühlen hektisch ihre Arme verrenkt und dabei mehr oder weniger textsicher mitgejohlt hatten, überreichte ich meine mitgebrachte CD an einen skeptisch schauenden Herrn Lohmann.

»Welcher Titel ist es denn?«, fragte er, während er das Cover der CD musterte.

»Titel 15«, sagte ich leise, weil ich Shaggy nicht unterbrechen wollte.

Herr Lohmann nahm die CD mit zur Anlage, wartete, bis die letzten Töne des letzten Songs verstummt waren, legte meine CD ein und drückte 15-mal den Forward-Knopf, um zu meinem Titel zu gelangen. Nach drei Sekunden sahen sich alle gegenseitig irritiert an, nach zehn Sekunden hatte ich die gesamte Klasse dann vollends verloren. Ich war total gehypt und konnte beim besten Willen nicht verstehen, wieso die anderen sich nicht annähernd für meinen Track begeisterten.

Das Klassenzimmer vibrierte förmlich, da Herr Lohmann die Songs in beachtlicher Lautstärke abspielte. Das schnelle, treibende Schlagzeug donnerte wie ein rasender Expresszug durch den Raum, begleitet von drei kraftvollen Akkorden, die die Atmosphäre elektrisierten.

Die Stimme war kantig, bestimmt und vor allem weiblich. Genau das zog mich in ihren Bann. Hier war eine Frau, die ohne Umschweife ins Mikro brüllte, wie sehr sie die Spießigkeit verachtete und wie bitter enttäuscht sie von denjenigen war, die einst an ihrer Seite für eine bessere Welt gestritten und nun ihre Ideale verraten hatten. Innerlich spürte ich, wie meine Kampfbereitschaft aufflammte, während der Rest des Raumes immer noch sichtlich aus dem Konzept gebracht war.

Drei Minuten lang versprühte die Band APC in dem charakterlosen Flachdachbau meiner integrierten Gesamtschule einen revolutionären Esprit. Und dann, so abrupt, wie es begonnen hatte, verstummte die Musik. Meine *BRD Punk Terror IV*-CD wurde mir wortlos zurückgegeben, und ehe man sichs versah, besänftigte die liebliche Stimme von Ronan Keating den Raum. Ich versank tiefer in meinem braunen Holzstuhl, fühlte mich plötzlich wie ein Alien in einem Meer aus Gleichgültigkeit. Meine Finger spielten nervös an der Tischkante, während ich versuchte, mich nicht von den verständnislosen Blicken der anderen treffen zu lassen. Die Stunde schleppte sich mit zwei weiteren Songs, bis sie schließlich endete und ich aufgefordert wurde zu bleiben.

Diese Bitte versetzte mich in Verunsicherung. Hatte ich irgendetwas falsch gemacht? Ich war nicht sonderlich auffällig im Unterricht, redete nicht rein oder blödelte rum. Es gab also keinen Grund, mich nach der Stunde dazubehalten. Als alle anderen das Klassenzimmer verlassen hatten, kam Herr Lohmann zu mir und setzte eine sehr ernste Miene auf. Er sah aus, als hätte ich versucht, das Mädchenklo in Brand zu stecken oder Drogen an die Kids aus der fünften Klasse zu verkaufen.

»Was wir hier heute erlebt haben, das geht nicht«, sagte er bestimmt, mit einem rauen, kratzigen Tonfall. »Deine Erscheinung brauche ich nicht weiter kommentieren, das müssen deine Eltern in den Griff kriegen. Aber es geht nicht, dass du so etwas mit in die Schule bringst!« Er fügte hinzu, dass er am liebsten Konsequenzen ziehen und mich nachsitzen lassen würde, damit ich darüber reflektieren könnte, welchen Weg ich da einschlüge. Aber rechtlich gesehen könne er das nicht durchsetzen. »Woher hast du so was überhaupt?«, fragte er fordernd.

Ich stand da, gefangen zwischen Verblüffung und Verteidigungsbereitschaft und ließ über mich ergehen, was er zu sagen hatte.

Die Antwort auf sein »Woher« war eigentlich recht unspektakulär: Die CD hatte ich nämlich kurz vor der besagten Musikstunde gekauft, als ich mit meinem Vater zusammen im nahe gelegenen World of Music war. Wir waren öfter mal gemeinsam in Plattenläden, und so kramte ich mich durch die CD-Regale und schaute mir vor allem die Cover an. Während mein Vater die neuesten Veröffentlichungen in der Rockabteilung studierte, kam ich an einem Regal mit der Aufschrift »Punk« an. Ich zog ein schwarz-rotes CD-Cover mit einem großen mumifizierten Skelett darauf raus. Oben prangte groß in brutalen Lettern der Bandname Misfits, unten etwas kleiner der Albumtitel *Cuts from the Crypt*. Ich kann nicht genau festmachen, warum ich mich für dieses spezielle Cover entschieden habe. Auch wenn ich damals bereits einen Hang zum Unkonventionellen hatte, war Morbidität nicht unbedingt mein Ding. Ich legte die CD nicht zurück, sondern behielt sie in meiner Hand. Beim weiteren Kramen kam ich in die Abteilung der Sampler, und auch hier war es wieder ein schwarzes Cover, das meine Aufmerksamkeit erregte. Statt des schaurigen Flairs von *Cuts from the Crypt* sah ich nun Gesichter, die auf eine völlig andere Weise Grusel auslösten. Merkel, Stoiber, Fischer und Schröder starrten mich an, getarnt als Punks: mit rebellischen Irokesenfrisuren, in Lederjacken, übersät von Nieten und Buttons. Das Pink der Worte *BRD Punk Terror IV* leuchtete provokant. Wenngleich ich nicht wusste, welche Bands auf diesem Sampler vertreten waren, fühlte ich mich dennoch magisch davon angezogen.

Während ich die CDs fest umklammerte und weiter durch die Gänge schlenderte, kreuzte unvermittelt Thomas unseren Weg. Er spielte Gitarre in der Band meines Vaters und suchte hier heute nach einem frischen musikalischen Schmankerl für seine Sammlung.

»Schau mal«, begann er begeistert, »sie haben das Zappa-Konzert von '76 in Sydney als Live-Album veröffentlicht. Darauf bin ich gespannt.« Dann warf er uns neugierig einen Blick zu. »Was treibt ihr denn hier?«

Mein Vater zuckte locker mit den Schultern.

»Wir waren gerade in der Nähe und dachten, wir schauen mal rein.« Dabei warf ich ihm ein schelmisches Grinsen zu und präsentierte stolz meine beiden Neuentdeckungen.

»Haste was gefunden?«, fragte mich Thomas und schaute sich die CDs an, die ich ihm instant in die Hand drückte. »*BRD Punk Terror* und Misfits? Na, viel Spaß, Uwe«, sagte er schmunzelnd und gab mir die CDs zurück. Sie tauschten einen wissenden Blick aus und lachten gemeinsam – wohl ahnend, dass es im Kinderzimmer nicht mehr lange ruhig bleiben würde.

Doch in diesem Moment rätselte ich noch über seinen Kommentar: Hätte er mir nicht den Spaß an meinen neuen Schätzen gönnen sollen? Dieser Moment im WOM, wie ich als 14-Jährige mit meiner Misfits- und *BRD Punk Terror*-CD zwischen den gut sortierten Regalen stehe und sich die beiden Männer weiter über die bevorstehende Bandprobe unterhalten, sollte ein Wendepunkt in meinem Leben werden. Denn was an diesem Tag in meinem Kinderzimmer Einzug hielt, würde alles verändern.

Als ich zu Hause ankam, konnte ich es kaum abwarten, die

Musik zu hören. Ich legte zuerst die *BRD Punk Terror*-CD in den dreifachen CD-Wechsler meiner glänzenden AIWA-Stereoanlage ein. Dieses Prachtstück hatte ich zu Weihnachten geschenkt bekommen, eine Anerkennung meiner wachsenden Musikbegeisterung. Der CD-Wechsler war nahezu ständig in Aktion, denn ich plünderte regelmäßig das CD-Regal meiner Eltern, bewaffnet mit einem Stapel Alben von Bands, die mir bis dato unbekannt waren. Einige CDs fanden den Weg zurück ins Regal – häufig auf Initiative meines Vaters, der mit einem Augenzwinkern bemerkte, dass ich dazu neigte, mir Alben, die mir besonders gefielen, schleichend anzueignen.

Dazu gehörten schon früh die Ärzte oder Beatles. Jetzt fing ich offenbar an, selbstständig Musik im Laden zu detektieren und zu erwerben. Mit der CD-Hülle in der Hand drückte ich auf den Wechsel mit der Position eins, denn dort hatte ich die CD eingelegt. Ich ließ mich bequem auf dem Boden nieder, den Rücken an die Kante meines Bettes gelehnt. Der erste Song konnte mich noch nicht ganz überzeugen, und so vertiefte ich mich in das beiliegende Booklet. Doch mit den ersten Klängen des zweiten Titels richtete sich meine gesamte Aufmerksamkeit auf die Musik.

Ein rasantes Schlagzeugspiel, ungezügeltes Gitarrengezupfe und dann, plötzlich, eine Frau, die mit einer rauen Stimme ins Mikrofon brüllt. Ich klappte das Booklet zu und starrte, Augen weit aufgerissen, auf die leuchtenden Buchstaben meiner Stereoanlage. Was zum Teufel geschah hier? Es fühlte sich an wie ein Orkan, der durch unsere Straße in einem beschaulichen Vorort der Bankenmetropole Frankfurt fegte und alles verschlang, was sich nicht rechtzeitig in Sicherheit brachte. Obwohl mein Englisch damals noch eher rudimentär war – ja, meine Schulzeugnisse belegten dies stumm –, schlug die Energie der Songs unmittelbar auf mich ein. Direkt aus den Boxen meiner AIWA-Stereoanlage schoss diese kraftvolle, rebellische Welle, die meine Sinne durchflutete und in meinem Bewusstsein einen bleibenden Eindruck hinterließ. Ab jenem Moment entflammte meine Faszination für Punk in voller Glut, und inspirierende Gestalten wie Patti Pattex, Sängerin der Band Scattergun, prägten fortan meinen musikalischen Horizont.

Die alte Lederjacke meiner Mutter erlebte eine Renaissance und erfuhr zeitgleich eine radikale Metamorphose: Sie wurde in eine authentische Punk-Kutte verwandelt, verziert mit einem Mercedes-Stern, diversen Buttons und markanten weißen Edding-Schriftzügen. In imposantem Lettering prangte quer über den Rücken das Wort »Ausgekotzt«, wobei das markante »A« an den Stil des Arbeitsamt-Logos erinnerte. Was sich hier einläutete, sollte mein Leben maßgeblich verändern, denn mit der schnellen, schrammeligen und heftigen Musik sollten auch politische Botschaften rüberkommen. Texte über Polizeigewalt, Frauendiskriminierung und nicht zuletzt über den Hass auf Nazis. All diese Dinge zogen mit diesem vierzehn mal zwölf Zentimeter großen Jewelcase nebst Speichermedium in mein Kinderzimmer und in mein Leben ein und lösten eine regelrechte Lawine aus. Mein Kleidungsstil passte sich an, ich kaufte mir Bandshirts von Bands wie Canalterror oder Slime, trug Springerstiefel, gestreifte bunte Strumpfhosen und verzierte alle meine Kleidungsstücke mit Nieten. Meine Begeisterung kannte keine Grenzen. Ich war ständig auf der Suche nach neuen Bands und spürte das tiefe Verlangen, jedes Detail über Punk zu ergründen. Von null auf hundert entdeckte ich eine völlig neue Welt, eine Welt, die es in der Form im tristen Frankfurter Vorort nicht gab. Hier zählten andere Dinge wie Bausparverträge, Reihenendhäuser, Familienkombis und die obligatorischen Skiurlaube in den Winterferien. Ein vorhersehbarer Lebensstil, an dem wir als Familie schon aus monetären Gründen nicht partizipieren konnten, und nun hatte ich meine Exit-Strategie gefunden. Es gab keinen Grund mehr, mich einer Existenz anzupassen, die mich ebenso abwies wie ich sie. Die Rebellion in meinem Kinderzimmer richtete sich nicht gegen die Menschen, die jenseits meiner Tür in der gleichen Wohnung lebten. Es war eine Auflehnung gegen die umgebende Welt. Gegen den sturen Kaufmännisch-Unterricht, die Miss-Sixty-Hosen, die wir uns nicht leisten konnten – und doch schien der soziale Druck meiner Schule so stark, dass ich fühlte, ich müsste sie besitzen, um dazuzugehören. Gegen die scheinbar perfekten reinrassigen Familienhunde und die grauen Scharen, die sich morgens im feinen Peek-&-Cloppenburg-Anzug auf den Weg zu einem der Finanztürme in Mainhattan machten, um dort ihr Dasein zu fristen.

Die zu diesem Zeitpunkt zögerlich eingetretene Digitalisierung half mir maßgeblich, denn schon früh besaß ich meinen eigenen Computer und konnte mittels dieses grauen Kastens Musik ausfindig machen und mich deutschlandweit mit Gleichgesinnten verbinden.

Und so stand ich also im Musikraum, mit meiner unübersehbaren gelb-schwarzen Strumpfhose, dem rot karierten Minirock und dieser grünen Jacke, die wir vor Jahren für schlichte drei Mark auf dem Flohmarkt ergattert hatten. Die Jacke zierte mittlerweile ein markanter »Gegen Nazis«-Backpatch.

Ein Gedankenstrudel formte sich: Sollte ich Herrn Lohmann in meine neue musikalische Obsession einweihen, ihm sagen, dass man solche Klänge auch ganz regulär im Plattenladen findet? Ich zögerte, behielt es für mich.

Seine Worte, als er mich wegschickte, hallen noch nach: »Das ist sowieso nur eine Phase.«

Wenn er wüsste …

Tränengas, Transparente, Teenagerträume

»Papa, du musst mich abholen«, drängelte ich meinen Vater mit einer Mischung aus Verzweiflung und Unverständnis über das Handy. »Sie wollen uns nicht gehen lassen. Ich bin bei der Polizei.«

Das Datum: der 1. Mai 2002. Nur wenige Stunden später würde *Spiegel Online* berichten: »In Frankfurt-Fechenheim versuchten mehrere Hundert überwiegend linke Demonstranten, eine Polizeiabsperrung zu durchbrechen, um ohne Einzelkontrolle zum Versammlungsort zu gelangen. Die Polizei reagierte. Schlagstöcke kamen sporadisch zum Einsatz, Neonazis wurden zurückgedrängt und schließlich eingekesselt. Es kam zu vereinzelten Würfen von Gegenständen.«[1]

Neonazis hatten eine Demonstration in Frankfurt unter dem Motto »Gegen Euro und Globalisierung – für die DM und deutsche Interessen« angekündigt, und diese Meldung hatte es bis zu mir nach Nidderau geschafft. Ich war inzwischen ziemlich gut vernetzt – online, aber auch offline –, denn kürzlich hatte ich den Mut gefasst und war mit der Buslinie 562 ab Windecken-Hochmühle zum Freiheitsplatz in Hanau gefahren, um in der Metzgerstraße 8 vorbeizuschauen. Ausgerüstet war ich stets und ständig mit meinem durchsichtig grünen AIWA-Walkman, den ich schon seit vielen Jahren mein Eigen nannte. Darauf spielte ich meine Mix-Tapes ab, die ich mir selbst erstellte, damit ich bloß nicht viel von meiner Umwelt mitbekommen musste. Wahlweise hörte ich Slime, ACK, Canalterror oder Vorkriegsjugend bis zum Anschlag und stets so, dass auch mein Umfeld etwas davon hatte.

Auf dieser Fahrt hörte ich mal wieder die Band Fahnenflucht in Dauerschleife, wobei ein Song besonders reinging: *Willkommen in Deutschland.* Die Band thematisierte soziale und politische Probleme in Deutschland, insbesondere den Umgang mit Fremdenfeindlichkeit. Der Song kommentierte den Widerspruch zwischen dem Bild eines »freundlichen« Deutschlands und der Realität des Rassismus und der Xenophobie, also der irrationalen Angst vor Menschen aus anderen Kulturen, der viele Menschen ausgesetzt waren und immer noch sind. Es ist ein sozialkritischer Song, der die Zuhörerschaft dazu auffordert, über die vorherrschenden Einstellungen in der Gesellschaft nachzudenken und für mehr Toleranz und Offenheit einzutreten. Das Ganze wird nicht unbedingt von einem Kirchenchor vorgetragen, sondern ballerte durch die Kopfhörer direkt in meinen Gehörgang. Mit einer ordentlichen Wut auf Nazis im Gepäck fuhr ich Richtung Metzgerstraße 8. Dieses Gebäude, das einst als Nachtklub Moulin Rouge bekannt gewesen war, war seit 1986 besetzt und als Autonomes Kulturzentrum wiederbelebt worden. Es dient noch heute als Zentrum für autonome Kultur, regelmäßig finden hier politische Veranstaltungen oder Konzerte statt.

Damals bin ich ganz alleine durch die offene Stahltür in den etwas muffigen Hauptraum gegangen. Alter Teppichboden, die Wände voller Poster vergangener Konzerte oder Demonstrationen. In einer Ecke befand sich eine abgenutzte schwarze Ledercouch, die durch ständigen Gebrauch an einigen Stellen bereits sichtbare Spuren aufwies. Ein Tresen, schwarz angemalt, stand direkt parallel zum Eingang, dahinter ein Mann mit Schiebermütze, zierlicher Brille und einem Nasenring, den man unmöglich übersehen konnte. Als ich den Raum betrat, saßen hier 13 Menschen wahlweise auf der Ledercouch oder am Tresen.

Heute war VoKü. So nannte man das in meiner Jugend noch. Und dieser Satz klingt, als wäre ich mächtig alt. Dennoch haben sich zwischenzeitlich die Bezeichnungen »Küche für alle« (Küfa) oder »Bevölkerungsküche« (BevöKü) etabliert. In der Essenz handelt es sich aber um das Gleiche: gemeinsames Kochen und Essen, meist für einen Selbstkostenpreis oder weniger. Das war mein erster Besuch bei einer

VoKü, und ich war etwas nervös, so nervös, dass ich letztlich nur eine kleine Schale bestellte. Obwohl die Portion recht überschaubar war und ich nichts dafür zahlen musste, ließ ich dennoch zwei Euro auf dem Tresen zurück. Mit meiner Schüssel veganem Chilieintopf in der Hand näherte ich mich dem Ledersofa. Etwas zögerlich wandte ich mich an die Gruppe, die dort entspannt saß: »Ist hier noch ein Platz frei?« Bei genauerer Betrachtung fiel mir auf, dass die drei Leute auf der Couch nicht viel älter sein konnten als ich.

»Na klar, setz dich dazu. Ist ja noch Platz. 'n Gud'n!«, sagte einer, der sich später als Benny vorstellte. Benny war tatsächlich so alt wie ich, kam aus der Gegend, ursprünglich aber aus Sachsen, hatte einen blonden Schlapp-Iro und trank ein Karlskrone-Dosenbier. Er stellte mich seinem Bruder Daniel und Katha vor, die wie ich zu dieser Zeit rot gefärbte Haare hatte. Wir unterhielten uns ein bisschen, und die Gruppe war neugierig, wie ich auf die Metzgerstraße gekommen bin.

»Mein Vater hatte mir davon erzählt, und da hab ich im Internet mal danach gesucht«, antwortete ich und sorgte damit für Gelächter.

»Ai, ich wünschte, unser Alter würde mal solche Tipps auspacken. Der alte Spießer mault aber den ganzen Tag rum«, sagte Benny und lachte.

Daniel stimmte ein: »Die gehen mir eh aufn Sack, ständig was zu meckern. Da ist hier schon geiler!«

Wir bildeten die jüngste Fraktion im Raum. Die Mehrheit der Anwesenden war deutlich älter als 13 und schien nicht besonders begeistert von dosenbierschlürfenden Teenagern zu sein. Während ich so in meiner Eintopfschüssel rumstocherte, fragte Benny euphorisch: »Was machst'n du am Ersten Mai?«

»Nichts, wieso? Was ist da?«, erwiderte ich.

»Willst du mich verarschen? Erster Mai! So wie du aussiehst, solltest du an dem Tag nicht daheim hocken. Willste mitkommen, Nazis klatschen?«, wollte Benny wissen.

»Nazis was? Ne, nichts mitbekommen«, antwortete ich etwas verwirrt, als würde er Schwedisch mit mir sprechen.

»Na, Erster Mai ist ja Feiertag. Und da gehen wir auf die Straße, weil diese verkackten Nazis eine Demo in Frankfurt machen«, regte sich Benny auf, »und die müssen wir stoppen.«

»Nazis kann ich auch gar nicht leiden, ich komme mit«, sagte ich, ohne zu wissen, was mich auf einer solchen Demonstration erwarten würde.

Das wäre nicht meine erste Demonstration, ich war vorher schon mal mit meinem Papa auf einer Demonstration, als der alte Bunker in Heddernheim stillgelegt werden sollte. Hier hatte mein Vater mit seiner Band einen Proberaum, und die Kunstszene in Frankfurt war in hellem Aufruhr, als die Stadt mit der Schließung der Bunkerproberäume drohte, wenn diese kein ordentliches Brandschutzkonzept vorlegten. Also organisierten die Bunkervereine – denn es gab in Frankfurt einige ehemalige Luftschutzbunker, die zu Proberäumen umfunktioniert worden waren – eine Demonstration gegen die harten und teilweise unrealistischen Auflagen. Wir liefen mit einigen Musikerkollegen meines Vaters hinter einem Wagen her, auf dem eine Band spielte. Es wurden Transparente getragen, Trillerpfeifen waren im Einsatz, und es gab immer wieder laute Rufe, die die Empörung über den Angriff auf die Frankfurter Kulturszene zum Ausdruck brachten. Alles insgesamt sehr friedlich, wenn auch beeindruckend. Denn hier lernte ich, dass man seine Meinung auch im Verbund mit anderen Menschen auf die Straße bringen kann.

Mit dieser Erinnerung im Kopf sagte ich Benny zu und verabredete mich mit meinen neuen Bekannten für den Ersten Mai.

Als es dann endlich so weit war und ich meine Eltern im Vorfeld von meinem Vorhaben überzeugt hatte, fuhr mich mein

Vater morgens nach Frankfurt. An Feiertagen gestaltet sich der öffentliche Nahverkehr, insbesondere in ländlichen Gebieten, als echte Herausforderung – ein Problem, das bis heute nicht gelöst ist. So fuhren wir nach einem späten Frühstück los, da sich die Demonstration in Frankfurt gegen zwölf Uhr in Bewegung setzen sollte. Es war ein regnerischer und kühler Tag, wir hatten gerade einmal elf Grad auf dem Thermometer, als wir losfuhren, und ich fror in meiner fein säuberlich dekorierten Lederjacke und den zerrissenen Jeans.

Vor Ort traf ich Benny und seinen Bruder Daniel, Katha kam heute nicht mit. Wir wühlten uns durch das Getümmel, versuchten einen Überblick über die Lage zu erhalten. Kurz vor zwölf Uhr war klar: Das geplante Schauspiel der Nazis würde heute nicht über die Bühne gehen. Bis zu diesem Moment hatten sich rund 450 Rechtsextreme versammelt. Der rechte Trupp wurde von der Polizei sehr akribisch von der Umgebung abgeschottet. Es gab strenge Kontrollen für jene, die sich den Faschos anschließen wollten. Nach Krawallen bei der vergangenen Maidemonstration hatte Frankfurt eine von Neonazis geplante Demo untersagt. Doch der Hessische Verwaltungsgerichtshof ließ den Aufmarsch der »Bürgerinitiative für deutsche Interessen« im Industriegebiet Fechenheim zu. Unter Rufen wie »Wir sind das Volk« und Anti-USA-Parolen traten sie gegen Euro, Globalisierung und für »deutsche Interessen« ein.

Was die Neonazis vielleicht nicht erwartet hatten, war der starke Widerstand, der ihnen begegnete. Auf der Gegendemonstration waren über 4000 Menschen, es gab verschiedene Posten und Blöcke – darunter zwei 14-Jährige, die sich durch die Menge bewegten. Nicht nur Antifa-Gruppen waren vor Ort, auch Gewerkschaften und religiöse Gemeinschaften. Die Stimmung war extrem aufgeheizt, die Polizei hatte an diesem Tag 5500 Kräfte vor Ort, was die Atmosphäre nicht unbedingt entspannte. Während um mich herum Sprechchöre diverse

Parolen skandierten, versuchte ich zu verstehen, was dort gerufen wurde. Doch mein Mundwerk war offenbar schneller und stimmte mit ein, als lauthals durch alle Reihen »Nazis raus, Nazis raus« und »Nazis, verpisst euch, keiner vermisst euch« gerufen wurde. Die Wut war spürbar, jede einzelne Person vor Ort strahlte eine tiefe Abneigung gegenüber den Neonazis und deren Ideologien aus. Es gab diverse Polizeiabsperrungen, um die linken und rechten Gruppen zu trennen und Ausschreitungen vorzubeugen. Das hinderte einen Teil der Teilnehmenden nicht daran, diese Absperrung durchbrechen zu wollen.

»Los, komm mit, wir gehen nach vorne. Hab Bock, ein paar Nazis zu boxen. Dieser Worch ist auch da«, schrie Benny mich an und schnappte meine Hand, während er bereits nach vorne stürmte.

Die Lage war etwas unübersichtlich, und ich erinnere mich nur noch vage an die nächsten Minuten. Wir stürmten gemeinsam Richtung Polizeiabsperrung, Daniel hatten wir längst verloren, während ich noch fragte »Christian Worch?«. Der Name Christian Worch war mir nicht neu. Beim vorherigen Stöbern war ich über ihn gestolpert, den Hamburger Neonazi, der mit seinem Kumpan »Steiner« – eigentlich Thomas Wulff – Pläne verfolgte, regionale Kameradschaften in größere Bündnisse zu verwandeln. Und die freien Kameradschaften, gegen die ich hier auf die Straße ging, sollten mich ebenfalls noch eine Weile verfolgen.

Benny hörte mich nicht mehr, denn er war schon voll in seinem Element und auf Krawall gebürstet. Während wir mit einigen anderen – es hätten 80 oder 800 Menschen gewesen sein können, meine Erinnerung verwischt alles nur noch – am rot-weißen Polizeigitter standen, rief ich immer selbstbewusster mit: »Gebt den Nazis die Straße zurück – Stein für Stein!« Als der Frust größer wurde, sodass es durch die stabile Absperrung, die von grün gepanzerten Polizeieinheiten geschützt wurde, kein Durchkommen gab, richteten sich die Parolen auch gegen eben jene: »Deutsche Polizisten schützen die Faschisten.«

Die Lage wurde hektisch, Benny und ich standen ganz vorne, brüllten immer lauter, bis Benny plötzlich meine Schulter packte, eine Hand am Polizeigitter, und schrie: »Ich springe jetzt da rüber.« Noch während er das sagte, setzte er an und wollte sich über das Gitter schwingen. Erwartungsgemäß ging die Aktion nach hinten los, und drei Polizisten, die auf unserer Seite postiert waren, fanden das überhaupt nicht lustig. Mit Tränengas wehrten sie Bennys Sprung ab, und er ging zu Boden. Ich war so erschrocken und sauer in der Situation, dass ich laut geschrien habe. Hustend, weil auch ich offensichtlich etwas abbekommen hatte, versuchte ich die Lage zu kapieren und wurde der Polizei gegenüber ausfallend. Es war kein Tränengas, das als Reaktion auf meine Schreie folgte.

An diesem 1. Mai des Jahres 2002, mit 13 Jahren, bekam ich meinen ersten Polizeiknüppel zu spüren. Einer der Polizisten am Gatter holte aus und schlug mit der Hiebwaffe volle Kanne gegen meine rechte Hüfte. Das hat so gesessen, dass ich vor Schmerz aufschrie, Benny an die Hand nahm und nach weiter hinten zu gelangen versuchte.

»Die haben mich voll getroffen«, ich machte hektisch meine Hose auf, damit ich diese an der Seite etwas runterziehen konnte, um das Ergebnis des Schlagstockhiebs zu begutachten.

»Alter, das wird blau, Vicky«, rief Benny, dem nach seinem Niedergang nicht viel fehlte. Er hatte eine Schramme an der Hand und am Ellbogen vom Sturz, und sonst war alles okay. »Dieses Dreckspack, ich hasse die so. Beschützen die Faschos und sind dabei selbst welche«, schrie Benny völlig unter Adrenalin.

Die Spannung hielt noch eine Weile an, bis die Neonazis schließlich den Rückzug antraten. Es war ein Gefühl des Triumphs im Namen der Gerechtigkeit. Im Rückblick könnte man meinen, dass der jugendliche Eifer in diesem Moment vielleicht zu einer Art ›Heldentum der Selbstüberschätzung‹ führte. Aber erklär mal zwei Teenagern, dass sie nicht maßgeblich für das Verschwinden von 450 Neonazis verantwortlich sind. Wir waren heiter und gut drauf, bis wir merkten, dass sich die Lage noch keineswegs beruhigt hatte. Ein Demonstrationszug von circa 2000 Menschen setzte sich in Bewegung, und wir kamen noch mal in Kontakt mit den Grünuniformierten.

»Ihr zwei, Ausweise!«, rief ein älterer Polizist in bestimmtem Ton.

»Was?«, fragte ich irritiert Benny, mich selbst und so halb auch eben jenen Polizisten.

»Ausweise!«, ließ sich dieser nicht beirren.

»Wir müssen hier gar nichts. Schweigen, keine Daten rausgeben, nichts«, flüsterte Benny zu mir rüber.

»Ich habe gar keinen Ausweis«, flüsterte ich zurück, wobei mir klar war, dass auch er noch keinen haben konnte.

»Hallo?«, stupste uns der Polizist verbal an.

»Ich hab keinen Ausweis«, entgegnete ich etwas verunsichert.

Bennys Reaktion kam prompt: »Bist du bescheuert?«, fragte er mich augenrollend und sichtlich gereizt.

»Kommt mal mit, alle beide«, sagte der Polizist, während er mich ungeduldig am Arm packte.

»Ist ja schon gut«, entgegnete ich jugendlich genervt.

»Lass die Hände von ihr«, pöbelte Benny direkt.

Mir war klar, dass weitere Provokationen die Situation nur verschlimmern würden, auch wenn ich noch nicht genau einschätzen konnte, wie es ab hier weitergehen sollte. Wir steuerten auf einen weiß-grünen Mercedes-Mannschaftswagen zu. Stahlgitter schützten die Fenster, die Schiebetür stand offen, und eine blonde Polizistin wartete an der Türschwelle.

»Claudia, die zwei haben keine Ausweise«, rief der Polizist seiner Kollegin zu.

»Ist was passiert?«, fragte diese routiniert zurück.

»Die beiden haben vorne bisschen einen auf dicke Hose gemacht. Minderjährig. Lass die mal ihre Eltern anrufen«, rief der Polizist Claudia zu, während er auf dem Absatz kehrtmachte.

»Na, danke schön«, sagte Benny an mich gerichtet, wohl wissend, dass seine Eltern nicht so entspannt auf die Situation reagieren würden.

Ich war mir ehrlicherweise nicht sicher, wie die Situation bei mir aussehen würde, wenn ich jetzt daheim anrufe.

Claudia war glücklicherweise entspannter als ihr Kollege und fragte uns, ob wir nicht einfach selbst daheim anrufen wollten. Ich hatte mein Handy dabei und suchte im Telefonbuch unsere Festnetznummer raus, die ich eigentlich auch auswendig wusste.

Benny hatte währenddessen schon seinen Vater am Ohr, den er von seinem eigenen Handy aus angerufen hatte und der wenig begeistert reagierte. Ich hörte ihn durch das Telefon schreien: »Was stimmt eigentlich nicht mit dir? Haben wir dich dazu erzogen?«

Benny nickte und schüttelte abwechselnd den Kopf, während er sich die Tiraden seines Vaters anhörte. »Holst du mich jetzt ab?«, fragte er kleinlaut, während Claudia mir zusah, wie ich die Telefonnummer meiner Eltern raussuchte.

»Hallo, ich bin's«, sprach ich in mein blaues Nokia 3310, während mein Vater zeitgleich fragte, ob alles okay sei. »Papa, du musst mich abholen«, drängelte ich meinen Vater mit einer Mischung aus Verzweiflung und Unverständnis über das Handy. »Sie wollen uns nicht gehen lassen. Ich bin bei der Polizei.«

Nazis im Haus

»Neonazis in Nidderau?«, war die Überschrift eines Flugblattes, das ich 2004 aus unserem großen Familienbriefkasten fischte. Ich lebte in einem Mehrgenerationenhaus, und wir teilten uns einen Briefkasten, somit steckte auch nur ein solcher grässlicher Flyer im Postkasten. Als ich das DIN-A4-Blatt las, wurde ich richtig sauer und spürte regelrecht, wie mein Blut kochte. Ich blieb neben dem weißen Briefkasten an unserem Wohnhaus stehen und las aufmerksam jeden Satz, den ein bekannter Neonazi an die Dorfgemeinschaft richtete. Er attackierte nicht nur einen jungen Grünen-Politiker verbal, der sich gegen Neonazis engagierte. Er propagierte nationalsozialistische Ideen, indem er vor »Überfremdung« warnte, etablierten Parteien Verrat an der Bevölkerung vorwarf und für eine auf dem »Volk« basierende Wirtschaft plädierte, während er gleichzeitig eine verfallende Jugendgesellschaft beklagte.

Wutentbrannt rannte ich mit meinem Schulranzen und dem Flugblatt in der Hand die Treppe hoch, um meinen Computer zu starten. Während der Rechner eine Weile auf sich warten ließ, schrieb ich Benny eine SMS und auch Hannah, die sich als meine Verbündete im Ort erwiesen hatte. Ich setzte beide über das Flugblatt in Kenntnis, woraufhin ich von Benny erst mal nichts hörte. Hannah rief mich aber direkt auf dem Festnetz zurück.

»Wir hatten das Gleiche im Briefkasten. Ich hab fast gekotzt. Wollen wir uns am Spielplatz treffen?«

Ich fuhr den Rechner wieder runter, meine Internetrecherche konnte warten. Hannah brachte noch Max mit, der in ihre Klasse ging. Beide waren auf einer anderen Schule als ich, und wir hatten uns mal zufällig auf einem Konzert im Blauhaus kennengelernt, einem Jugendzentrum bei uns im Dorf. Nun saßen wir gemeinsam auf einer Holzbank an einem in der Regel gut besuchten Spielplatz in Heldenbergen. An diesem grauen, nassen und kalten Tag schien sich außer uns niemand hierher zu verirren. Hannah und ich hatten beide die Flugblätter dabei und studierten diese zu dritt.

»Der Typ ist voll das hohe Nazi-Tier, der ist auch in der NPD«, wusste Max, während Hannah noch schnell hinzufügte: »Die Absenderadresse ist halt direkt bei mir ums Eck.«

Die angegebene Straße war tatsächlich nicht weit von Hannahs Wohnhaus und meiner Schule. Wie lange der Neonazi dort schon ansässig war, das wusste niemand von uns. Ins öffentliche Bewusstsein ist der Hof mit Scheune und großem Tor zur Straße erst im April 2004 geraten. Die Polizei war von Nachbarn gerufen worden, die sich über Lärm und laute Musik beschwert hatten. Rund hundert Menschen hatten hier ausgelassen und unverblümt Adolf Hitlers Geburtstag gefeiert, es hatte ein Konzert in der Scheune gegeben, und einige der Teilnehmenden waren grölend auf der Straße festgenommen worden. Spätestens von hier an war klar gewesen, dass wir Nazis im Dorf hatten. Und nicht jene, die es sowieso (leider!) in jedem Dorf gibt, die nach drei Bier von »früher« schwärmen. Sondern welche, die gut organisiert und vernetzt waren, wie in unserem Falle die Freie Kameradschaft Rhein-Main.

Seit den frühen 2000er-Jahren hatte sich die Freie Kameradschaft Rhein-Main in der Region breitgemacht. Geprägt durch eine jüngere Generation von Neonazis, unterschied sie sich in ihren Methoden deutlich von den älteren, »traditionellen« Nazi-Gruppen. Die jüngeren Mitglieder zeigten nicht nur eine aggressivere Haltung, sondern auch eine gewisse Anpassungsfähigkeit an die moderne Zeit. Sie verstanden es, das Internet und soziale Medien zu ihrem Vorteil zu nutzen, um ihre extremistischen Ansichten zu verbreiten und neue Mitglieder zu rekrutieren.

Die Freie Kameradschaft Rhein-Main war nicht nur online

aktiv. Ihre Präsenz war in der physischen Welt genauso spürbar. Sie organisierten Demonstrationen, verteilten Propaganda in Schulen und versuchten, die Jugend durch Musik und Kulturveranstaltungen für ihre Sache zu gewinnen. Es gab Berichte, dass sie mit Rechtsrockkonzerten und anderen Veranstaltungen Geld sammelten, um ihre Aktivitäten zu finanzieren. Und obwohl sie sich als Fürsprechende des »deutschen Volkes« darstellten, waren ihre Methoden oft einschüchternd und gewalttätig.[2]

Die Neonaziszene wurde seit dem 1. Mai 2002 zu meinem Dauerthema. Ich habe etliche Bücher zu diesem Thema verschlungen, mich mit Begrifflichkeiten, Symbolen, Netzwerken, Parteien und Motiven vertraut gemacht. Was mich besonders beunruhigte, war die Geschicklichkeit, mit der die Freie Kameradschaft Rhein-Main sich in der Gemeinde präsentierte. Ihre Fähigkeit, ihre extremistischen Ansichten gekonnt in alltäglichen Aktivitäten und Veranstaltungen zu verstecken, machte sie zu einer heimtückischen und schwer zu bekämpfenden Bedrohung.

Klar, dass wir etwas gegen die neuen Nazis im Dorf unternehmen wollten.

»Wir könnten doch vielleicht eine Demonstration anmelden«, schlug ich vor, ohne überhaupt zu wissen, wie man eine Demonstration anmeldete.

»Ja, und dann stellen wir uns alle bei denen vors Tor und brüllen sie weg«, feuerte Hannah meine Idee an.

Doch als wir so eine Weile darüber debattierten, wurde uns klar, dass uns hierfür das Wissen fehlte.

»Wir könnten auch nachts ganz viele ›Nazis raus‹-Plakate an das Tor kleben. Also richtig plakatieren«, warf Hannah noch in die Runde.

Max nickte die meiste Zeit und war Fan von allen Ideen.

Ich fand die Plakatidee auch nicht verkehrt, und so überlegten wir, wie man das Ganze umsetzen könnte. »Am besten gehen wir einfach in den Copyshop und drucken die Poster aus«, brainstormte ich, während Hannah den berechtigten Einwand brachte, dass man so recht schnell auf uns schließen könne. Copyshop war ausgeschlossen, der heimische Drucker ebenfalls, kostete doch eine Druckerpatrone zu jener Zeit ein kleines Vermögen. Da würde es auffallen, wenn ich 15 Quadratmeter Poster ausdruckte. Somit wurde auch diese Idee aus Ermangelung an Umsetzungsoptionen verworfen, aber mein Kampfgeist war geweckt.

Einige Tage nach unserem kleinen Revoluzzer-Meeting tauchten rechte Graffitis an unserer Schule auf. Was am selben Tag davon gekrönt wurde, dass die Anhängerschaft der Freien Kameradschaft Rhein-Main eine besondere Art von Propaganda an meiner Schule verteilte: die berüchtigte Schulhof-CD. Seit 2004 wurde diese CD von Neonazis kostenlos an Schulen und Jugendtreffs verteilt, um Jugendliche für die rechtsextreme Szene zu gewinnen. Diese Taktik adaptierte später auch die NPD, und für verschiedene Wahlkämpfe wurden eigene Produktionen genutzt wie die CD *Schnauze voll? Wahltag ist Zahltag!*, auf der sich rechtsextreme Musik und Parteiwerbung abwechselten.

Die Inhalte dieser CDs waren nicht nur polarisierend und rechtsextrem, sondern auch gefährlich. Mit provokanten Albumtiteln wie *Anpassung ist Feigheit. Lieder aus dem Untergrund* präsentierten sie Tracks von prominenten Rechtsrockbands, die zu Hass und Gewalt aufriefen. Aber das war nicht alles. Sie waren auch mit Multimedia-Inhalten gespickt, boten Kontaktdetails und führten zu Webseiten neonazistischer Gruppierungen. Ein beunruhigendes Vorwort im Booklet der CD vermittelte zudem das neurechte Gedankengut des Ethnopluralismus. Ethnopluralismus, obwohl oberflächlich als Bewahrung kultureller Vielfalt dargestellt, wird oft als harmlos klingender Begriff für rechtsextremes Gedankengut gebraucht. Dabei wird nämlich die räumliche Trennung von verschiedenen Ethnien propagiert, um rassistische und nationalistische Ideen zu legitimieren. Damit einher geht zudem, wenn auch meist indirekt, die Ausweisung aller Menschen, die nicht in Deutschland geboren wurden. Gerichtliche Auseinandersetzungen führten zu einem bundesweiten Beschlagnahmebeschluss für die CDs, da sie offensichtlich die Entwicklung und Erziehung junger Menschen gefährdete.[3]

Es war ein Weckruf für mich: Diese offensichtliche Verbreitung rechtsextremistischer Ideologie an unserer Schule musste gestoppt werden. Entschlossen, dem entgegenzutreten, sprach ich mit dem Schulpersonal und initiierte eigene Maßnahmen. Durch das Flugblatt der Freien Kameradschaft war ich darauf aufmerksam gemacht worden, dass ein Grünen-Politiker vor Ort aktiv gegen rechtsextreme Tendenzen vorging. Ich kontaktierte die Grünen und traf mich mehrmals mit einem ihrer Kommunalpolitiker, um die Situation zu besprechen. Die Reaktion der Schule schien mir unzureichend, also sah ich es als meine Pflicht an, über die Gefahren des Neonazismus aufzuklären. Es formierte sich langsam, aber allmählich ein breiterer Widerstand. Durch das Sammeln von Informationen, das Organisieren von Treffen und das Mobilisieren unserer Stadtgemeinschaft gelang es uns, genügend Druck aufzubauen, um die extremistische Gruppe aus unserem unmittelbaren Umfeld zu vertreiben.

Dieser Erfolg ließ mich kurz aufatmen; die Gemeinschaft hatte sich erhoben und ein deutliches Signal gesendet. Doch als ich hörte, dass die Kameradschaft sich einfach ein neues Zuhause in einem anderen nahe gelegenen Ort gesucht hatte, spürte ich, wie Enttäuschung in mir hochkroch. Es war, als würde man versuchen, Wasser mit den Händen zu fangen; es findet immer einen Weg, um durchzufließen. Der erzielte Erfolg fühlte sich zwar bedeutend an, aber er war nur ein Tropfen auf den heißen Stein in einem größeren Kontext. Es wurde mir klar, dass es nicht genug war, eine Gruppe Fanatiker von einem Ort zu vertreiben. Es braucht Bildung, Engagement und ständige Wachsamkeit, um solchen Ideologien entgegenzutreten. Ein konstanter Kampf.

Konstruktive Wut als Katalysator

Das Klirren der Glocke, das ertönte, wenn die Tür des kleinen Buchladens geöffnet wurde, hallte durch den Raum. Ich trat ein, der Geruch von frischen Drucksachen und alten Holzregalen begrüßte mich. Die Holzböden knarrten leise unter meinen Schritten und vermittelten ein Gefühl von Geborgenheit. Der kleine, gemütliche Buchladen am Windecker Marktplatz war mir wohlvertraut; diesmal trug das gewohnte Ambiente allerdings dazu bei, dass sich meine Wahrnehmung der deutschen Nachkriegsgeschichte schlagartig ändern sollte. In diesem beschaulichen Buchladen legte sich unbemerkt das Fundament für ein tiefgreifendes Gefühl: meine konstruktive Wut. Wie eine niemals erlöschende Flamme treibt sie mich noch heute unaufhörlich an. Früher vergrub ich mich hier in den gruseligen Erzählungen der *Gänsehaut*-Bücher, die mich immer wieder zurück an diesen Ort zogen. Jahre später, als die Geschichten von Geistern und Monstern ihren Reiz verloren hatten, entdeckte ich eine andere Ecke dieses Ladens für mich – die Sachbuchabteilung. Es war, als wäre das Geschäft plötzlich größer, obwohl es sehr klein und beengt war, doch für mich eröffneten sich neue Möglichkeiten.

Hier stolperte ich 2004 über ein Buch, das mein Verständnis von der deutschen Vergangenheit veränderte und mein Bewusstsein über den tatsächlichen Zustand der Denazifizierung prägte: *Stille Hilfe für braune Kameraden: Das geheime Netzwerk der Alt- und Neonazis* von Oliver Schröm und Andrea

Röpke. Dieses Buch zog den Vorhang vor einer verborgenen Welt auf und stellte alles infrage, was ich bis dahin über das Ende der NS- und Nachkriegszeit in Deutschland im Schulunterricht gelernt hatte.

Die Stille Hilfe, ins Leben gerufen von Helene Elisabeth Prinzessin von Isenburg, sollte ursprünglich den Kriegsgefangenen nach dem Zweiten Weltkrieg helfen. Doch was sich im Schatten dieser vermeintlich edlen Absicht verbarg, war ein Netzwerk zur Unterstützung von Personen, die im NS-Regime und während des Krieges Verbrechen begangen hatten. Es ging um finanzielle und rechtliche Unterstützung und manchmal auch um Beihilfe zur Flucht. Die dunklen Geheimnisse der Organisation und die Kontroversen um ihre Verbindungen zu rechtsextremen Gruppierungen, aber auch zu etablierten Parteien und der Kirche enthüllten eine Realität, die jenseits dessen lag, was in unseren Schulbüchern stand. Es wurde deutlich, dass Nazis nicht nur ein Relikt aus der Vergangenheit waren, wie es uns beigebracht wurde.

Die Lektüre dieses Buches löste Wut in mir aus, eine Empörung über meine eigene Unwissenheit und über ein System, das derartige Wahrheiten verbarg. Doch war diese Wut anders: Sie lähmte mich nicht, sie zog mich nicht in Verzweiflung. Sie war klar, fokussiert und konstruktiv. Sie trieb mich dazu an, weiterzuforschen, den Dingen auf den Grund zu gehen und die schwierigen Fragen zu stellen – Fragen zu unserer Vergangenheit, unserer Gegenwart und zum Wesen der Demokratie, die wir zu kennen glaubten. Der Grund für meine Worte? Dieses tiefgreifende Gefühl, hier zum ersten Mal so prägnant erlebt, sollte den weiteren Verlauf meines Lebens entscheidend beeinflussen. Es war, als hätte ich die rote Pille aus *Matrix* genommen: Die Realität zeigte sich mir in all ihrer erschreckenden Deutlichkeit, und ein Zurück gab es nicht mehr.

Nach der Lektüre über den Verein, der NS-Verbrechen deckte, fühlte ich mich geradezu gedrängt, mich intensiver mit der Neonaziszene auseinanderzusetzen. Dabei wurde die eklatante Diskrepanz zwischen dem, was mir einst im Schulunterricht vermittelt worden war, und der traurigen Realität immer deutlicher. Konstruktive Wut ist kein psychologischer Fachterminus, sie ist das Brennglas, durch das ich dieses aufwühlende Empfinden wahrnehme. Ein Empfinden, das zwar immer latent in mir vorhanden war, aber erst durch dieses eine Buch seine klare Stimme fand.

Dass die Wut bei mir so ausgeprägt ist und einen gewissen Kampfgeist auslöst, hat sicherlich auch mit meiner eigenen Herkunft zu tun. Schon als Kind war ich dafür bekannt, einen ausgesprochenen Gerechtigkeitssinn zu haben. Heute ist er fast schon penetrant: Wenn im Kühlschrank zwei Schokoriegel liegen und wir zu zweit in diesem Haushalt leben, dann sollte es doch mathematisch, moralisch und schokoladisch einleuchten, dass jeder von uns genau einen dieser Schokoriegel bekommt. Sollte mein Freund dann unachtsam beide Riegel verspeisen, bin ich genötigt, ihm am nächsten Morgen beim Frühstück eine eindringliche Brandrede über die Bedeutung gerechter Verteilung zu halten. Er versteht das zwar in der Theorie, doch emotional scheint es ihm oft zu entfallen. Viele Menschen begreifen durchaus die Wichtigkeit einer gerechten Ressourcenverteilung – wofür die Schokoriegel hier stellvertretend stehen –, dennoch bleibt eine echte gerechte Verteilung häufig aus. Geboren bin ich in der DDR, wo ›Mangel‹ eher eine Lebensphilosophie als eine vorübergehende Phase war. Der Sozialismus, immer bemüht um gerechte Verteilung, resultierte oftmals in einem kafkaesken Witz: Ja, man sorgte oft für Gleichheit – allerdings in dem Sinn, dass alle gleichermaßen leer ausgingen.

Mit gerade einmal 15 Jahren wurde meine Mutter überraschend mit mir schwanger. Diese ungeplante Entwicklung brachte einiges Durcheinander in unserer Familie. Zu dieser Zeit wohnten meine Mutter und meine Oma gemeinsam in einer bescheidenen Hochparterrewohnung in Halle/Saale. Und nun sollte ich, das unerwartete Baby, hinzustoßen. Während meine Mutter ihren Schulabschluss absolvierte und eine Ausbildung begann, blieb meine Oma mit mir zu Hause. Vaterfigur nicht vorhanden. Trotz dieser steinigen Startbedingungen ließen die Frauen meiner Familie sich nicht beirren. Aus diesem Grund entschied sich meine junge Mama nach dem Fall der Mauer auch dafür, in den Westen zu immigrieren. Als junge ostdeutsche Alleinerziehende war es im Besserwesten nicht leicht. Wir bekamen sehr stark zu spüren, dass wir Menschen zweiter Klasse waren. Damit sie nicht mehr als Ostdeutsche erkennbar war, trainierte sich meine Mutter relativ rasch ab, Dialekt zu sprechen.

Wer diese Situation nicht kennt, kann es vielleicht nicht nachvollziehen, aber Menschen, die jenseits der Mauer geboren und aufgewachsen sind, lebten faktisch in einer anderen Kultur. Auch wenn Deutschland in grauer Vorzeit ein Land gewesen war, kam es durch die Teilung zu einer Entfremdung. Die einen konnten jedes Jahr nach Bella Italia in den Urlaub fahren, die anderen wären für das gleiche Vorhaben an der innerdeutschen Grenze erschossen worden. Die einen (natürlich nicht alle, selbstredend) konnten den Handwerksbetrieb der Eltern übernehmen und ein schickes Häuschen im Speckgürtel einer westdeutschen Großstadt erben, welches die Eltern zu Wirtschaftswunderzeiten eigenhändig errichtet hatten. Die meisten Menschen im Osten können nichts erben, da das Gemeingut später in die Hände von Großinvestoren überging – ein Ergebnis der Treuhandpolitik – und somit der breiten Bevölkerung entzogen wurde. Laut einem Bericht der Bundeszentrale für politische Bildung unterschieden sich 2017 die durchschnittlichen Vermögenswerte zwischen West- und Ostdeutschland signifikant: Während in Westdeutschland der Durchschnitt bei 121 500 Euro lag, waren es in Ostdeutschland etwa 54 900 Euro. Und während in Westdeutschland das Vermögen mit dem Alter anwuchs, wobei die Altersgruppe zwischen 71 und 75 mit rund 206 000 Euro am wohlhabendsten war, verhielt es sich im Osten interessanterweise anders: Hier erreichte die Altersgruppe zwischen 51 und 55 Jahren mit circa 103 900 Euro den Höhepunkt. Historische Faktoren, insbesondere die eingeschränkten Möglichkeiten zur Vermögensansammlung während der DDR-Jahre, spielen eine Rolle bei diesen Unterschieden.[4]

Und viele Menschen aus Ostdeutschland spüren diesen Umstand bis heute. Bei uns gibt es kein Vermögen, keine Besitztümer, kein Erbe. Dafür aber einen Scheißdialekt, der von Außenstehenden oft verspottet wurde und heute noch wird, weil manche ihn als Zeichen unserer vermeintlichen Einfachheit deuten.

Meine Mutter arbeitete den ganzen Tag. Am Tag wischte sie den Staub von den Regalen in den Häusern der Wohlhabenden und bügelte Hemden für Menschen mit weitaus besseren Jobs. Abends stand sie am Fließband und packte die grünen Boxen für die Apotheken. Und dennoch standen wir beim Wocheneinkauf mit dem Taschenrechner bei Aldi, um zu prüfen, ob uns der Luxus einer Schokoladentafel vergönnt war. Etwas Besonderes wie Joghurt oder Schokolade gab es bei uns nur selten, und wenn, dann sorgten wir dafür, dass alle gleichermaßen daran teilhaben konnten. Dieses ausgeprägte Empfinden für Gerechtigkeit und die unabdingbare Notwendigkeit, Bescheidenheit im Teilen zu üben, wurde mir tief ins Bewusstsein eingebrannt. Nichts berührt mich stärker als erlebte Ungerechtigkeit. Diese Ungerechtigkeit ist es, die in mir die Wut aufkommen lässt. Ich muss nicht persönlich betroffen sein, damit ich wütend werde. Die Wut entzündet sich an einem unausgewogenen System und richtet sich gegen die ungleiche Verteilung von Chancen und Ressourcen und gegen jene Menschen, die dieses Ungleichgewicht fördern, verteidigen und davon nutznießen. Diese Wut, die konstruktive Wut, ist mein Antreiber, mein Katalysator. Das Empfinden, das mich überkommt, wenn ich sehe, wie Ferkeln in der Mast der Schwanz abgeschnitten wird – eine Maßnahme, die nur deshalb notwendig ist, weil sie in beengten Ställen gehalten werden, ohne Beschäftigung und unter Bedingungen, die ein elendes Leben und unweigerlich Verhaltensstörungen zur Folge haben. Es erschüttert mich zutiefst, wenn ich beobachte, wie in einem Land, das noch bis vor 35 Jahren die eigene Bevölkerung beschoss, falls diese die Strecke von Bad Salzungen nach Bebra zurücklegen wollte, heute die Forderung laut wird, Menschen vor den Toren Europas zu erschießen.

Die konstruktive Wut entfachte in mir bisher unerkannte Energien und wurde zur ständigen Triebkraft, mich für emanzipatorische Anliegen einzusetzen. Sie spornt mich an, meine Stimme zu erheben, Unrecht zu benennen, selbst in scheinbar unbedeutenden Gesprächen am Kaffeetisch. Aufgeben ist keine Option. Selbst wenn es Momente gibt, in denen ich mich fühle, als stünde ich, ähnlich wie Don Quijote, Windmühlen gegenüber – es ist diese brennende Wut, die mich anhält, den Kampf nicht ruhen zu lassen.

Grenzgängerin für die Sache

Manchmal gleicht das Leben einem ständigen Navigieren durch ein Gewirr aus Gesetzen, gesellschaftlichen Erwartungen und jenen unsichtbaren Leitplanken, die wir als unseren moralischen Kompass bezeichnen. Ab und zu fühlt es sich so an, als würden wir uns auf einem schmalen Grat bewegen, der zwischen dem, was Gesetz ist, und dem, was unser Innerstes als richtig und gerecht empfindet, balanciert.

Für viele von uns wurde die Gleichung schon früh einfach gehalten: Recht ist gleich Gerechtigkeit. Doch während wir älter und hoffentlich weiser werden, realisieren wir, dass diese Gleichung nicht immer aufgeht. Gesetze – diese vom Menschen gemachten Regeln, die uns Halt und Struktur geben sollen – sind nicht unfehlbar. Sie spiegeln oft die Meinungen und Werte einer bestimmten Zeit oder einer bestimmten Gruppe wider, und manchmal – vielleicht sogar öfter, als uns lieb ist – klaffen Recht und Gerechtigkeit auseinander.

Die Frage, die sich dann stellt, ist nicht trivial: Sollte man die Regeln brechen, wenn man tief im Herzen spürt, dass es der einzige Weg ist, um echte Gerechtigkeit zu erreichen? Einfach ist das nicht, vor allem, wenn man bedenkt, wie sehr Regelbrüche in unserer Gesellschaft geächtet werden.

Leonard, Sam und Torben holten mich am Ulmer Hauptbahnhof mit einem dunkelblauen Kombi ab, der seine besten Jahre schon lange hinter sich hatte. Das Auto war von innen nicht sonderlich aufgeräumt, der Kofferraum voll mit Rucksäcken, leeren PET-Flaschen und undefinierbarem Kram. Ich stieg hinten ein, schob eine leere Wasserflasche, einen Eiskratzer und ein offenes Erste-Hilfe-Set im Fußraum zur Seite und saß mit Sam gemeinsam auf der Rückbank, während alle drei viele Fragen stellten. Im Vorfeld hatte ich nur mit Leonard Kontakt gehabt, getroffen hatte ich noch niemanden von den dreien. Während wir aus der Stadt in Richtung Umland aufbrachen – es war ein wunderschöner Frühlingstag, und Baden-Württemberg zeigte sich von seiner schönsten Seite –, wurde ich auf den Abend vorbereitet.

Wir kamen am Haus eines Kumpels von Torben an. Dort wurde uns im Keller ein Schlafplatz eingerichtet, den wir zumindest für diese Nacht nicht wirklich benötigten. Die anderen hatten bereits einige Nächte hier verbracht, und so waren überall Schlafsäcke ausgebreitet, und es roch etwas muffig nach Nachtlager und Keller.

»Willst du dich noch mal hinlegen?«, fragte Leonard mit Blick auf seine digitale Armbanduhr. »Wir haben ja noch ein bisschen Zeit, und das wird eine kurze Nacht.«

Ich war nicht richtig müde, aber total erschöpft. Diese Zusammenkunft fiel nicht unbedingt auf die beste Phase meines Lebens. Gefühlt lief alles gerade nicht so, wie ich es mir gewünscht hätte, private Problemchen trafen auf gesundheitliche Schwierigkeiten. Dennoch wollte ich diesen Termin unter keinen Umständen absagen. Wohl wissend, dass das, was diese Nacht geschehen sollte, bleibenden Eindruck hinterlassen und vermutlich alles andere als einfach, geschweige denn ungefährlich sein würde. Ich legte mich trotzdem auf die Matratze, die auf den braunen Kellerfliesen lag, baute mir eine Kissenburg, damit der Kopf hoch lag und ich weiterhin mit den anderen schnattern konnte. Es war nachmittags, gegen 16:30 Uhr, die Sonne schien hell durch das kleine vergitterte Kellerfenster, und Leonard begann mich mental auf die Nacht vorzubereiten.

»Schwarze Sachen hast du dabei? Sonst kannst du auch noch einen Pullover von mir haben«, fragte er, während er einen schwarzen Oversized-Hoodie in die Luft hielt.

»Hab eine schwarze Leggings, Stiefel und einen schwarzen Hoodie dabei«, antwortete ich, während ich meinen Rucksack zu mir zog und anfing darin rumzukramen.

»Du bekommst von uns nachher sowieso noch einen Schutzanzug, aber bis dahin sollten wir nicht auffallen«, ergänzte Torben, während er aus einem Tetrapak Eistee Pfirsich trank.

Ich fühlte mich, als würden wir hier einen Banküberfall oder Einbruch planen, und ehrlicherweise waren wir davon gar nicht so weit entfernt. Während ich mich mit den beiden jungen Männern über die geplante Aktion unterhielt, saß Sam im Garten und telefonierte so laut, dass ich fast jedes Wort durch das geöffnete Fenster hörte. Torben begann damit, diverse elektronische Geräte aus einem schwarzen Case zu holen und die Batterien und Akkus zu checken.

»Was ist das alles?«, wollte ich neugierig wissen, während ich mich weiter aufrichtete.

»Nachtsichtgeräte und Kameras«, erwiderte Leonard, während er ebenfalls begann, die Geräte ein- und auszuschalten und zu überprüfen, ob die Kameras die richtigen Speicherkarten enthielten und alles nach dem Check an seinen richtigen Platz kam.

Die nächsten Stunden fühlten sich endlos an, denn ich war zu meiner eigenen Überraschung ziemlich angespannt. In der Regel begegne ich neuen Situationen mit Gelassenheit, doch diesmal war alles anders. Deshalb gelang es mir gerade mal, drei Nudeln vom Abendessen hinunterzuschlucken, das Sam und Torben an den bescheidenen Kochplatten der Kellerküche zubereitet hatten.

Das Trio agierte mit einer beeindruckenden Routine. Ob beim Zubereiten der Pasta, beim Aussuchen der bereits parat liegenden Kleidung auf der Sofakante oder beim Packen ihrer Ausrüstungstasche – alles wirkte wie ein eingeübter Tanz, den sie schon unzählige Male so aufgeführt hatten. Sam und Torben legten sich gegen 19 Uhr noch mal auf das Sofa und machten die Augen zu, während ich mit Leonard alles genau durchsprach.

»Wichtig ist, dass du möglichst ruhig bleibst, wenn jemand kommt. Die haben manchmal Waffen, Schlagstöcke oder eine Schaufel in der Hand, und das kann durchaus gefährlich werden«, mahnte er mich eindringlich. »Ansonsten haben wir den Ort die letzten Tage observiert. Nachts ist niemand vor Ort, das nächste Wohnhaus ist einen Kilometer entfernt.« Leonard zeigte mir eine Karte der Region auf seinem Handy. »Vermutlich werden wir verstörende Dinge sehen. Ich war noch nie da drin und habe keine Ahnung, wie die Zustände sind. Aber der Betrieb beliefert große Einzelhandelsketten, und die sind für uns immer spannend«, erzählte Leonard weiter.

Die aufmerksame Leserschaft kann sich an dieser Stelle sicher schon denken, was wir an jenem lauen Frühlingsabend planten.

Einige Stunden später, kurz nach Mitternacht, brach unsere Vierergruppe auf und quetschte sich in den dunkelblauen Volvo. Wir verließen unser Domizil, und bald schlängelten wir uns durch dunkle Landstraßen, vorbei an stillen, tiefen Wäldern und schlafenden Dörfern, in denen die Ruhe regierte, als hätte jemand die Bürgersteige hochgeklappt.

Als der Volvo in einen Waldweg einbog, dimmte Leonard die Scheinwerfer. Das Auto rollte weiter, fast lautlos, geführt nur vom fahlen Mondschein und von Leonards Kenntnis des Terrains. An einer Weggabelung hielten wir an. Links ging es hinab, rechts hinauf. Leonard lenkte den Volvo nach links, in den Schatten eines dichten Baumbestandes, um ihn vor neugierigen Blicken von der Anhöhe zu verbergen.

Eine spürbare Anspannung erfüllte den Innenraum des Fahrzeugs, jedoch ohne jegliche Hektik. Torben schnappte sich, direkt nachdem der Motor ausging, ein Nachtsichtgerät und verschwand den rechten Pfad entlang, als wäre er ein Geist, der sich in die Dunkelheit davonstahl. Leonard, derweil, widmete sich seiner Ausrüstung. Er kramte sorgfältig im Kofferraum, wählte das benötigte Equipment aus und bereitete es für den Einsatz vor. Mit geübter Hand verband er ein Walkie-Talkie mit einem Ohrstück, das er in sein rechtes Ohr stöpselte, und befestigte das Gerät sicher an seiner Hose. Bei Torbens Rückkehr wiederholte dieser den Vorgang, und beide waren somit miteinander verbunden.

»Für was die Walkie-Talkies?«, flüsterte ich neugierig.

»Wenn wir reingehen, bleibt Torben draußen und steht Wache. Wenn jemand kommt, kann er mir so direkt Bescheid geben«, erklärte Leonard ruhig.

Das Vorhaben wirkte auf mich wie eine Symbiose aus Vorbereitung, Intuition und Absurdität. Als wir mit einer Taschenlampe den kleinen Weg bergauf liefen, zweifelte ich an meiner eigenen geistigen Verfassung, schließlich könnte ich jetzt auch einfach selig in meinem Bett liegen, meine Lieblingsserie schauen oder ganz banal schlafen. Ein Gedankengang, der mich in meinem Leben immer mal wieder begleitet (dazu im Kapitel »Tierrettung im Kriegsgebiet« mehr). Während ich also langsam extrem nervös wurde, vor lauter Dunkelheit meine eigenen Füße nicht sah und etwas fröstelte in meinem schwarzen Hoodie und der Stoffleggings, blieb Leonard stehen, schaltete die Taschenlampe aus und sprach leise zu mir und Torben: »Lasst mal lieber mit Nachtsichtgerät machen. Ich gehe vor.«

Als wir zu dritt die Wiese erreichten, war Sam nicht dabei. Sie pflegte trotz ihrer Beziehung zu Leonard oft im Auto zu warten und nicht an den kleinen Ausflügen teilzunehmen. So war es auch an diesem Tag. In der Dunkelheit zeichnete sich ein weißes Gebäude ab, das nur durch das matte Licht des abnehmenden Vollmonds sichtbar wurde. Unsicher und bedacht auf jeden Schritt näherten wir uns dem Bau, wobei wir eng an der Wand blieben. Das Gebäude schien fast fensterlos – nur einige schmale Schlitze im oberen Bereich unterbrachen die sonst so massive Außenmauer. Leonard flüsterte uns zu, wie er nun den Einstieg wagen würde – ein Detail, das ich an dieser Stelle nicht beschreiben kann, da es sich hierbei um eine gängige Methode handelt und das auch so bleiben soll. Leonard warf sich einen blauen Ganzkörperschutzanzug über, verschwand für eine Weile, und nach endlosen Minuten konnte auch ich das Gebäude betreten.

Inzwischen war ich ebenfalls in eine blaue Schutzhülle gekleidet. Ich betrat die Anlage mit einem mulmigen Gefühl. Wir standen in der Mastanlage eines der größten Kaninchenzüchter in Deutschland. Hier werden Kaninchen für Tierversuche und spezielle Mastkaninchen gezüchtet, die innerhalb von nur 84 Tagen bereits über drei Kilo Gewicht erreichen. Leonard hatte schon einige Dinge gesehen, die er filmisch festhalten wollte. Es war stockdunkel im Gebäude, es gab einen Durchgang, der zu zwei Haupträumen führte. Der Geruch von Ammoniak, verursacht durch den Urin der Tiere, brannte sofort in meiner Nase und den Augen. Leonard empfahl deshalb, primär durch den Mund zu atmen. Wir liefen die Reihen der trostlosen Gitterkäfige ab. Leonard filmte alles und erklärte mir, dass die Tiere meist zu zehnt in einem viel zu kleinen Käfig sitzen und über Nippeltränken mit Wasser versorgt werden. Es gab weder Stroh noch Tageslicht. Die Tiere standen auf Gitterböden und konnten sich kaum bewegen. Alles hier war voll automatisiert, mechanisch.

Das, was ich hier sah, erinnerte mich an eine Fabrik, die Konserven herstellt, aber nicht einen Ort, an dem Lebewesen leben. Ob man das überhaupt Leben nennen konnte – ich glaube kaum. Viele Tiere hatten offensichtliche Verletzungen, es fehlten Körperteile, offene Wunden waren schon entzündet. Da die meisten Kaninchen in dieser Mastanlage weiß waren, konnte man die Wunden gut sehen. Auch die Exkremente der »Mitinsassen« waren auf dem weißen Fell gut sichtbar. Kurzum: Die Tiere koteten sich aufgrund des Platzmangels teilweise gegenseitig voll.

Mir fiel ein Tier auf, das nur ein Ohr hatte. Ein anderes hatte augenscheinlich gebrochene Hinterbeine und kam somit unmöglich an die über ihm gelegene Wassertränke. Sicheres Todesurteil, deshalb beschlossen wir, dass dieses Kaninchen in eine der mitgebrachten Transportboxen kam. Leonard öffnete den Käfig, griff sich routiniert das Kaninchen aus der Gruppe heraus und setzte es in die Box, die ich ihm entgegenhielt. Wir stellten die Box in den Durchgang und wollten gerade in den anderen Raum treten, also Leonard zwei Tonnen auffielen.

»Lass uns mal da reinschauen, ich habe schon eine Vermutung«, sagte er, während er den Deckel einer der beiden blauen Tonnen öffnete. Die Befürchtung bewahrheitete sich, zu dem Ammoniakgestank gesellte sich nun ein Verwesungsgeruch. Die Tonne war bis oben mit toten Tieren gefüllt. Leonard prüfte genau, was er sehen konnte, ohne die Tiere anzufassen. »Siehst du das, da ist Blut. Die wurden sicherlich erschlagen.« Er suchte den Raum mit der Taschenlampe nach dem Tatwerkzeug ab. Auf der anderen Tonne lag ein schweres, silbernes Metallrohr mit Klebeband an einem Ende. Bei näherer Betrachtung konnten wir einige Blutspuren darauf erkennen. »Manchmal greifen sie aber einfach zu einer Schaufel«, merkte Leonard an, während er den Raum sorgfältig inspizierte.

Weiter hinten entdeckten wir die Steuereinheit für Futter, Wasser und die Entsorgung. In einem Zustand, der sich anfühlte wie eine Trance – vielleicht war es auch der Schock –, folgte ich Leonard durch die Anlage. Jeder Käfig, den ich sah, füllte mich mit Entsetzen, und ich hoffte verzweifelt, dass das Grauen irgendwo ein Ende nehmen würde. Doch es schien unendlich. Meine Augen tränten vom Ammoniak in der Luft, und ich musste ständig niesen. Am liebsten hätte ich jedes dieser Tiere befreit. Aber das war nicht nur logistisch unmöglich, es hätte auch das grundlegende Problem nicht gelöst. Solche Tiere werden nach ihrem monetären Wert beurteilt, nicht nach ihrem Wert als Lebewesen. Die Anlage würde einfach wieder mit neuen Tieren bestückt werden, sobald die aktuellen schlachtreif waren. Dennoch entschieden wir uns, drei Kaninchen mitzunehmen, die krank und verletzt waren. Denn auch wenn die Plätze dieser Tiere instant neu besetzt werden würden, erhielten diese drei Individuen ein neues und vor allem freies Leben. Mit den Transportboxen, und nachdem Leonard alle Aufnahmen im Kasten hatte, verließen wir die Anlage so leise und unauffällig, wie wir sie betreten hatten.

Kaum aus der Tür getreten, wartete Torben schon ungeduldig auf uns und nahm mir eine Transportbox ab. Im Stechschritt, aber möglichst sanft, sodass die Tiere kein Schleudertrauma bekamen, machten wir uns auf den Weg zum Auto, wo Sam uns schon erwartete. Am Wagen angekommen, schälten Leonard und ich uns schnell aus den blauen Anzügen, die wir in eine gelbe Plastiktüte stopften. Eine Transportbox stellten wir in die Mitte der Rückbank, zwischen Sam und mich. Die kleinere Transportbox mit einem Kaninchen platzierte ich auf meinem Schoß. Die Fahrt im Anschluss wollte gefühlt nicht enden, es dämmerte allmählich.

Wir erreichten unser Ziel in den frühen Morgenstunden, es war bereits hell, als wir bei einem Tierarzt ankamen, der gelegentlich gerettete Tiere aufnahm und auch diesen drei Kaninchen einen Platz versprochen hatte. Bei ihrer Ankunft wurden alle Tiere untersucht und kamen in ein Gehege mit Auslauf, frischem Stroh, Wasser, Tageslicht. Als ich in das Gehege stieg, um die Transportboxen zu öffnen, kämpfte ich mit den Tränen. Wir hatten die Chance, drei von ihnen ein neues, besseres Leben zu schenken, während unzählige andere Kaninchen in dieser Anlage weiter ihr jämmerliches Dasein fristen mussten. Mit bleierner Müdigkeit machten wir uns auf den Rückweg zu unserem Ausgangspunkt, bevor ich am nächsten Tag den Heimweg antrat. Wenige Tage später erhielt ich eine niederschmetternde Nachricht von Leonard: Eines der geretteten Kaninchen hatte den Kampf gegen seine Erkrankung verloren und war gestorben.

Die erschütternden Aufnahmen aus der Mastanlage gingen später online – ein Versuch, die Öffentlichkeit über die entsetzlichen Zustände in der Kaninchenmast zu informieren. Unsere Aktion war strafrechtlich relevant. Einbrüche in Ställe sind illegal und können rechtliche Konsequenzen nach sich ziehen. Doch das eigentliche Verbrechen findet im Verborgenen, hinter diesen fensterlosen Mauern statt. Hier stellt sich die Frage: Was ist eigentlich rechtmäßig, und was ist moralisch vertretbar? Zahlreiche grausame Praktiken, wie wir sie erlebt haben, sind im juristischen Sinne durchaus legal. Doch wenn das, was ungerecht ist, zum Gesetz wird, wird der Widerstand zu einer moralischen Notwendigkeit.

Tierrettung im Kriegsgebiet

Sirenenalarm. Dieses durchdringende auf- und absteigende Geräusch löst bei mir unweigerlich Erinnerungen an eine behütete Kindheit in einer gutbürgerlichen Wohnsiedlung eines hessischen Vorortes aus. Jeden ersten Samstag im Monat, Punkt 12 Uhr, erprobte die Freiwillige Feuerwehr der Gemeinde Nidderau, ob das Notsignal am Spritzenhaus noch seinen Dienst tat. Fünf Minuten Lärm, der sich wie eine nervtötende Decke über den Ort legte und dennoch für Beruhigung sorgte. Sirene geht noch!

Als ich im Oktober 2022 vor einem Pferdestall in Lwiw eben jenes Geräusch hörte, wurde die süße Gedankenverbindung mit dem nervtötenden Geräusch schlagartig abgelöst. Umprogrammiert. Es ging durch jede Faser meines Körpers und löste Unbehagen aus. Tränen schossen mir in die Augen.

Lwiw? Pferdestall? Sirenen? Lasst uns kurz mal zurückspulen.

In der Nacht vom 24. Februar 2022 verkündete der russische Präsident Wladimir Putin, er plane eine sogenannte militärische Sonderoperation in der Ukraine. Eine ziemlich euphemistische Art der Kriegserklärung. Direkt im Anschluss folgte ein Blitzangriff. Flughäfen, Kranken- und Wohnhäuser von Odessa bis Lwiw wurden mit Raketen beschossen, Truppen besetzten Städte, Panzer rollten über hügelige Landstraßen. Menschen starben.

Millionen verließen schlagartig ihr Zuhause, machten sich auf den Weg Richtung Polen, Tschechien, Ungarn, Rumänien. Teilweise sogar Richtung Russland. Oder sie suchten Schutz im eigenen Land. Hauptsache, weg von den Orten, an denen Bomben und Raketen plötzlich alles in Schutt und Asche legten.

Wie vielen anderen gingen mir die Meldungen und Bilder durch Mark und Bein. Weinende Kinder auf Schuttbergen mit verdreckten Stofftieren in den Händen. Alte Menschen, die in klapprigen Rollstühlen in eisiger Kälte über zerstörte Brücken bugsiert wurden. Und immer wieder Haustiere, die auf Rollkoffern sitzend oder im Arm getragen mit in Sicherheit gebracht werden sollten. Haustiere!?

Ich hatte zu diesem Zeitpunkt selbst einen Hund und eine Katze, und natürlich stellte ich mir die Frage, was ich tun würde, wenn Berlin plötzlich angegriffen würde. Wie flieht man denn mit einem Tier? Oder gar mit zweien? Hund an die Leine und ins Auto, Katze in den Katzenkorb, bei dem nach dem letzten Tierarztbesuch der Henkel abgefallen war? Nicht optimal, aber irgendwie möglich. Was aber, wenn das Auto keine Option war? Zehntausende – Hunderttausende – Menschen mit einem aus der Stadt fliehen wollen? Es laut ist, die Situation undurchsichtig, die Zukunft ungewiss? Purer emotionaler Stress, schon ohne zusätzlichen haarigen Ballast. Wohin mit den Tieren, wo unterkommen? Wie versorgen?

Meine Gedanken gingen immer weiter. Tiere im Krieg – wie geht das? Und was ist eigentlich mit den ganzen Tierheimen? Wie machen das Menschen, die kleine Farmen haben? Lebenshöfe? Zoos? Pferdegestüte? Wildtierstationen? Aquarien? Und was ist gar mit der industriellen Massentierhaltung? Wildtiere? Millionen von Tieren leben in diesem Land. Was wird aus ihnen?

Sie können nicht einfach selbstständig ihr kleines Köfferchen packen, die Stalltür öffnen und sich auf den Weg in Sicherheit machen. Tiere verstehen nicht, was Krieg bedeutet, und werden trotzdem und vor allem deswegen dessen Opfer.

Während mir diese grauen Gedanken durch den Kopf sausten, stellte ich relativ schnell fest, dass ich etwas tun musste. Ich konnte hier nicht nur rumsitzen, die Schlagzeilen lesen und mein Hirn zermartern.

Zack – ein paar Tage später saß ich mit einer Freundin in einem weißen Transporter auf der A4 in Polen Richtung polnisch-ukrainischer Grenze. Das war wenige Tage nach Kriegsbeginn. Die Parkplätze vor den großen Einkaufsläden und Baumärkten an der Hauptstraße in Przemyśl, der nächstgrößeren Stadt vor dem Grenzübergang Medyka, waren voll mit Zelten und weißen Pavillons verschiedener Hilfsorganisationen. Menschen trugen Warnwesten in schreienden Farben mit den Aufschriften bekannter NGOs. Wir hatten die Mission, Hilfsgüter am Basecamp eines polnischen Tierschutzvereins abzuladen.

Der Krieg war jung, die Lage undurchsichtig, chaotisch – eine humanitäre Katastrophe. Während viele Menschen, auch Privatpersonen im euphorischen Aktionismus, Sachspenden aller Art an die Grenze brachten, froren und hungerten ankommende Menschen, die teilweise im Pullover und in Latschen in Kyjiw oder Dnipro losgelaufen sind. Viele mit Katzen auf dem Arm, Kanarienvögeln in Schuhkartons und Hamstern in Einkaufstüten – kein Witz!

Alle waren ganz augenscheinlich überfordert mit der Situation, niemand hatte wirklich einen Plan. Krieg in Europa. Wer hatte schon damit gerechnet?

Auf der Rückreise machte sich eine Mischung aus Frust, Trauer, Wut und Hilflosigkeit breit. Der Motor des weißen Transporters dröhnte, während ich mit müden Augen versuchte, die Fahrspur zu halten. Der Gedanke durchzuckte mich: »Warum nicht einfach einen Verein gründen?« – ein Mittelweg zwischen Idealismus und der Dringlichkeit, jetzt zu helfen – im besten Fall nicht allein und so gut organisiert wie irgendwie möglich.

Joris, der ebenfalls dabei war und einen anderen weißen Transporter im Konvoi fuhr, schloss sich auf meine Idee hin unvermittelt an. Er war so überzeugt, dass er keinerlei weitere Fragen stellte und wir letztlich innerhalb von einer Woche eine Satzung schrieben, die Gemeinnützigkeit beantragten und ganz offiziell ein nicht eingetragener Verein wurden, der Spenden sammeln durfte. Wir gaben uns auch einen Namen und kreierten ein Logo: Dog Days Are Over Tierschutz sollten wir heißen (heute ddao Tierschutz e. V.), benannt nach einem Song der englischen Band Florence + The Machine.

Dieser Tag an der polnisch-ukrainischen Grenze und der darauffolgende Entschluss, einen eigenen Verein zu gründen, sollte vieles verändern. Also eigentlich alles. Ich war plötzlich erste Vorsitzende meines eigenen Tierschutzvereins, und damit geht Verantwortung einher. Wir wollten möglichst viel und effizient helfen, und so begannen wir schon früh, Geldspenden zu generieren, die wir in Futter- und Sachspenden umwandelten. Dabei sind wir innerhalb kürzester Zeit immer wieder über uns hinausgewachsen und haben die Herausforderungen angenommen. Als wir Ende März 2022 eine Futterpalette an der ukrainischen Grenze abgaben, fragte ich die anderen, ob wir es wohl schaffen würden, einen Lkw voller Futterspenden direkt ins Kriegsgebiet zu bringen. Einige Wochen später trafen wir Andriy an der Laderampe einer Spedition, die uns ihren Lagerplatz kostenlos zur Verfügung stellte. Andriy lud 33 Paletten auf seinen Vierzigtonner, während wir aufgeregt und anfeuernd danebenstanden. Diesem Lkw sollten weitere folgen. Wir bauten uns eine Infrastruktur auf, finanzierten den Ausbau eines Tierheims in Butscha bei Kyjiw, machten unsere Sachkunde für den Transport und die Vermittlung von Tieren – alles nebenbei und vor allem mit viel Herzblut.

In der Welt des Tierschutzes stellst du dich auf viele Szenarien ein. Auf überfüllte Tierheime, auf verlassene, kranke Streuner, Elend und Leid. Aber auf eine Fahrt direkt ins Kriegsgebiet? Das stand definitiv nicht im Standardleitfaden.

Sommer 2023: Unsere Mission führte uns nach Huljajpole und Orichiw im Oblast Saporischschja. Orichiw wurde, wie viele andere Städte im Süden, von den Angriffen der russischen Streitkräfte schwer getroffen. Bereits in den ersten Invasionstagen musste die Stadt massive Artillerie- und Luftangriffe über sich ergehen lassen. Bis zum Herbst 2022 waren laut der stellvertretenden Bürgermeisterin 70 Prozent der Stadt zerstört.

Huljajpole, im Zentrum der Oblast Saporischschja gelegen und unser zweites Ziel der Rettungsaktion, hatte seit Beginn der russischen Invasion unerbittliche Angriffe erlebt. In der Stadt lebten inzwischen nur noch etwa 100 ältere Menschen, die keine andere Möglichkeit hatten, als zu bleiben. Durch monatelangen Beschuss war die Infrastruktur, einschließlich der historischen Synagoge und eines Krankenhauses, schwer beschädigt worden. Es gab keinen Zugang zu Elektrizität, Wasser oder Gas mehr, und die Gebliebenen hielten sich überwiegend in Kellern versteckt, um Schutz vor den regelmäßigen Artillerieangriffen zu finden.

Konstanter Beschuss ist an diesen Orten Alltag, in Orichiw wurden teilweise bis zu 500 Explosionen an einem einzigen Tag gezählt.

Warum waren wir da? Nun, auch in diesem kriegszerstörten Landstrich gab es Tiere. Tiere, die zurückgelassen wurden, die dringend Hilfe brauchten. Dass die russischen Truppen nur ein paar Kilometer weiter ihre Stellungen hatten, machte die Sache nicht gerade entspannter. Am Abend vor unserer Abfahrt aus Dnipro gingen wir mit einer befreundeten und sehr erfahrenen Tierschützerin noch mal alles durch. Wir arbeiten vor Ort mit einer großen ukrainischen Tierschutzorganisation, UAnimals, die die nötige Expertise und Einschätzung der Lage vor Ort mitbringt. Denn einfach mal eben in ein Kriegsland fahren und zudem an solch stark umkämpfte Orte ist alles andere als ratsam. Wir hatten also professionelle Verstärkung und saßen am Abend vor der Abfahrt in den Oblast Saporischschja noch bei einem Tee zur Lagebesprechung im Aufenthaltsraum unserer Unterkunft zusammen.

»Wir haben in Huljajpole noch sechs Kilometer zu dem Ort, wo die russischen Truppen stehen, und ein russischer Panzer kann auch bis zu acht Kilometer weit schießen. Das heißt, hier kann man uns mit sämtlichen Artilleriewaffen treffen«, erklärte uns Maria, während wir gemeinsam auf ihrem Handy auf eine Karte schauten. Es gibt Apps und Seiten, die anzeigen, welche Gebiete von den russischen Streitkräften besetzt sind, welche Bereiche befreit wurden und wo es zu welchen Kampfhandlungen kommt. Hier sahen wir auch genau, wie weit die russische Armee von uns entfernt war. Sechs Kilometer, das ist näher als die Entfernung zwischen Bahnhof Zoo und Berlin-Alexanderplatz. Als wir dort saßen, waren diese Zahlen aber alle eher abstrakt.

Obwohl wir im Vorfeld versucht hatten, uns mental auf die Risiken und Gefahren vorzubereiten, stellten wir schnell fest: Die Theorie eines Kriegseinsatzes unterscheidet sich drastisch von der Realität vor Ort. Theoretische Vorbereitungen, Trainings, Simulationen und Schulungen fühlen sich an wie Trockenschwimmen – man bekommt keinen Eindruck vom echten Wasser.

Am nächsten Morgen, als der Wecker bereits um 5:30 Uhr laut durch das Zimmer schrillte, begannen wir wie automatisiert unsere Morgenroutine. Ein schneller Badgang, ein Tee aus dem Wasserkocher im Zimmer, und dann Sachen packen. Beim Auto angekommen, richteten wir alles für die bevorstehende Mission ein. Die Metallkäfige wurden wie Tetris-Steine im Fahrzeuginneren angeordnet. Über mehrere Tage hinweg würden wir jetzt Tiere, einschließlich Hunde, Katzen und Schafe, aus Saporischschja und Donezk evakuieren. Der erste Halt war Orichiw.

Unterwegs hielten uns Soldaten an einem Militärkontrollpunkt auf, da wir eine Durchfahrtsgenehmigung benötigten. Sie machten deutlich, dass jenseits dieses Punktes aktive Kampfhandlungen stattfanden. Ein anderer Kontrollpunkt gewährte uns nach einer gründlichen Überprüfung und Aufnahme unserer Daten die benötigte Genehmigung. Maria, durch die Intensität der Militärpräsenz und Aussagen der Soldaten beunruhigt, riet uns dringend, ab jetzt unsere schusssicheren Westen anzulegen. Diese Westen vom höchsten Sicherheitsstandard bieten Schutz vor Schrapnell und Splittern. Jedoch sind gegen direkten Beschuss selbst sie machtlos – einen solchen Angriff würden wir nicht überleben.

Mit diesem Wissen und der Schutzweste eng am Oberkörper sitzend, fuhren wir weiter auf immer leereren Straßen. Die Umgebung veränderte sich, mehr Zerstörung, viele dunkelgrüne Fahrzeuge, wenig Zivilbevölkerung. In einem Dorf fielen mir große Gruppen von Militärs auf, die an einen Lkw gelehnt standen, sich unterhielten, rauchten. Vornehmlich in meinem Alter, ausschließlich Männer. Wenige Meter weiter stand am Straßenrand, hinter hohen Bäumen, ein Lkw-ähnliches Fahrzeug. Auffällig war die Ladung, denn es sah aus wie eine große Batterie oder eine Packung leere Strohhalme im XXL-Format. Es lässt sich schwer beschreiben, ich habe so etwas vorher höchstens mal in einem Film oder einer Reportage gesehen. Das Fahrzeug wirkte, als wäre es fest im Boden verwurzelt, einige Menschen in Militärausrüstung standen drum herum, kletterten in die Fahrerkabine, hetzten von vorne nach hinten.

»Was war das?«, fragte ich Joris, während ich mich noch mal nach dem Fahrzeug umdrehte.

»Ich schätze, ein Raketenwerfer«, erwiderte er, während er unseren Volkswagen sicher durch die Schlaglöcher manövrierte.

Es war ein Raketenwerfer, und zwar einer, der im Einsatz und nicht gerade auf dem Weg von einem Ort zum anderen war. Panzer, Waffen aller Art und Militärfahrzeuge hatten wir schon zur Genüge gesehen, die werden auf Tiefladern über polnische Autobahnen gefahren, in der Ukraine fahren Panzer auf der Straße. Hier sahen wir das erste Mal einen Raketenwerfer im Einsatz. Doch dabei sollte es nicht bleiben.

Wir fuhren noch ein bisschen weiter, bis wir nach rechts abbogen und ich schon sehen konnte, dass vor uns zerstörte Hochhäuser lagen. Instinktiv zückte ich mein Handy und fing an, die verheerende Szenerie zu filmen, bis mir bewusst wurde, dass wir unser Ziel, Orichiw, erreicht hatten. Am Checkpoint des Stadtzugangs wurde unser Fortkommen abrupt gestoppt.

»Aus den Autos, jetzt!«, kommandierte ein Soldat auf Ukrainisch.

Wir parkten neben dem Checkpoint. Es waren über 30 Grad an diesem Tag, die Sonne brannte schon am Vormittag. Der Checkpoint war vor einem ehemaligen Wohnhaus gelegen, welches als solches nur mit viel Fantasie zu erkennen war. Zwar standen die Grundmauern noch, allerdings war kein Fenster mehr ganz, und auf dem Gehweg war alles voller Scherben, Gebäudeteilen und zerstörten Einrichtungsgegenständen. Der Anblick solch apokalyptischer Landschaften macht irgendwas mit einem. Schwerlich zu beschreiben, was genau, aber man stumpft ab.

Wir sollten uns beim Checkpoint unterstellen, die Lage war etwas undurchsichtig und hektisch. Während zwei Soldaten telefonierten und mit Maria auf Ukrainisch über die Lage sprachen, stand ein Dritter ganz entspannt an einem Holztisch und schnitt Tomaten und Wurst in Scheiben, wovon er uns später etwas anbot. Rund um den Checkpoint wuselten zehn bis zwölf Hunde herum – Straßenhunde und solche, die durch den Krieg heimatlos geworden waren. Sie suchten Zuflucht und Nahrung beim Militär, das in dieser lebensfeindlichen Umgebung seinen Dienst verrichtete.

»Okay, die Lage ist die, dass wir hier gerade mitten in einem Luftangriff sind«, erläuterte Maria mit einer Routine in ihrer Stimme, als ob sie über das Wetter sprechen würde.

Ein Soldat neben ihr schaute sie an, bemüht, zumindest einen Hauch von dem zu begreifen, was sie uns auf Deutsch mitzuteilen versuchte. Er schaltete sich ein und zeigte auf eine Art Stufen, die in eine sandige Vertiefung mündeten. Dort unten befand sich der Bunker, in den wir uns zurückziehen sollten, falls die Situation aus dem Ruder laufen würde.

Eigentlich warteten wir auf Nazar und seine Frau, die aus Orichiw stammen und vor Ort geblieben waren, um hier und in der Umgebung Menschen und Tiere mit Wasser und Essen zu versorgen. Nazar war auch der Nachbar des Hundes, den wir hier heute rausholen sollten: Dark, ein 50 Kilo schwerer Schäferhund, der seit einem Jahr allein auf dem Hof des Hauses seiner Familie in Orichiw lebte. Als bei einem Angriff auf die Stadt die Nachbarhäuser des Wohnhauses getroffen worden waren, war die Familie geflohen und hatte Dark zurückgelassen. Sie sorgten dafür, dass der Hund weiterhin durch Nazar versorgt wird, und hatten monatelang einen Weg gesucht, den Hund zu sich zu holen. Niemand wollte die Reise nach Orichiw wagen, viel zu gefährlich. Also rief die Familie UAnimals.

Und hier standen wir nun am Militär-Checkpoint, mitten in einem Luftangriff, und warteten auf Nazar, um Hund Dark abzuholen, damit er mit seiner Familie vereint werden konnte. Das Militär wollte uns nicht allein in die verwaiste Stadt schicken, deshalb harrten wir aus, bis Nazar und seine Frau auftauchten, um uns zu Dark zu bringen.

Inmitten dieser drückenden Hitze versuchte ich, das Chaos um mich herum zu verarbeiten. Alles fühlte sich unwirklich, surreal an. Und als wäre die Szenerie nicht schon bedrohlich genug, dröhnte das Geräusch eines herannahenden Panzers an unsere Ohren. Der Checkpoint befand sich direkt an einer scharfen Biegung. Schon aus der Ferne konnte man das metallische Kratzen der Ketten auf dem Asphalt hören. Dieses Geräusch ist wirklich einmalig und hat sich seitdem in meinem Kopf festgesetzt. Drei Helme schauten aus den Panzerluken, allesamt mit Tarnung versehen. Genau wie der Panzer selbst, der unter einem Tarnnetz verborgen blieb. Einer der Soldaten im Panzer grüßte beim Vorbeifahren winkend, während die mächtige Maschine in der Kurve ihre Spuren in den Asphalt fräste. Es war offensichtlich, dass dieser Panzer wie auch der Raketenwerfer von vorhin direkt im Gefecht eingesetzt worden war. In diesem Moment wurde uns endgültig bewusst: Wir standen im Herzen eines Krieges.

Die Soldaten, die mit uns sprachen, unterstützten unser Vorhaben und zeigten uns die Hunde, die sich rund um den Checkpoint aufhielten.

»Könnt ihr den hellen Hund mitnehmen?«, fragte uns einer der Soldaten etwas verzweifelt und wohl wissend, dass die Tiere hier nicht nur extremem Stress durch konstanten Beschuss ausgesetzt waren, sondern faktisch wenig Überlebenschancen hatten. Wir entschieden, dass wir den Hund mitnehmen würden.

Plötzlich kam Nazar in einem roten Mitsubishi Galant mit Anhänger angefahren, auf dem große Kanister mit Wasser, Lebensmitteln, Tierfutter standen. Eine Frau stieg mit ihm aus, und die beiden begrüßten uns freundlich. Wir entschieden uns, sofort zu handeln, solange die Lage noch vergleichsweise ruhig war. Jede weitere Verzögerung könnte uns wegen eines möglichen heftigen Beschusses daran hindern, Dark zu retten.

Wir stiegen in unsere Autos und fuhren im Konvoi durch die Geisterstadt, vorbei an zerstörten Tankstellen, Wohnhäusern und Einkaufsläden. Die Fahrt dauerte nicht länger als vier Minuten, doch diese fühlten sich an wie eine Ewigkeit. Wir wussten nicht, was uns an dem Ort erwarten würde, und während wir auf der Hauptstraße fuhren, viel zu schnell, gab es plötzlich einen lauten Knall neben uns.

»Fuck my life«, rief ich laut und fragte etwas perplex, ob alle okay waren.

»Ich glaube, das war ein Abschuss von unserer Seite«, erwiderte Joris. Augenscheinlich wurde gerade direkt neben uns geschossen.

Wir bogen in eine beschauliche und nette Wohnsiedlung mit hübschen Einfamilienhäusern ein. Bei genauerer Betrachtung sah man, dass die meisten dieser Häuser keine Dächer mehr hatten. Es lagen verbrannte Autos in den Gräben und auf der Straße. Hier war das Haus von Darks Familie. Als wir ausstiegen, ging Nazar durch das braune große Hoftor; alles wirkte sehr gepflegt, und der Kontrast zu dem, was hier passierte, hätte nicht größer sein können.

Dark war größer als erwartet, und während Nazar ihn an einer Leine vom Grundstück führte, machten wir uns kurz mit dem Hund vertraut. Schließlich hatten wir mit ihm eine weite Fahrt bis nach Kyjiw vor uns. In diesem kurzen Augenblick der Unbeschwertheit holte uns eine laute Explosion zurück in die Realität des Krieges. Es gab einen Einschlag, direkt neben uns.

»Dawai, dawai«, rief Maria, während Nazar und ich versuchten, diesen riesigen Hund in den Käfig zu bewegen. Wir verloren keine Sekunde und rasten zurück zum Checkpoint, voller Adrenalin, im Überlebensmodus. Der Hund war drin, wir haben es zum Checkpoint geschafft. Kaum dort angekommen, präsentierten uns die Soldaten einen schwarzen Hund, den sie uns anvertrauen wollten. Den hellen Hund hatten sie nicht einfangen können, und letztlich ging es ihnen wohl vor allem darum, einem Hund ein Ticket in ein sichereres Leben zu schenken. Ein Soldat hielt ihn fest, und ich eilte los, um eine Leine zu holen, mit der wir den Hund sichern konnten.

Als wir ihn zum Auto führen wollten, kam es plötzlich zu einem Kampf. Ein anderer Hund hatte sich in unseren verbissen, woraufhin wir mit lauten Rufen und anschließend mit Wasser (der Geheimwaffe) die Hunde trennten und Sasha, so nannten wir unseren neuen Passagier, ins Auto verladen konnten. Beim Verladen betonte Maria erneut, dass wir uns gerade mitten in einem Luftangriff befanden. Eine Mahnung, bloß nicht unachtsam zu werden. Die Schüsse häuften sich, die Explosionen wurden lauter und kamen näher. Wir entschlossen uns schnell weiterzufahren, um uns und die Tiere nicht weiterhin in Gefahr zu bringen. Die Soldaten ließen wir am Checkpoint zurück und fuhren zum nächsten Ort, an dem die Lage noch schlimmer war.

Freundschaften

»Are you okay?«, schreibe ich besorgt an einen der Soldaten, die ich bei unserer Fahrt kennengelernt habe. Er hatte uns in Slowjansk einen Hund übergeben, den er von einem Fronteinsatz mitgebracht hatte.

Dmytro ist 38, seit Beginn des Krieges im Einsatz, hat zwei Stieftöchter und eine Frau. Sein Hochzeitsfoto, auf dem er und seine Frau in traditionellen ukrainischen Trachten strahlen, hat er als WhatsApp-Profilbild eingestellt. Er liebt Tiere, genauso wie ich, und bei unserem ersten Treffen hatte er uns Videos von geretteten Fledermäusen, Igeln und Welpen gezeigt. Meine Nachricht war heute noch von größerer Besorgnis geprägt, da Dmytro mir vor einigen Tagen mitgeteilt hatte, dass er zu den »firing positions« beordert worden war.

Dmytro ist eine dieser besonderen Freundschaften, die sich inmitten der Kriegswirren entwickelt haben. Wir haben so viele engagierte und wahnsinnig tolle Menschen kennengelernt, die sich unermüdlich für Menschen und Tiere einsetzen und die wir allesamt in unser Herz geschlossen haben. Seither fahren wir regelmäßig selbst in die Ukraine, haben Lkw-Ladungen voll Futter dorthin geschafft, Kontakte geknüpft, eigene Belastungsgrenzen getestet, Freundschaften geschlossen, Tiere evakuiert. Jeder Tag startete seither mit dem Blick ins Handy in das »Ukraine-Update« der gängigen Nachrichten-Apps, meist mit den obligatorischen »Are you okay?«-Nachrichten voller Besorgnis gen Ukraine, nachdem man wieder von neuen Angriffen gelesen hatte. Wir bekamen immer mehr mit, was Menschen vor Ort leisten und aushalten müssen.

Alexandra ist eine davon. Ich habe ihren Tierschutzverein über Instagram entdeckt und auf diesem Wege auch Kontakt zu ihr aufgenommen. Sie ist eine kleine, unauffällige Frau mit dunkelblondem Haar. Bei unserem Treffen in Lwiw, bei dem wir in einer großen Lagerhalle Sachspenden von unserem weißen Van in ihren umluden, trug sie einen knallpinken Jogginganzug mit cremefarbener Plüschweste und weißen Sneakern. Alexandra leitet mehrere Lebenshöfe, teilweise auch in besetzten Gebieten. Den ganzen Tag fährt sie mit ihrer kleinen Tochter in einem VW-Bus durchs Land, um Spenden abzuholen oder zu verteilen. Ihr müsst wissen, dass viele Menschen von der Außenwelt abgeschnitten sind, die Versorgung mit notwendigen Dingen wie Lebensmitteln, Wasser und auch Tierfutter ist teilweise unmöglich und wird über solche Hilfslieferungen kompensiert. Menschen und Tiere sind auf Alexandra und ihr Team angewiesen. Alexandra evakuierte angeschossene Esel aus einem Zoo im besetzten Oblast Kyjiw und ließ sie wieder zusammennähen. Sie sitzt tagelang ohne Strom, Wasser und Heizung mit einem Pulk Tieren und ihrer Familie in einem wahlweise eingeschneiten oder besetzten

Gebiet fest, riskiert ihr Leben. Jeden Tag. Wir schreiben oft miteinander, sie spricht gut Englisch. Sie sagt mir offen, wie sie sich fühlt. Seit Monaten höre ich, dass sie nicht mehr kann. Und ich frage mich jedes Mal aufs Neue, woher sie die Energie nimmt, trotz allem weiterzumachen.

Alexandra erzählte mir auch von Masha, die seit zehn Wochen in Mykolajiw im Keller eines zerbombten Wohnblocks lebte – gemeinsam mit einer Freundin. Und 102 Katzen. Sie blieb, weil sie ihre 15 Katzen nicht im Stich lassen wollte. Sie brachte es nicht übers Herz, die Tiere einfach im Krieg zurückzulassen, und sie wusste nicht, wohin sie mit den Katzen fliehen sollte. Und wie. Sie war eine der wenigen Personen in dieser Gegend, die dortgeblieben waren. Trümmer durchzogen die Landschaft, immer wieder Rauchwolken, verkohlte Autos, provisorische Gräber, Gehwege und Rasenflächen, übersät mit Glasscherben. Und überall liefen Tiere umher: Straßentiere, die schon vorher kein Zuhause hatten, aber auch die Haustiere jener, die fluchtartig die Stadt verlassen hatten. Masha nahm erst die drei Katzen ihrer Nachbarin von gegenüber bei sich auf und versprach, diese bis zur Rückkehr der Nachbarin zu pflegen. Aus drei Bonuskatzen wurden zwölf, dann 20. Jetzt waren es 102.

Alexandra hatte Masha bei einer ihrer Hilfsfahrten kennengelernt, seitdem versorgte sie sie regelmäßig mit Katzenfutter.

Während Alexandra uns beim Umladen des Hühnerfutters, der Katzentransportboxen und Mullbinden immer mehr solcher Geschichten erzählte, war auch Oleksandr, der Leiter der Lagerhalle, die zum größten ukrainischen Tierschutzverein gehört, mit dem Umladen von Paletten beschäftigt. Auf seinen befand sich Hundefutter. Er ist gebürtiger Ukrainer, so alt wie ich und wohnt eigentlich in Prag. Oleksandr hält hier den Laden seit Anfang März 2022 am Laufen. Er nimmt ankommende Futterspenden aus ganz Europa an, zählt Paletten, führt Bestandslisten, trifft Freiwillige aus der ganzen Welt, die sich auf den Weg nach Lwiw machen. Bei Regen, Frost und Hitze steht Oleksandr in dieser alten Lagerhalle und führt Listen, fährt Gabelstapler und rauft sich das kurze Haar, weil sich die Futterrationen für die besetzten Gebiete dem Ende zuneigen. Oleksandr ist Background-Tänzer und leitete in Tschechien ein Lifestyle-Magazin. Er spricht fließend Tschechisch, Russisch, ein bisschen Deutsch und Englisch. Als der Krieg begann, fragte seine Schwester, ob er nicht im Tierschutz aushelfen könne. Das war über sechs Monate her. Seinen Job in Tschechien hatte er inzwischen gekündigt, die Tanzkarriere pausiert, die Freundin hatte sich getrennt. Jetzt schreibt Oleksandr Listen, singt viel für sich allein, da er meist keine Gesellschaft hat und vereinsamt, lädt Hundefutter in weiße Transporter und steht sieben Tage die Woche bei Frost und Hitze in dem Depot in Lwiw.

Die Geschichten von Oleksandr in der Lagerhalle, von Masha im Keller eines zerbombten Wohnhauses, Dmytro im Schützengraben irgendwo in Donezk und Alexandra im Van auf den zerstörten Straßen des Landes werden selten erzählt. Menschen, die wegen der Tiere im Land bleiben, die selbst im Gefecht Lebewesen retten oder all das dokumentieren, was wir in den Nachrichten nicht sehen – den sogenannten Ökozid, die Verbrechen am ukrainischen Ökosystem und an den Tieren!

Im Sommer sendete Alexandra einen Hilferuf an mich.

»Meint ihr, wir können zwei Pferde evakuieren?«, fragte ich anschließend etwas verunsichert in unsere Vereins-WhatsApp-Gruppe. Wir beschlossen, dass wir das konnten. Wir planten sehr aufwendig, sprachen mit Behörden, Veterinärämtern, Pferdetransporteuren, Lebenshöfen, Tierschutzvereinen, scheiterten immer wieder – bis ich mich im Oktober schließlich vor einem Pferdestall in Lwiw wiederfand. Mit Tränen in den Augen.

Wir hatten wochen- und monatelang mit diesem Krieg gearbeitet, theoretisch wussten wir genau, was dort los war. Wir hatten mit Menschen gesprochen, Geschichten gehört, Bilder gesehen, waren vor Ort gewesen. Doch an diesem Tag, als ich dort stand, die Sonne schien und ich in Gedanken dabei war, wie wir die Pferde verladen, erwischte mich das Geräusch des Luftalarms auf eine andere Art. Während ich dort neben unserem Auto stand – das Gesicht mit einer Sonnenbrille verdeckt – und die Sirenen aufheulten, lief das Leben um mich herum weiter. Ich fühlte mich, als wäre ich die einzige Person, die das schrille Geräusch hörte. Die wusste, dass Krieg herrscht. Dabei war ich diejenige – im Gegensatz zu all den Menschen, die ihre Kinderwagen weiterschoben, die Einkäufe fortsetzten, den Nachhauseweg nicht unterbrachen –, die nicht in dieser Realität lebte. Grausamerweise hatten sich um mich herum alle an diesen unsäglichen Zustand gewöhnt. Man nahm den Sirenenalarm hin wie ich als Kind im hessischen Vorort.

Wir evakuierten die Pferde. Doch der Krieg war nicht vorbei. Alexandra war schon wieder eingeschneit, Masha saß noch im Keller irgendeines zerbombten Hauses, Oleksandr schrieb Listen, Dmytro kämpft weiter an der Front, Menschen kamen in Latschen über die Grenze, mit Katzen in der Kapuze und Goldfischen in Senfgläsern.

2.
Vom Funken zur Flamme

Eine Gruppe Frauen versammelt sich in einem abgelegenen indischen Dorf im Himalaja, um Bäume zu umarmen. Damit entzünden sie einen Protest, treten sogar eine ganze Bewegung los. Die Chipko-Bewegung, die in den 1970er-Jahren im Himalajagebiet Indiens entstand, war eine Antwort auf die massiven Abholzungen, die das lokale Ökosystem und die Lebensgrundlagen der Dorfbewohnenden gefährdeten. Doch was war genau passiert? Im April 1973 wurde einer Sportartikelfirma eine Konzession zur Waldnutzung erteilt, die der örtlichen Bevölkerung zuvor verweigert worden war, als diese Holz zur Herstellung von Werkzeugen gewinnen wollten. Empört über diese Ungerechtigkeit und angeführt von dem indischen Aktivisten Chandi Prasad Bhatt, gingen die Frauen des Dorfes in den Wald und bildeten einen Kreis um die Bäume. Ihr einfacher, aber wirkungsvoller Akt des Widerstands – das Umarmen der Bäume – verhinderte, dass die Bäume gefällt werden konnten. Damit legten sie den Grundstein für die Chipko-Bewegung. Sie weitete sich schnell aus und umfasste bald zahlreiche Dörfer und Gemeinschaften, die sich dem Schutz ihrer Wälder verschrieben hatten.

Der Widerstand der Dorfgemeinschaften, symbolisiert durch das Lied *Dieser Wald ist das Zuhause unserer Mutter, wir werden ihn mit aller Macht schützen*, wurde zu einem kraftvollen Fanal für den Kampf gegen die Umweltzerstörung. Und er hatte Erfolg. Zwischen 1972 und 1979 waren schätzungsweise mehr als 150 Dörfer in die Chipko-Bewegung involviert, was zu zwölf großen Protesten und vielen kleineren

Konfrontationen in Uttarakhand führte. Dabei konnten die Protestierenden im Jahr 1980 nach einem Appell an die indische Premierministerin Indira Gandhi ein 15-jähriges Verbot der kommerziellen Abholzung in den Uttarakhand-Himalajas erwirken. Im weiteren Verlauf orientierten sich die Proteste stärker an konkreten Projekten und erweiterten ihren Fokus auf die gesamte Ökologie der Region, was schließlich zur Save-Himalaja-Bewegung führte. Eine umfangreiche Aufforstungskampagne initiierte zudem die Pflanzung von mehr als einer Million Bäumen in der Region.

Eine Gruppe Frauen stößt also eine ganze Bewegung an und erreicht durch friedlichen Protest viele andere Menschen, bis hin zu Indira Gandhi. Jede Flamme braucht einen Funken, und so ist es auch bei sozialen Bewegungen, denn diese müssen ja irgendwie, irgendwann und irgendwo entstehen. Dass sie sich nicht immer wiederbeleben lassen, ist leider auch ein Teil der Wahrheit: 2004 wurden die Chipko-Proteste wieder aufgenommen, als Antwort auf die Aufhebung des Abholzungsverbots in Himachal Pradesh, jedoch ohne Erfolg bei der Wiedererlangung des Verbots.[1]

Nicht jeder Bewegung gelingt es wie Chipko, derartig viele Menschen zu berühren. Doch wie entstehen solche Bewegungen überhaupt? Ein wichtiger Faktor bei der Entstehung von Protest ist die Erkenntnis, dass die von Teilen der Bevölkerung als nicht akzeptabel empfundenen Zustände vom Menschen gemacht sind: beispielsweise von der Politik verabschiedete Gesetze oder gesellschaftliche Unterdrückungsmechanismen. Sozialen Bewegungen liegt die Annahme zugrunde, dass diese Verhältnisse dann ebenfalls von Menschen überwunden und beeinflusst werden können.[2] Anders als bei einer Umweltkatastrophe kann man also auf andere Menschen einwirken, um den aktuellen Zustand zu verändern. Der Berliner Soziologe Dieter Rucht benennt die folgenden Entstehungsbedingungen sozialer Bewegungen: den Zeitgeist, das Weltgeschehen, die politische Lage und das gesellschaftliche Klima. Bewegungen haben die Fähigkeit, Phasen des Wandels einzuleiten und zu gestalten oder sich in ihnen zu entwickeln. Sie treiben soziale Veränderungen voran, verteidigen oder hinterfragen den bestehenden Status quo und können in manchen Fällen sogar die Wiederherstellung früherer Verhältnisse bewirken.[3]

Diese Entstehungsbedingungen lassen sich gut mit dem Konzept der Gelegenheitsstrukturen fassen. Gelegenheitsstrukturen in sozialen Bewegungen sind im Grunde die verschiedenen Umstände, die bestimmen, wie und wann Proteste stattfinden können. Diese Strukturen können unterschiedlich sein und bieten mal Chancen, mal Herausforderungen für die Bewegungen. Es gibt dabei verschiedene Arten von Gelegenheiten, wie beispielsweise die politischen Gelegenheiten. In einem Land, in dem die Regierung offen für neue Ideen und eine Beteiligung der Bevölkerung ist, haben soziale Bewegungen meist bessere Chancen, gehört zu werden und etwas zu bewirken. Im Gegensatz dazu macht es ein strenges oder totalitäres Regime schwieriger für Bewegungen, ihre Ziele zu erreichen. Teilweise ist es dann sogar unmöglich, da Repressalien – also Bestrafungen für beispielsweise politisches Handeln – drohen und sich eine Bewegung gar nicht erst formieren kann, weil vom Regime unerwünscht. Wirtschaftliche Gelegenheiten spielen ebenfalls eine Rolle. Wenn es in einem Land wirtschaftliche Probleme gibt wie hohe Arbeitslosigkeit oder große Unterschiede zwischen Arm und Reich, können daraus Bewegungen entstehen, die sich für bessere Arbeitsbedingungen oder mehr soziale Gerechtigkeit einsetzen. Kulturelle und mediale Gelegenheiten sind ebenfalls von Bedeutung. Soziale Medien haben beispielsweise neue Möglichkeiten für Bewegungen eröffnet, ihre Botschaften zu verbreiten und Unterstützung zu mobilisieren. Weiterhin gibt es situative Gelegenheiten. Ein gutes Beispiel für eine situative Gelegenheit ist die Reaktorkatastrophe von Tschernobyl im Jahr 1986. Dieses Ereignis hat weltweit die Aufmerksamkeit auf die Gefahren der Kernenergie gelenkt und zu vielen Protesten und Bewegungen gegen Atomkraft geführt. Die Gelegenheitsstrukturen ändern sich immer wieder, und das macht sie so spannend. Für soziale Bewegungen ist es wichtig, diese Veränderungen zu erkennen und sie für ihre Ziele zu nutzen. Eine Bewegung, die gut versteht, wie sie diese Gelegenheiten nutzen kann, hat oft mehr Erfolg.[4]

Doch Protest entsteht nicht von allein, nur weil die Bedingungen gegeben sind, etwas unfair läuft oder sich viele Menschen empören. Für die Initiierung von kollektiven Mobilisierungsprozessen und Protestaktionen ist mehr als nur das Bewusstsein über ein Problem und das Wissen um günstige Gelegenheiten erforderlich. Es braucht Personen oder Gruppen, die aktiv zum Protest aufrufen und dabei Ziele, Ort, Zeitpunkt und die Form des Protests festlegen. Greta Thunberg ist ein ausgezeichnetes Beispiel dafür, wie eine einzelne Person eine weitreichende soziale Bewegung initiieren kann. Ihr erster Schritt war im August 2018, als sie als damals 15-Jährige begann, jeden Freitag vor dem schwedischen Parlament zu streiken, statt zur Schule zu gehen. Ihr Ziel war es, auf die Dringlichkeit des Klimawandels aufmerksam zu machen und politische Maßnahmen zur Reduzierung der Treibhausgasemissionen zu fordern. Sie hielt ein Schild mit der Aufschrift »Skolstrejk för klimatet« (Schulstreik für das Klima). Thunbergs beharrlicher Protest zog rasch die Aufmerksamkeit der Medien und der Öffentlichkeit auf sich. Ihre klare Botschaft und ihre Entschlossenheit inspirierten Jugendliche weltweit, und innerhalb kurzer Zeit begannen junge Menschen auf der ganzen Welt, ihrem Beispiel zu folgen, indem sie freitags die Schule schwänzten, um für das Klima zu protestieren. Diese weltweiten Aktionen wurden unter dem Namen Fridays for Future bekannt. Die Bewegung wuchs schnell und organisierte globale Klimastreiks, an denen Millionen von Menschen teilnahmen. Thunbergs anfängliche Einzelaktion entwickelte sich zu einer globalen Bewegung, die Regierungen und internationale Organisationen dazu drängt, den Klimawandel ernst zu nehmen und entschlossene Maßnahmen zur Bewältigung der Klimakrise zu ergreifen. Ihr Beispiel zeigt, wie die Initiative einer einzelnen Person, gepaart mit einer klaren Botschaft und Entschlossenheit, eine weitreichende soziale Bewegung auslösen kann.

Ein heute vielleicht weniger bekanntes Beispiel für eine Einzelperson, die eine bedeutende soziale Bewegung ausgelöst hat, ist die Geschichte von Lois Gibbs. Gibbs wurde in den späten 1970er-Jahren bekannt, als sie begann, für die Sanierung der Nachbarschaft Love Canal in Niagara Falls, New York, zu kämpfen. Diese Gegend war stark durch giftigen Industrieabfall belastet, was zu ernsthaften Gesundheitsproblemen bei den Anwohnenden führte. Lois Gibbs, eine Hausfrau und Mutter, lebte in dieser Nachbarschaft und entdeckte, dass die Gesundheit ihrer Kinder durch die giftigen Chemikalien, die in der Umgebung vergraben waren, gefährdet war. Sie begann sich mit anderen Betroffenen aus der nahen Umgebung zu organisieren und gründete die Love Canal Homeowners Association, um Druck auf die Behörden auszuüben. Ihre beharrlichen Bemühungen, Aufmerksamkeit für die Umweltverschmutzung und ihre Folgen zu erlangen, führten schließlich dazu, dass der Fall national und international Beachtung fand. Ihre Aktionen führten zu einer umfassenden Untersuchung und schließlich zur Umsiedlung von Hunderten von Familien. Dieser Fall spielte eine entscheidende Rolle bei der Entwicklung und Verabschiedung des Comprehensive Environmental Response, Compensation, and Liability Act (CERCLA), auch bekannt als Superfund-Gesetz, durch den Kongress der Vereinigten Staaten. Dieses im Jahr 1980 verabschiedete Gesetz zielt darauf ab, durch gefährliche Stoffe kontaminierte Orte zu säubern und die Verursachenden für die Kosten zur Verantwortung zu ziehen. Die Arbeit von Lois Gibbs, die vorher keinerlei Berührungen mit dem Thema Aktivismus hatte, ist ein weiteres herausragendes Beispiel dafür, wie die Initiative einer Einzelperson zu einer breiteren sozialen Bewegung führen und bedeutende politische und gesetzgeberische Veränderungen bewirken kann.

Diese beiden Frauen, Thunberg und Gibbs, hätten dieses weitreichende Echo auf ihre Forderungen nicht allein und isoliert erreichen können, denn zum Erfolg gehören auch öffentliche Resonanz und Unterstützung. Viele Aufrufe zu Protesten, besonders wenn sie von bis dahin unbekannten Personen oder Gruppen stammen, erhalten wenig Aufmerksamkeit. Zwar kann in einigen Fällen bereits eine einzelne Person, die bis dahin unbekannt war, eine große Protestwelle auslösen. Eine breite Unterstützung der Proteste und Aktionen ist aber maßgeblich, um weiteren politischen Druck ausüben zu können und die nötige öffentliche Aufmerksamkeit für das eigene Thema zu erhalten. Um tatsächlich längerfristig Erfolg zu haben und eine soziale Bewegung zu etablieren – denn diese unterscheidet sich ja vom spontanen Protest –, braucht es zudem eine gewisse Organisation und Vorbereitung. Dies beinhaltet die Planung von Protestaktionen und die Koordination der beteiligten Personen und Gruppen. Und natürlich ist es wichtig, langfristig zu mobilisieren. Während einzelne Massenproteste manchmal durch kurzfristige Mobilisierung zustande kommen können, erfordern die meisten großen Mobilisierungen einen längeren Vorlauf und umfangreiche Vorbereitungen. Es müssen Ordner organisiert, Demonstrationen angemeldet, vielleicht Plakate erstellt und in der Stadt verteilt werden. Diese langfristige Mobilisierung ist oft entscheidend für den Erfolg und die Nachhaltigkeit von sozialen Bewegungen, damit aus dem Protest keine Eintagsfliege wird. Wiederholte und serielle Proteste, wie beispielsweise regelmäßige »Montagsproteste«, können eher zu einer nachhaltigen Stärkung von Bewegungen und zur Bildung neuer, dauerhafter Organisationsstrukturen führen.

Diese zusätzlichen Bedingungen zeigen uns also, dass für die Entstehung und den Erfolg von sozialen Bewegungen neben günstigen Gelegenheitsstrukturen auch gezielte Initiativen, öffentliche Unterstützung, sorgfältige Organisation und langfristige Bemühungen notwendig sind. Und häufig auch charismatische Galionsfiguren oder Gruppen, die eine Gruppe anführen und zum Kopf einer Bewegung werden. Jeder Protest, jede Bewegung fängt mal klein an, hat aber auch immer die Möglichkeit, die Welt zu verändern. Denn schon der kleinste Funke kann ein großes Feuer entflammen.

Emotionale Brandstifter

Neben den logischen Parametern für den Erfolg oder Misserfolg sozialer Bewegungen, die man in wissenschaftliche Theorien gießen und durchanalysieren kann – das schauen wir uns im Kapitel 3 noch mal genauer an –, gibt es noch ein weiteres mächtiges Instrument – das meiner Meinung nach mächtigste –, das sich nicht so leicht einfangen und zähmen lässt. Quasi unsere geheime Superpower: Emotionen. Gefühle können tatsächlich die Welt verändern. Sie können eine soziale Bewegung lostreten und zum Erfolg führen. Und auch für ihre weitere Dynamik sind Emotionen ein wesentlicher Bestandteil.[5]

Ich brauche nicht zu erwähnen, dass Emotionen komplex sind, manchmal versteht man selbst die eigenen Gefühle kaum. Aber wir alle sind jeden Tag mit ihnen konfrontiert. Und in sozialen Bewegungen zeigt sich: Emotionen wie Wut, Hoffnung und Furcht sind nicht nur individuelle Gefühlszustände, sondern auch kollektive Kräfte, die Menschen zusammenbringen und zum Handeln bewegen können. Nehmen wir beispielsweise die Bewegung gegen das Bahnhofsprojekt Stuttgart 21, die eine unfassbare Anzahl an Menschen mobilisieren konnte. Schnell wuchs die Protestbewegung auf etwa 150 000 Menschen, das entspricht knapp einem Viertel der Stuttgarter Bevölkerung. Damit zählt sie definitiv zu den erfolgreichen Bewegungen, auch wenn das Bauprojekt am Ende nicht gestoppt werden konnte. Emotionen wie die Hoffnung, etwas bewirken und das Bauvorhaben stoppen zu können, und Ärger gegenüber der Stadtverwaltung waren häufige Antreiber für die Teilnahme. Ein starkes Gemeinschaftsgefühl entwickelte sich ebenfalls, was sogar weniger inhaltlich interessierte Personen zur Teilnahme motivierte, getrieben vom Wunsch, zu einer sichtbaren Gruppe dazuzugehören. Besonders war hier, dass sich ein sehr breites Bündnis formierte und der Ärger über ein aus Steuermitteln finanziertes Prestigeprojekt viele Menschen mitnahm.[6]

Emotionen können nicht nur die Initialzündung für soziale Bewegungen sein, sondern auch eine anhaltende Triebkraft für den Kampf um Veränderung und Gerechtigkeit. Sie sind die Stimme des Widerstands und das Herzstück des sozialen Wandels, die Brücke zwischen persönlichen Erfahrungen und kollektivem Handeln.[7] Emotionen sind auch bei mir der Nummer-eins-Antreiber, weshalb ich mich seit Jahren für die Rechte von Tieren einsetze – diese Wut, die ich empfinde, wenn ich über unser unfaires System nachdenke. Wie kann es sein, dass man – zu Recht – verurteilt wird, wenn man einem Hund oder einer Katze körperlichen Schaden zufügt, gleichzeitig in diesem Land aber Millionen Tiere gequält, misshandelt und – ja – tagein, tagaus getötet werden? Aus dem banalen Grund, weil es gut schmeckt. Das macht mich wütend und fassungslos. Das deutsche Tierschutzgesetz ist derart schlecht, dass es per Gesetz sogar erlaubt ist, Tieren körperliche Behinderungen anzuzüchten und damit noch Geld zu verdienen,

Stichwort Qualzucht. Während ich diese Zeilen in meinen Computer tippe, steigt schon wieder die Wut auf. Ihr kennt sie schon, die Müller'sche konstruktive Wut. Aber es gibt noch mehr Emotionen, die zum Katalysator für aktivisches Handeln werden und für Veränderungen sorgen können. Vielleicht findet ihr euch ja in einer dieser emotionalen Zustände wieder. Das sind echte Superkräfte, die da in uns schlummern, unterschätzte Superkräfte. Solche, die uns gerne abgesprochen werden in dieser rationalen Welt – also die Superkräfte, nicht die Emotionen. Wer emotional ist, ist unsachlich, und damit kann man ja gar nicht gewinnen. Stimmt nicht. Auch vermeintlich negative Emotionen wie die Wut haben ihre Berechtigung im Rahmen sozialer Bewegungen. Deshalb möchte ich mir meine liebste Emotion im Rahmen von Protestbewegungen direkt als Erstes vorknöpfen.

Ein relativ junges Beispiel macht deutlich, was Wut bewirken kann und wieso diese so wichtig ist. Wut spielte nämlich eine entscheidende Rolle in der Black-Lives-Matter-Bewegung (BLM), die nach dem Mord an George Floyd im Jahr 2020 in den USA und weltweit aufkam. Als George Floyd, ein unbewaffneter schwarzer Mann, während einer Festnahme in Minneapolis von einem Polizeibeamten gewaltsam getötet wurde, ging eine Welle der Wut um die Welt. Menschen innerhalb und außerhalb der USA waren zutiefst schockiert über das grausame Verhalten der Polizei. Ein Video zeigte die Unverhältnismäßigkeit der Maßnahme, die letztlich zum Tod des Mannes geführt hatte.

Die Wut über die Polizeigewalt führte zu Massenprotesten und einer breiten Mobilisierung. Auch ich habe mich den Demonstrationen in Berlin angeschlossen. Im Juni 2020 stand ich gemeinsam mit 15 000 Menschen auf dem Alexanderplatz, die Wut der Menschen über diesen sinnlosen und gewaltvollen Mord war fast schon spürbar. Und das, obwohl es sich um einen stillen Protest handelte – es wurde also nicht rumgebrüllt oder geschrien. An anderen Orten der Welt gab es jedoch heftige Ausschreitungen. Egal wie, die Wut führte dazu, dass Menschen auf die Straßen gingen, um gegen rassistische Polizeigewalt und soziale Ungerechtigkeit zu protestieren. Dabei war der Tod von George Floyd der Tropfen gewesen, der das Fass zum Überlaufen gebracht hatte – über Jahrzehnte und Jahrhunderte anhaltende Diskriminierung und Unterdrückung kanalisierte sich, und dieser Ausbruch hatte letztlich sogar transformative Auswirkungen. Sie brachte das Thema rassistischer Polizeigewalt in den Fokus der öffentlichen Aufmerksamkeit, mobilisierte eine breite Unterstützung und zwang die Politik und Institutionen, sich mit den Anliegen der BLM-Bewegung auseinanderzusetzen. Die Forderungen nach Polizeireformen, sozialer Gerechtigkeit und Gleichberechtigung wurden vor allem durch die Wut der Bewegung angetrieben. Damit erreichte Black Lives Matter politische Veränderungen auf lokaler und nationaler Ebene, wie beispielsweise die Einführung von Polizeireformen, und ein verstärktes Bewusstsein für Rassismus.

Ähnlich der Wut gibt es noch eine zweite starke Emotion, die sich häufig in Protestbewegungen findet. Die Emotion der Empörung ist eine starke emotionale Reaktion auf als ungerecht oder beleidigend empfundene Ereignisse oder Situationen. Dabei ist sie, im Gegensatz zur Wut, eine eher politische Emotion. Stell dir vor, jemand drängelt sich in einer langen Schlange vor. Das kann dich richtig wütend machen, weil du dich unfair behandelt fühlst. Wut ist diese starke, brodelnde Emotion, die aufkommt, wenn etwas direkt gegen dich oder deine Interessen geht. Jetzt stell dir vor, du liest eine Nachricht, dass jemand Geld, das für einen guten Zweck gesammelt wurde, für sich selbst verwendet hat. Das könnte bei dir Empörung auslösen. Empörung ist das Gefühl, das du bekommst, wenn du siehst oder hörst, dass etwas wirklich falsch oder ungerecht ist, oft verbunden mit dem Wunsch, dass andere auch davon erfahren und es genauso sehen. Während Wut oft persönlicher und manchmal impulsiver ist, hat Empörung mehr mit deinem Sinn für Recht und Unrecht zu tun. So ganz trennscharf lassen sich beide Emotionen aber nicht unterscheiden. Die Müller'sche konstruktive Wut könnte auch einfach Empörung sein – klingt nur nicht so gut und kraftvoll. Die Empörung äußert sich also in intensiver Verärgerung, moralischer Entrüstung und geht häufig auch mit einem starken Wunsch nach Veränderung einher. Diese Emotion kann Menschen demnach auch dazu motivieren, aktiv zu werden und gegen das als ungerecht Empfundene anzugehen. Dabei kann Empörung soziale Bewegungen und Proteste auslösen. Wer richtig empört ist, geht auch auf die Straße. Somit ist diese Emotion eine wichtige Triebkraft für politische Veränderungen, da sie Menschen dazu bringt, sich für die Korrektur von Ungerechtigkeiten einzusetzen. Beispiel gefällig?

In den 1980er-Jahren, genauer gesagt am 10. Oktober 1981, fand die erste große Demonstration der westdeutschen Friedensbewegung im Bonner Hofgarten statt. An diesem Tag versammelten sich rund 300 000 Menschen in der damaligen Bundeshauptstadt – ich wiederhole: 300 000 Menschen, um gegen die Rüstungspolitik der NATO und des Warschauer Paktes zu protestieren. Die Bewegung mobilisierte auf beeindruckende Weise, denn die Empörung über die politischen Entscheidungen war groß. Menschen kamen mit 30 Sonderzügen, mehr als 3000 Bussen, Privatautos und Rheinschiffen nach Bonn. Die Teilnehmenden stammten aus verschiedenen gesellschaftlichen Gruppen, darunter waren Gewerkschaften, Frauen-, christliche und kommunistische Gruppen, Liberale – es kamen sogar Angehörige des Militärs, in Uniform. Die Unterstützung reichte so weit, dass Harry Belafonte und Coretta Scott-King, die Witwe von Martin Luther King, sich dem Protest anschlossen. Die Einheit in der Ablehnung des »NATO-Doppelbeschlusses« war das verbindende Element dieser Friedensbewegung. Dieser Beschluss war von Helmut Schmidt vorgeschlagen worden und sah vor, dass die NATO-Mitglieder Mittelstreckenraketen stationieren würden, es sei denn, die Sowjetunion stimmte Rüstungsbegrenzungen zu. Die Friedensbewegung war empört über diesen Vorschlag und interpretierte ihn als Aufforderung zur weiteren Aufrüstung, da weder die USA noch die Sowjetunion bereit waren, einzulenken. Die Proteste gipfelten in Menschenketten und Sitzblockaden vor US-Militärstützpunkten. Damit setzte sich die Bewegung aktiv für den Frieden und gegen die nukleare Aufrüstung ein. Die Proteste setzten sich über mehrere Jahre hinweg fort und beeinflussten die politische Debatte in Deutschland.[8]

Wut und Empörung sind sehr starke Emotionen, selbstbewusst, laut, teilweise explosiv. Es gibt auch andere Antreiber für soziale Bewegungen, die weniger explosiv sind und dennoch ihre Berechtigung und eine gewisse Schlagkraft haben und ein legitimer Grund sind, sich einzusetzen.

Dazu gehört die Angst. Kennen wir wohl alle, mehr oder minder. Angst tritt meistens als Reaktion auf wahrgenommene Bedrohungen oder Gefahren auf. Wenn der Auslöser jetzt die Spinne im Bad ist, dann kann man vermutlich jemanden um Hilfe bitten, damit die Spinne in einem Glas in die Freiheit bugsiert werden kann. Ein lösbares Problem, und nach Entfernung der Spinne kann sich auch die Angst auflösen. Bis zur nächsten Spinnenbegegnung zumindest.

Schwieriger ist es bei angsteinflößenden größeren Themen, die man selbst nicht in der Hand hat. Im Kontext der Angst gibt es ein relativ neues Phänomen, das für uns ein perfektes Beispiel abgibt: die Klimaangst. Dahinter steckt die wachsende Besorgnis und Angst, die Menschen aufgrund des Klimawandels und seiner Folgen empfinden. Besonders junge Menschen sind von dieser Angst betroffen, da sie die Bedrohung der Umwelt und somit auch der eigenen Zukunft wahrnehmen. Diese Klimaangst kann wiederum andere Emotionen wie Wut, Verzweiflung und Schuldgefühle hervorrufen – vor allem dann, wenn politische Maßnahmen als unzureichend empfunden werden. Eine Studie ergab, dass bei 45 Prozent der Befragten zwischen 16 und 25 Jahren die Angst vor dem Klimawandel sogar den Alltag beeinträchtigt.[9]

Nun hat Angst natürlich eine wichtige Funktion im menschlichen Emotionshaushalt: Sie soll vor Gefahren schützen und aktiviert den sogenannten Fight-or-Flight-Modus, der den Körper auf Bedrohungen vorbereitet. Dieser Modus beschreibt eine körpereigene Reaktion, die bei einer wahrgenommenen Bedrohung entweder zur Kampf- oder Fluchtreaktion führt, um die Überlebenschancen zu erhöhen. Wird der Fight-Modus aktiviert, kann das letztlich auch dazu führen, aktiv gegen die Bedrohungen – den Klimawandel – vorgehen zu wollen. Klimaangst kann Menschen dazu bewegen, die Ursache der Angst zu bekämpfen, etwa indem sie sich lokal engagieren, umweltfreundlichere Entscheidungen treffen oder sich mit anderen zu einer Initiative zusammenschließen.

In der Klima- und vielen anderen sozialen Bewegungen ist noch eine weitere Emotion essenziell, die vermutlich das Yin zum Angst-Yang ist, nämlich die Hoffnung. Ohne die Hoffnung, dass sich eben doch etwas verändern lässt, gäbe es vermutlich keinen Aktivismus. Die Hoffnung kommt jedoch nie alleine, sondern immer als Tanzpartnerin einer anderen Emotion. Man ist wütend auf die neuen Pläne des Berliner Senats, noch ein Hotel oder Bürohochhaus in Premiumlage zu genehmigen (wie oft ich auf genau diesen Umstand schon sauer war!). Wenn man sich dagegen einsetzt (was ich leider nicht getan habe), dann hat man unweigerlich die Hoffnung, jene, die die Entscheidungen fällen, davon zu überzeugen, dass bezahlbarer Wohnraum an dieser Stelle wesentlich sinnvoller wäre.

Ein anschauliches historisches Beispiel für die Rolle der Hoffnung in einer sozialen Bewegung ist die »Frauenbewegung der ersten Welle« im 19. und frühen 20. Jahrhundert. In dieser Zeit kämpften Frauen weltweit für das Frauenwahlrecht und die rechtliche Gleichstellung der Geschlechter. Die Bewegung wurde von der Hoffnung auf eine bessere Gesellschaft angetrieben. In den Vereinigten Staaten trat die Frauenrechtsaktivistin Susan B. Anthony besonders prominent in Erscheinung. Sie und viele andere Frauen glaubten fest daran, dass Frauen das Recht haben sollten, an den politischen Entscheidungsprozessen teilzunehmen und ihre Stimme bei Wahlen abzugeben. Diese Hoffnung auf politische Teilhabe und Gleichberechtigung motivierte sie, sich zu organisieren, Petitionen zu verfassen und öffentliche Proteste zu organisieren. Dafür waren sie auch gerne bereit, Repressalien in Kauf zu nehmen – alles für die Hoffnung, Gehör zu finden und Geschlechtergerechtigkeit auch für künftige Generationen herstellen zu können. Ohne Hoffnung geht es einfach nicht. Denn wenn diese nicht mehr vorhanden ist, wenn man keinen Ausweg aus einer Situation sieht, die man als ungerecht empfindet, dann stellt sich unweigerlich eine Frustration ein. Frustration stellt sich innerhalb sozialer Bewegungen auch dann ein, wenn die kollektive Identität und die damit verbundenen Ziele und Methoden der Bewegung infrage gestellt werden, sei es durch externe Herausforderungen oder interne Meinungsverschiedenheiten.[10] Und wenn sich viele verschiedene Gruppen absplittern und es keine einheitliche Richtung mehr gibt, kann eine rückläufige Unterstützung von außen folgen, ein Teufelskreis. Das schadet nicht nur einer Bewegung, sondern auch den Menschen darin. Über den persönlichen Frust und auch eine gewisse Überforderung sprechen wir noch mal im Kapitel »Activist Burn-out« genauer – denn Activist Burn-out gibt es tatsächlich und kann durchaus durch Frust ausgelöst werden.

Emotionen sind also der Schlüssel zum Erfolg, jede Bewegung braucht Antreiber, und diese finden sich in starken

Emotionen, die zum Handeln animieren. Wut ist gut und hat schon dafür gesorgt, dass so manches Grundrecht erstritten werden konnte.

Legal, illegal, scheißegal

»Hab dich angezeigt, du Kriminelle«, schrieb mir neulich irgendein Thomas oder Thorsten in einer persönlichen Nachricht auf Instagram. Auch in den Kommentaren zu meinem letzten Video auf ebenjener Plattform bezeugten einige, dass sie Strafanzeige gegen mich gestellt haben. »Du weißt schon, dass du da eine Straftat begehst?«, schrieb ein anderer User. Das ist natürlich ein wichtiger Punkt: Die Androhung von Strafen bei Regelbrüchen lässt viele Menschen vor politischem Engagement zurückschrecken. Wir lernen schon als Kinder, dass wir uns an Gesetze halten müssen, und das ja aus gutem Grund. Es wundert mich nicht, dass viele Menschen Angst davor haben, in einer aufgeheizten Situation mit dem Gesetz in Konflikt zu geraten. Deshalb stellt sich unweigerlich die Frage, ob solche Konflikte bei politischem Engagement unausweichlich sind und ob es denn stimmt, was Thorsten behauptet, dass Aktivismus an der Grenze des Legalen dasselbe ist wie Kriminalität. Diese Frage ist so alt wie das politische Denken, und ich möchte sie hier in der gebotenen Differenziertheit betrachten, doch wie ihr vielleicht schon ahnt, habe ich sie für mich selbst schon vor einiger Zeit beantwortet.

Im ersten Kapitel habe ich das schwierige Verhältnis zwischen Recht und Gerechtigkeit schon angeschnitten, als ich von meinem ersten Stalleinbruch im Rahmen einer Undercover-Recherche berichtet habe. Und hier war es genauso. Die Bilder, zu denen mir Strafanzeigen angedroht wurden – angekommen ist bis heute noch nichts bei mir –, entstanden ebenfalls im Rahmen einer Undercover-Recherche. Diesmal in der

Entenmast. Enten werden innerhalb kurzer Zeit auf ihr Schlachtgewicht gefüttert und nach sechs trostlosen Wochen auf diesem Erdball für den Weihnachtsbraten oder andere vermeintliche kulinarische Freuden getötet. Die Zustände vor Ort waren eine Katastrophe: Wasservögel standen auf Stroh, das Einstreu wurde mit den Küken in die Halle gegeben, dann standen sie sechs Wochen darauf, und wenn die Enten zur Tötung abgeholt wurden, wurde das Einstreu ausgetauscht für die neuen Enten. Als wir dort waren, stank es nach Exkrementen, und das Stroh war feucht. Stellt euch vor, ihr müsstet so leben. Und wie gesagt, Enten sind Wasservögel, Wasser gab es aber keines, nur aus Nippeltränken. Dabei ist Wasser für Enten nicht nur für die Körperreinigung, sondern auch für die Nahrungsaufnahme existenziell. Fehlt es, führt das zu Verletzungen. In der sogenannten Trockenhaltung, wo Enten keinen Zugang zu offenem Wasser haben, produziert ihre Bürzeldrüse zu wenig Sekret. Dadurch können die Tiere ihr Gefieder nicht angemessen einfetten. Dies führt wiederum dazu, dass das Gefieder leicht verschmutzt. Die Tiere, die wir angetroffen haben, waren zudem mehrheitlich verletzt und haben teilweise sehr stark geblutet. Auch das keine Seltenheit in der Entenmast: Das Fehlen von Beschäftigungsmaterial kann zu Langeweile und daraus resultierendem Federpicken und Kannibalismus führen. Na ja, man kann sich ja selbst mal überlegen, wie es sich leben würde, wenn man sich nicht waschen kann und in den Exkrementen von 10000 anderen leben müsste.

Aber Moment, es gibt doch in Deutschland ein Tierschutzgesetz, also eine rechtliche Grundlage, die so was doch eigentlich verbieten müsste. Das ist doch Tierquälerei! Ein Tierschutzgesetz gibt es, und wenn ich meinem Hund daheim nicht die Dinge zur Verfügung stellen würde, die er braucht, wäre das ein klassischer Fall von Tierquälerei, mit allen entsprechenden rechtlichen Konsequenzen, inklusive Strafen und im besten Fall einem Tierhalteverbot. Doch in Deutschland gibt es schockierenderweise keine spezifischen gesetzlichen Regelungen für die Haltung von Enten und Gänsen. Richtig gelesen. Die allgemeinen Vorschriften der Tierschutz-Nutztierhaltungsverordnung (TierSchNutztV) gelten zwar, aber es fehlen detaillierte Vorgaben. Probleme wie das Lebendrupfen von Gänsen zum Zwecke der Feder- und Daunengewinnung sind beispielsweise durch Europaratsempfehlungen geregelt, die jedoch rechtlich nicht bindend sind.[11] Es bleiben Empfehlungen. Und wie diese Empfehlungen so umgesetzt werden, können wir uns denken oder dokumentieren und belegen. Der Mangel an spezifischen Gesetzen gipfelt ganz augenscheinlich in Tierschutzproblemen. Dies führt zu einer Inkonsistenz in der Gesetzgebung. Das ist auch kein Einzelfall.

Nun dokumentierten wir diese schrecklichen Zustände, zeigten, dass hier offensichtlich Tiere leiden, und Thorsten schreibt mir dann, dass er mich anzeigt. Weil Thorsten das theoretisch könnte. Ich habe nämlich theoretisch eventuell eine Straftat begangen. Kurioserweise muss man in solchen Fällen Straftaten begehen, um auf Unrecht aufmerksam machen zu können. Es gibt zwar Veterinärämter, aber die übersehen ziemlich häufig Fälle von Tierquälerei, vor allem in Großbetrieben. Ich finde, diese Beispiele zeigen die Grenze zwischen Recht und Gerechtigkeit und untermalen, dass unter gewissen Gesichtspunkten Rechtsbrüche legitim sind. Denn Legalität ist nicht immer ein Parameter für Legitimität.

In diesem Zusammenhang ist es sinnvoll, auf die Interaktion zwischen positivem Recht und überpositivem Recht, auch Naturrecht oder Vernunftrecht genannt, einzugehen. Die Lehre des Vernunftrechts vertritt die Auffassung, dass Recht und Moral untrennbar miteinander verbunden sind. Dabei wird argumentiert, dass etwas als Recht oder Unrecht gilt, weil es entweder der menschlichen Natur oder der natürlichen Vernunft entspricht oder ihr widerspricht. Daraus folgt, dass es Rechte gibt, die gelten, unabhängig davon, ob sie in einem Gesetz festgehalten sind oder nicht, wie zum Beispiel die Menschenrechte. Es gibt Länder auf der Welt, wo Menschenrechte verletzt, Personen und Personengruppen diskriminiert oder sogar getötet werden. In manchen Ländern sind diese Menschenrechtsbrüche sogar gesetzlich geregelt, man denke etwa an die Ungleichbehandlung von Frauen im Iran oder auch die Segregation in den US-amerikanischen Südstaaten vor 1964, dennoch ist es augenscheinlich ein Unrecht. Mit positivem Recht meinen wir Gesetze und Regelungen, die schriftlich fixiert und durch staatliche Institutionen erlassen wurden oder durch Gewohnheit Geltung erlangt haben. Das positive Recht muss nach der Auffassung des Naturrechts an moralischen Maßstäben gemessen werden. Nur Gesetze, die diesen moralischen Ansprüchen genügen, können den Anspruch erheben, befolgt zu werden. Diese Sichtweise bedeutet auch, dass viele Gesetze und staatliche Handlungen zum Beispiel in totalitären Regimen, aber auch freiheitlichen Demokratien als Unrecht und nicht als legitimes Recht angesehen werden können. Dann nämlich, wenn beispielsweise Menschen diskriminiert werden.[12] In diesem Sinne ist es nicht nur die Existenz von geschriebenen Gesetzen, die das Recht ausmacht, sondern vielmehr ihre Übereinstimmung mit tieferliegenden ethischen und moralischen Werten.

Ein Gesetz kann nicht immer der Maßstab dafür sein, was richtig oder falsch ist. Beispielsweise setzt sich die Klimabewegung gegen ein schwerwiegendes Unrecht ein, nämlich den menschengemachten Klimawandel und dessen vielfältige negative Auswirkungen auf Umwelt, Gesellschaften und zukünftige Generationen. Bei ihrem Protest gegen dieses Unrecht übertreten sie möglicherweise nur ein geringfügiges Gesetz. Wenn man alle Faktoren einbezieht, einschließlich möglicher Notstandserwägungen, agiert die Klimabewegung im Sinne des überpositiven Rechts zweifelsfrei korrekt. Mit Gesetzesübertritten, wie die Klimabewegung oder wir in der Tierrechtsbewegung sie manchmal begehen, befasst sich natürlich auch die Justiz. Denn die Frage bleibt zu klären, ob Gesetzesbrüche nicht manchmal einfach gerechtfertigt sind.

Ich höre schon, wie das von manchen Menschen immer noch kategorisch abgelehnt wird. Aber im Gegensatz zu herkömmlichen Einbrüchen, die auf Diebstahl abzielen, erfolgen Stalleinbrüche mit dem Ziel, Missstände in Tierhaltungsanlagen aufzudecken und öffentlich zu machen. Strafrechtlich werden solche Aktionen nicht als Einbruchdiebstähle, sondern möglicherweise als Hausfriedensbruch eingestuft. Es gab schon etliche Verurteilungen deswegen, doch auch unsere Gesellschaft entwickelt sich weiter, und im Jahr 2018 kam es zu einem bahnbrechenden Urteil.

Das Oberlandesgericht (OLG) Naumburg hat in einem solchen Anklagefall einen Freispruch ausgesprochen, da das Gericht die Handlungen unter Berufung auf den rechtfertigenden Notstand nach § 34 des Strafgesetzbuchs (StGB) als gerechtfertigt ansah. Das Gericht erachtete Tierschutz also als ein notstandsfähiges Rechtsgut, basierend auf dessen Verankerung im Grundgesetz und im Tierschutzgesetz. Die beteiligten Personen hatten im Interesse des Tierschutzes gehandelt, indem sie tierschutzwidrige Zustände dokumentierten, nachdem offizielle Kontrollen versagt hatten. Dieses Urteil betont die Bedeutung des Tierschutzes im Strafrecht und fordert, dass zukünftige Gerichtsentscheidungen dem Tierschutz den rechtlichen Stellenwert beimessen, den er in der Rechtsordnung mittlerweile eingenommen hat.[13] Trotz Straftat freigesprochen!

Einen ähnlichen Fall gab es im Januar 2024 in meiner Geburtsstadt Halle/Saale. Dort wurde das Verfahren gegen eine Klimaaktivistin gegen eine Geldauflage von 500 Euro eingestellt. Der Richter betonte, dass das Anliegen der Angeklagten durchaus berechtigt gewesen sei.[14] Wenn unser rechtlicher Rahmen nicht die Möglichkeiten lässt, auf Missstände adäquat hinzuweisen, dann muss man diesen Rahmen eben manchmal übertreten. Ich bin gerne bereit, auf Unrecht aufmerksam zu machen, auch wenn ich selbst dafür die Konsequenzen tragen muss. Denn es ist mir wichtig, das Unrecht zu benennen, um im besten Fall an einem Wandel beteiligt zu sein. Ein erfolgreiches Mittel, um diesen gesellschaftlichen Wandel herzustellen, ist seit jeher der zivile Ungehorsam.

Selbstermächtigung und Reaktanz

Die Gründe, wieso man sich einsetzt, auf die Straße geht, einen Verein gründet oder eine Petition startet, können ganz unterschiedlich sein. Über die Antreiber, auch die emotionalen, haben wir nun schon gesprochen. Ein Schlagwort sollte an dieser Stelle aber definitiv etwas mehr Beachtung erhalten, und das ist der Begriff der Selbstermächtigung. Entgegen dem berühmten Zitat von Rosa Luxemburg: »Wer sich nicht bewegt, spürt seine Fesseln nicht«, denke ich nämlich schon, dass man auch bei Stillstand seine Fesseln spüren kann. Ich führe viele Gespräche zu meinen Aktivitäten. Menschen in meinem nahen und erweiterten Umfeld fragen mich, wie ich mich mit diesem oder jenem fühle. Nicht selten gipfeln die Unterhaltungen darin, dass mir mein Gegenüber zu verstehen gibt, dass der eigene Unmut über die aktuelle Weltpolitik, den Bau der Umgehungsstraße im Ort, die bevorstehende Wahl oder die blöden Sprüche des Nachbarn über Greta Thunberg endlich herauswill. Doch dann folgt ein desillusioniertes Abwinken und Kapitulieren vor der eigenen Courage. Entschuldigt bitte, wenn ich hier so direkt werde, aber häufig knicken Menschen schon ein, bevor sie überhaupt angefangen haben.

Und genau das ist, meiner Ansicht nach, ein großer Fehler. Denn was hier passiert, ist schon beim Darüberschreiben frustrierend. Es stellt sich ein Ohnmachtsgefühl ein, die vermeintliche Gewissheit, dass man doch sowieso nichts tun könne, jede Mühe vergebens sei. Hier spüren viele Menschen offenbar doch jene Fesseln, die Rosa Luxemburg beschreibt. Wer hat nicht schon einmal gedacht, dass man bei der nächsten Bundestagswahl auch einfach auf dem heimischen Sofa bleiben und den Gang zur Wahlurne auslassen könne – weil, was kann ich schon ausrichten? Oder bei persönlichen Konsumentscheidungen: Ob ich jetzt ein Schnitzel esse oder nicht, das wird die unfassbare Anzahl von 45,8 Millionen jährlich getöteten Schweinen auch nicht dezimieren. Der Flug nach Bali ist im Vergleich zu den CO_2-Emissionen der deutschen Industrie ein Witz, und ob ich jetzt in der Suppenküche aushelfe oder nicht, irgendwie läuft das doch auch ohne mich.

Ich glaube behaupten zu können, dass wir diese Gedanken alle kennen. Auf der einen Seite machen solche Gedanken unser Leben leichter, und sie sind sicherlich auch hilfreich, um überhaupt ein bisschen Lebensfreude in einer eher komplizierten Welt verspüren zu können. Dennoch können sie auch negative Emotionen auslösen und ein Gefühl der absoluten Hilflosigkeit erzeugen. Wer nicht selber aktiv ist, der ist passiv Teil von etwas. Und Teil von dieser Gesellschaft und dieser Welt sind wir nun einmal alle. Wenn ein Hochwasser in unserem Bundesland alles überflutet, dann sind wir davon auch betroffen – ob wir wollen oder nicht. Wenn eine rechte Partei die Spitze dieses Landes stellt, ebenfalls. Und auch wenn Nitrit aus den gigantischen Schweinemastanlagen in Niedersachsen unser Trinkwasser verunreinigt, betrifft uns das leider. Da hilft kein Wegsehen, Weghören und darüber Schweigen. Was aber helfen kann, ist der Übergang vom Passivismus zum Aktivismus. Man muss jetzt keine Brandrede auf einer Kundgebung halten oder in einen Hungerstreik treten. Aber anstatt passiv dem Unheil zuzuschauen und sich dabei schlecht zu fühlen, kann es helfen, aktiv zu werden.

Hier möchte ich direkt anmerken, dass es unterschiedliche Voraussetzungen gibt, und ich spreche hier selbstverständlich als eine, die es sich aussuchen kann. Der es gut geht, die erst mal alles hat, was sie zum Leben braucht, und selbst nicht diskriminiert wird. Damit repräsentiere ich einen Teil der deutschen Bevölkerung, der einen erleichterten Zugang zu wirtschaftlichen, politischen und medialen Ressourcen hat. Doch viele Menschen können es sich leider nicht aussuchen, ob sie sich mit bestimmten Themen wie Rassismus oder Armut befassen wollen. Menschen, die selbst Diskriminierung erfahren, aufgrund von Krankheiten, Geschlecht, Hautfarbe, Religion, müssen sich unweigerlich damit auseinandersetzen. Meine geschätzte Kollegin Hami Nguyen, die letztes Jahr ein Buch über antiasiatischen Rassismus mit dem Titel *Das Ende der Unsichtbarkeit* veröffentlicht hat, beschreibt sich selbst in ihrem Instagram-Profil als unfreiwillig aktivistisch. Sie thematisiert in ihren Beiträgen und Stories häufig, dass sie sich notwendigerweise mit der Diskriminierung befassen muss, die ihr entgegengebracht wird. Viele Menschen, die von Diskriminierung betroffen sind, setzen sich für ihre eigenen Rechte ein. Beispielsweise die LGBTQIA* -Szene, die sich durch wegweisende Aktionen für Gleichberechtigung und Anerkennung starkmacht. Ein herausragendes Beispiel hierfür sind die Stonewall-Riots von 1969 in New York. Diese Ereignisse markieren einen Wendepunkt im Kampf um die Rechte homo- und bisexueller sowie trans Personen. Die Stonewall-Riots begannen als Reaktion auf eine Polizeirazzia in der Stonewall Inn Bar in der Christopher Street, beliebter Treffpunkt vorrangig homosexueller Männer und Personen.

Die gewaltsamen Auseinandersetzungen und der entschlossene Widerstand der Anwesenden gegen die Polizeiübergriffe lösten eine landesweite Bewegung aus, die sich für die Rechte und die Akzeptanz der LGBTQIA* -Gemeinschaft starkmachte und bis heute andauert. Viele Bewegungen gehen also auch von Betroffenen aus. Dabei ist es wichtig, dass diejenigen von uns, die nicht betroffen sind, sich anschließen und die Kämpfe unterstützen. Das nennt man übrigens Allyship, eine besondere Form der Solidarität. Ein Verbündeter oder Ally zu sein bedeutet, die Kämpfe anderer anzuerkennen, sich über eigene Privilegien bewusst zu werden und diese zum Vorteil der Benachteiligten einzusetzen. Verbündete sind wichtig, weil sie helfen können, die Reichweite und Wirkung der Bewegung zu erweitern. Sie können ihre Stimmen, Ressourcen und Plattformen nutzen, um Aufmerksamkeit für die Anliegen der Bewegung zu generieren und die Botschaft an ein breiteres Publikum zu tragen. Allyship kann also auch dabei helfen, Brücken zwischen verschiedenen Gruppen zu bauen und das Verständnis und die Akzeptanz für Diversität und Inklusion zu fördern. Es ist wichtig, dass Allyship mehr als nur symbolische Unterstützung ist. Es reicht also nicht, einmalig eine schwarze Kachel auf Instagram zu posten, denn echte Verbündete handeln aktiv und kontinuierlich, um Ungerechtigkeiten zu bekämpfen. Dabei sollte man den betroffenen Gruppen zuhören, stets dazulernen und im Zweifel auch mal das eigene Verhalten anpassen, um effektiv zur Veränderung beizutragen.

Aber ich komme schon wieder vom Hölzchen aufs Stöckchen. Denn es ging mir hier um das Thema Selbstermächtigung. Dieses Thema kann man aufsplittern in persönliche und gesellschaftliche Selbstermächtigung. Schauen wir uns zuerst den gesellschaftlichen Part an. Denn Selbstermächtigung wird schon länger auf unterschiedliche Weise auch auf aktivistisches Handeln aller Art angewandt, von Fridays-for-Future-Schulstreiks bis zu Demonstrationen von Coronaskeptikern. Peter Kirsch und sein Team haben dazu im Jahr 2022 eine Studie herausgebracht, die darauf abzielt, das Phänomen der gesellschaftlichen Selbstermächtigung mit wissenschaftlichen Methoden zu untersuchen. Dabei werden aktuelle Protestformen in den Fokus gestellt. In der heutigen Zeit, die durch diverse Krisen geprägt ist – angefangen bei Finanz- und Schuldenkrisen bis hin zu Kriegen –, wird das Vertrauen in etablierte politische und gesellschaftliche Strukturen zunehmend auf die Probe gestellt. Immer mehr Menschen beginnen anzuzweifeln, ob die vorhandenen Institutionen und die Politik wirklich fähig sind, diese Krisen zu bewältigen und die Gesellschaft auf einen besseren Weg zu bringen. Wir spüren diese Unzufriedenheit und Unsicherheit immer deutlicher, da sich auch in Deutschland immer mehr Proteste formieren. Sei es zu Coronazeiten, die Klimastreiks und Bauernproteste oder Massenproteste für das Verbot der AfD. Individuen und Gruppen werden selbst aktiv, um ihrem Missfallen Ausdruck zu verleihen und selbst die Initiative zu ergreifen. Diese gesellschaftliche Selbstermächtigung kann in allen politischen Ecken passieren, und in Deutschland, so ist zumindest mein Gefühl, nehmen vor allem rechte und konservative Gruppen in jüngster Zeit viel Raum ein und zeigen gesellschaftliche Eigeninitiative. Finde ich das gut? Nein! Sollte man dem etwas entgegenstellen? Definitiv! Das ist auch ein Grund für dieses Buch, denn man darf den Rechten nicht das Feld überlassen. Steigende Umfragewerte rechter Parteien sind die Reaktion darauf, dass jene Parteien sich dem Unmut anschließen und Öl ins Feuer gießen. Konstruktive Diskurse, auch aus anderen politischen Richtungen, könnten wieder ein größeres Gleichgewicht herstellen. Kirsch identifiziert unterschiedliche Arten und Beweggründe für diese Eigeninitiative. Maßgeblich sind hier zwei Hauptformen: »instrumentelle Eigeninitiative«, die darauf zielt, ein Thema bekannt zu machen, ohne die zugrunde liegende Norm zu hinterfragen, und »expressive Eigeninitiative«, die als Mittel zur Abgrenzung und Ablehnung dient, sei es gegen eine spezifische politische Maßnahme, die Norm selbst oder das gesamte politische System. Die Studie betont die Bedeutung des Vertrauens in unsere politischen Systeme, um gegenwärtige und zukünftige Herausforderungen zu bewältigen. Abschließend wird festgestellt, dass eine starke Gemeinschaft entscheidend ist, um die Wirksamkeit unseres politischen Handelns zu gewährleisten und weiterzuentwickeln.[15]

Die Selbstermächtigung im Kollektiv ist ein wichtiges Thema, weil wir immer mehr feststellen, welche Schlagkraft diese haben kann. Und im Kontext verfassungsfeindlicher und antidemokratischer Ansichten kann sie auch eine komplizierte Gegnerin werden. Gesellschaftliche Selbstermächtigung, die also von rechten Gruppierungen ausgeht, kann gefährlich sein, da sie oft mit einer Ablehnung demokratischer Normen und einer Entfremdung vom politischen System einhergeht. Solche Bewegungen tendieren dazu, sich gegen die bestehende politische Ordnung zu richten, und können zu einer Zunahme von Extremismus und politischer Polarisierung führen. Um diesem Phänomen entgegenzuwirken, ist es wichtig, das Vertrauen in demokratische Institutionen und Prozesse zu stärken. Dies kann durch eine verbesserte Repräsentation verschiedener Bevölkerungsgruppen in politischen Entscheidungsprozessen und durch offene, inklusive politische Diskurse erreicht werden. Zudem ist es wichtig, dass politische Entscheidungstragende und Medien eine Vielfalt von Meinungen und Perspektiven berücksichtigen und respektvoll behandeln, um ein Gefühl der Entfremdung und Ausgrenzung zu vermeiden. Es geht darum, ein demokratisches Umfeld zu schaffen, in dem sich alle Menschen repräsentiert und respektiert fühlen.[16, 17] Gesellschaftliche Selbstermächtigung bleibt also auch ein wichtiges Instrument für den gesellschaftlichen Wandel und kann – richtig eingesetzt – Gerechtigkeit fördern.

Selbstermächtigung kann auch abseits einer Gruppe stattfinden und ein sehr individuelles Erleben beschreiben. Selbstermächtigung ist ein bisschen so, als würde man aus einer zuschauenden Position herauskommen und selbst die Bühne betreten. Anstatt ausschließlich zu beobachten, was passiert, entscheidet man sich, selbst aktiver Teil des Geschehens zu werden. Statt sich zu grämen und zu ärgern und vor allem einem Ohnmachtsgefühl zu erliegen, tut man etwas. Häufig gibt es einen Aha-Moment, der einen ins Handeln bringt. Das kann der eigene innere Widerstand gegen die Ankündigung sein, dass vor dem Haus die schöne Kastanie gefällt werden soll oder dass in der Gemeinde Steuergelder für die aufwendige Renovierung der Gemeindebüros ausgegeben werden, während die Schule wegen Baufälligkeit schon lange in provisorische Container umgezogen ist, oder man sieht ein Video über das Schreddern von Küken in der Eierindustrie und entscheidet postwendend, dieses System nicht mehr unterstützen zu wollen. Letzeres war 2012 der Grund, wieso ich vegan wurde. Ich war zwar schon einige Jahre vegetarisch, aber dieses eine Video mit dem Titel »Küken sexen«, bei dem es um die Geschlechtsbestimmung bei Küken ging, hat mir den Rest gegeben. Das Geschlecht der Küken wird nach dem Schlüpfen bestimmt. Küken, die aus wirtschaftlichen Gründen das »falsche« Geschlecht haben, beispielsweise männliche Küken, die für die Eierindustrie wertlos sind, werden direkt geschreddert. Alle gezeigten Küken wurden entweder in einen Korb oder auf ein Fließband geworfen. Also wirklich geworfen, als wären es Äpfel oder zusammengelegte Sockenpaare. Denen im Korb blühte ein leidvolles Leben in einer Legebatterie, die auf dem Fließband wurden geradewegs in ihren Tod befördert. Man nennt diese Küken dann ganz harmlos »Eintagsküken«, weil sie eben nur einen Tag leben, noch nicht mal einen Tag. Sie könnten länger leben, aber weil sie unwirtschaftlich sind, werden sie brutal getötet. Diese Praxis ist in Deutschland übrigens seit 2022 verboten. Grund zur Freude? Wohl kaum. Das Verbot wird von der Industrie teilweise einfach umgangen, indem die Tiere ins Ausland verschafft und dort getötet werden. Denn dort ist es weiterhin erlaubt.[18]

Während ich diese Worte schreibe, bildet sich schon wieder ein Druckgefühl in meinem Brustkorb. Diese ganz alltägliche Praktik in der Eierindustrie löst in mir Wut aus, dieses Video damals hat mir auf brutale Art die Augen geöffnet. Seitdem esse ich keine tierischen Produkte mehr, weil ich anfing, mich immer weiter mit der Herkunft tierischer Produkte zu befassen. Ich wurde nicht nur vegan. Dieses Video hat mich so geschockt, dass ich die Notwendigkeit verspürte, vielen Menschen davon zu erzählen. Seitdem kläre ich selbst auch zum Thema Veganismus und über die Praktiken der ausbeuterischen Tierindustrie auf.

Manchmal braucht es ein Schlüsselerlebnis, um ins Handeln zu kommen und die Dinge selbst in die Hand zu nehmen. Vielleicht hattet ihr selbst auch schon solche Erlebnisse, die eure Sicht auf die Dinge maßgeblich verändert und euch ins Handeln gebracht haben. In meinen Gesprächen mit Menschen, die selbst wenig aktiv sind, höre ich mehr Frust raus als bei Unterhaltungen mit anderen, die sich aktivistisch einsetzen. Obwohl jene, die sich einsetzen, häufig sehr vielen und hohen emotionalen und körperlichen Belastungen ausgesetzt sind, haben sie häufig eine andere Art der Frustration und weniger dieses allumfassende Ohnmachtsgefühl. Zugegeben, das basiert jetzt auf anekdotischer Evidenz, Forschung dazu ist mir auch nicht bekannt. Aber meine Beobachtungen decken sich mit dem, was mir in Gesprächen gespiegelt wird. Auch bei mir selbst spüre ich weniger Frustration angesichts des Weltgeschehens. Und das nicht, weil ich ein besonders harter Hund bin, im Gegenteil. Ich glaube, dass es eher damit zu tun hat, dass ich selbst aktiv bin. Natürlich bin ich mir bewusst, dass ich allein nicht die Welt retten kann, und das ist auch nicht mein Ziel. Was ich jedoch tun kann, ist, innerhalb meiner Möglichkeiten zu handeln und damit die Welt ein kleines

Stückchen besser zu machen. Jede einzelne Tat zählt. Nehmen wir das Beispiel eines Hundes aus dem Kriegsgebiet: Wenn ich es schaffe, auch nur einen einzigen Hund von der Frontlinie in Sicherheit zu bringen, habe ich zumindest diesem einen Hund das Leben gerettet. Ich kann vielleicht nicht alle Hunde retten, aber für diesen einen Hund ist es die Welt. Und für mich ist das schon sehr viel wert.

Ähnlich verhält es sich mit der Aufklärung über Tierbefreiungen. Wenn nur eine Person durch ein von mir geteiltes Video dazu angeregt wird, ihr Konsumverhalten zu überdenken, ist das ein wichtiger und großer Schritt. Und wenn ich es schaffe, in einem Gespräch mit meiner Familie auch nur ein kleines Umdenken bezüglich der sorglosen Verwendung bestimmter Wörter zu bewirken, ist das ein Erfolg. Die Liste solcher kleinen, aber bedeutsamen Erfolge ist endlos. Jede Hilfe, die wir Menschen oder Tieren zukommen lassen, trägt dazu bei, etwas Positives in der Welt zu bewirken. Es sind diese kleinen Siege, die zusammengenommen einen großen Unterschied machen können. Und jetzt stellt man sich mal vor, jeder Mensch in Deutschland, der die Möglichkeiten dazu hat, würde irgendetwas tun – ehrenamtlich Katzen im Tierheim streicheln, im Altenheim beim wöchentlichen Bingoabend die Zahlen ziehen, Spenden für die örtliche (Tier-)Tafel sammeln, Kleiderspenden in der Kleiderkammer sortieren, Demonstrationen gegen Rechte organisieren, Wälder retten oder einfach mal dem Nazi-Onkel am Kaffeetisch mit Argumenten Kontra geben. Ich frage mich ehrlicherweise oft, wie unsere Welt dann aussehen würde. In bin mir sicher, dass es nicht zum Negativen beitragen würde – im Gegenteil.

Es engagiert sich laut Umfragen rund die Hälfte der deutschen Bevölkerung ehrenamtlich.[19] Das ist sehr gut, aber ausbaufähig, und das ist wiederum ein Grund für mich, dieses Buch zu schreiben. Ich möchte gerne, dass sich mehr Menschen einhaken, mitgehen, aktiv werden, sich engagieren. Denn ich weiß, dass wir gemeinsam viel mehr erreichen könnten, und ich weiß auch, dass es manchmal einen Anreiz braucht, einen Aha-Moment, der zum Handeln führt. Und vielleicht ist es ja dieses Buch, das zündet.

Das Gefühl, etwas zu tun, nämlich das, was in der eigenen Macht steht, nimmt einem das Gefühl der Ohnmacht. Man verbindet sich unweigerlich mit Gleichgesinnten, findet einen Austausch, eine Plattform, und vor allem tut man etwas Sinnstiftendes. Dieses Gefühl, etwas Sinnstiftendes getan zu haben, ist wirklich großartig. Für mich fühlen sich meine ehrenamtlichen Tätigkeiten, vor allem die Tierrettung, auch nicht nach Arbeit an. Es ist anstrengend, körperlich und physisch – aber dabei lade ich auch meine Akkus auf. Es ist wie bei so vielen anderen Dingen: Man muss nur das Richtige für sich finden. Ich bin mir sicher, es gibt für jede Person Tätigkeiten, die das Gefühl der Selbstermächtigung entfesseln können und letztlich auch der Gemeinschaft helfen. Klassische Win-win-Situation.

Ich möchte daher jede Person, die diese Zeilen liest und selbst noch nicht ins Handeln gekommen ist, einladen, dem Gefühl der Selbstwirksamkeit auf den Grund zu gehen und selbst aktiv zu werden. In den Kapiteln 5 und 6 gibt es dazu noch nützliche Hinweise, Tipps und Tricks. Keine gute Tat ist zu klein. Und es ist nie zu spät, aktiv zu werden.

Wer schon aktiv ist, vielleicht das Gefühl der Selbstermächtigung kennengelernt und eine tolle Gruppe um sich hat, eventuell etwas Gutes bewegen konnte, wird noch ein anderes Phänomen der Emotionen im Kontext von Aktivismus kennen. Und zwar im Außen. Die Reaktanz. Vielleicht kennt ihr diese beinahe reflexartige und gefühlige Ablehnung von Protest und Engagement von euch selbst oder anderen. Mir geht es ehrlicherweise auch manchmal so, wenn ich lese, ich solle dieses oder jenes nicht mehr machen, weil das beispielsweise schlecht für die Umwelt sei. Dann verschränke ich innerlich die Arme und stampfe trotzig auf den Boden, untermalt von einem lauten »Ich muss gar nichts«.

Ich habe bis zu meinem 20. Lebensjahr Fleisch gegessen und hatte mal eine ganz komische Phase mit 18. Da habe ich für meine Verhältnisse überdurchschnittlich viel Fleisch gegessen. Mit einer Freundin habe ich mir einen Spaß daraus gemacht, ein Kilo Hackfleisch zu Bolognese zu verarbeiten und bewusst keine Nudeln dazu zu kochen. Getreu dem Motto: Fleisch ist mein Gemüse oder meine Nudel. Wir haben uns damit gebrüstet, dass wir nur Fleisch gegessen haben. Fleisch mit Fleisch – witzig. Und mir war damals, ganz tief in mir drin, schon bewusst, dass das weder cool noch edgy ist und dass für Fleisch Tiere leiden und sterben müssen. Heute ist es mir irgendwie unangenehm, dass ich damals so trotzig war. Wir hatten nämlich damals schon vegan und vegetarisch lebende Menschen in unserem Umfeld und wollten uns irgendwie davon abgrenzen. Heute würde man sagen: cringe! Also zu unserem Verhalten, nicht zu den vegan lebenden Menschen. Aber mit meinem komischen Verhalten damals bin ich nicht allein. Denn die ablehnende Haltung und dadurch auch bewusste Provokation gegenüber Ungerechtigkeiten ist allgegenwärtig. Wenn man sich die Kommentarspalte der *Tagesschau* auf Instagram ansieht – was ich manchmal aus Selbstgeißelungsgründen tue –, und dort wird ein wichtiges Thema wie Wasserknappheit diskutiert, dann findet man oft Kommentare von Leuten, die provokativ erklären, sie würden jetzt extra ihren neuen Pool füllen oder den Rasensprenger den ganzen Tag laufen lassen, weil sie dies als ihr Grundrecht betrachten.

Zu diesem Thema hat Philipp Lepenies ein schönes Buch geschrieben mit dem Titel *Verbot und Verzicht – Politik aus dem Geiste des Unterlassens*. Er stellt in seinem Buch fest, dass in politischen Debatten zum Thema Klimawandel oft eine starke Empörung herrscht, sobald Maßnahmen vorgeschlagen werden, die Einschränkungen oder Verbote beinhalten, wie beispielsweise das Tempolimit auf deutschen Autobahnen oder ein Veggie-Day in Kantinen.[20] Reflexartig werden Dinge abgelehnt und manchmal auch direkt ins Gegenteil verkehrt. Da wird aus der Forderung eines Tempolimits auf Autobahnen für das Klima direkt der patzige Ausruf, dass man ab sofort jede kleinste Erledigung nur noch mit dem Automobil erledigen würde, wahlweise mit einem großen Dieselfahrzeug. Was steckt denn da dahinter?

In der Psychologie gibt es dafür einen Begriff, nämlich den der Reaktanz. Dieses Konzept bezieht sich im Rahmen sozialer Bewegungen, wie beispielsweise der Klimabewegung, auf einen psychologischen Widerstand, der entsteht, wenn Menschen das Gefühl haben, dass ihre Freiheit oder ihre Wahlmöglichkeiten eingeschränkt werden. Dieses Phänomen kann auftreten, wenn Maßnahmen oder Forderungen einer Bewegung als zu restriktiv oder bevormundend wahrgenommen werden. Wie eben schon erwähnt, kann Reaktanz gegenüber der Klimabewegung dann entstehen, wenn Vorschläge für umweltpolitische Maßnahmen wie ein Verbot von bestimmten Fahrzeugen oder die Einführung von strengen Emissionsgrenzen von Teilen der Bevölkerung als Eingriff in ihre persönliche Freiheit angesehen werden. Dies kann wiederum zu einer ablehnenden Haltung gegenüber diesen Maßnahmen oder sogar gegenüber der gesamten Klimabewegung führen. Reaktanz ist deshalb ein wichtiger Faktor, den soziale Bewegungen beachten müssen. Denn leider kann man diese Reaktion nicht wegreden, wir kennen sie alle, sie ist allgegenwärtig.

Wir müssen also darauf achten, wie wir – ich sage mal wir, weil ich mich hier schon auch mitverantwortlich fühle – unsere Botschaften und Forderungen kommunizieren, um Widerstand zu minimieren und um breite Unterstützung zu gewinnen. Dabei kann effektive Kommunikation, die auf Verständnis und Einbeziehung abzielt, helfen, Reaktanz zu reduzieren und die Akzeptanz für notwendige Veränderungen zu fördern.

Im Rahmen der Bauernproteste im Januar 2024 habe ich beispielsweise wahrgenommen, dass Teile meiner Filterblase etwas abschätzig und spöttisch auf diesen Protest reagiert haben. Die Vereinnahmung von rechts war dabei mehr Thema als die eigentlichen Anliegen. Verständlich und wichtig, dass man diese Vereinnahmung thematisiert, doch vor der Vereinnahmung standen die Themen, die von rechts wiederum instrumentalisiert wurden. Daher denke ich, dass eine weitere Auseinandersetzung, vor allem aus dem linken Spektrum, mit den eigentlichen Anliegen total zielführend gewesen wäre. Denn die Landwirtschaft möchte sich im Kern gegen die Preispolitik der Supermärkte wehren und darauf aufmerksam machen, in welch teils prekären Verhältnissen sie Lebensmittel herstellen. Stets abhängig von der Preisgestaltung der abnehmenden Firmen. Auch wenn ich persönlich gar nichts von der Seite der Landwirtschaft halte, die Tiere ausbeutet und kapitalisiert, hilft das Ignorieren der Probleme nicht weiter. Im Gegenteil. Es gibt ein massives und nachweisliches Höfesterben in Deutschland.[21] Und das folgt häufig der kapitalistischen Marktlogik, dass die Kleinen von den Großen gefressen werden. Während es also immer weniger kleine Familienbetriebe gibt, wachsen die großen Anlagen stetig, meist in der Hand großer Firmen und Konzerne. Man spricht dabei übrigens von einer Industrialisierung der Landwirtschaft, die tatsächlich erst relativ spät – in der Mitte des 20. Jahrhunderts – so richtig Fahrt aufgenommen hat.[22] Ich möchte jetzt auch gar nicht zu sehr abdriften, dennoch ist das Kernthema eines, das der linken Debatte gut zu Gesicht stehen würde. Denn fehlen die Angebote und Diskurse von einer politischen Seite, so kann die andere Seite das für sich nutzen und Stimmung machen. Dass jene Argumente, die von rechts in diesen Diskurs eingebracht werden, teilweise absolut gelogen sind, kommt bei denen, die darauf aufspringen, gar nicht an. Das verstärkt die Reaktanz gegenüber ökologischen Themen, wobei man doch eigentlich jene Menschen, die mit der Natur im ländlichen Raum leben, noch einfacher damit abholen könnte als Menschen in der Stadt. Es ist demnach wichtig, die Kernthemen anzugehen und stets den Versuch zu wagen, mehr Menschen auf Augenhöhe anzusprechen. Mit Argumenten. Auch wenn man mit manchen Themen vielleicht nicht so viel zu tun hat.

Da es schon in uns angelegt ist, dass wir innerlich die Arme verschränken und bockig sind, wenn wir das Gefühl bekommen, jemand möchte uns etwas wegnehmen, dann sollten wir dieses menschliche Verhalten mit einberechnen. Ich für meinen Teil habe ganz gute Erfahrungen damit gemacht, Debatten weniger emotional und mehr auf der Sachebene zu führen, mit Argumenten. In den letzten Jahren, wenn nicht Jahrzehnten hatte ich unglaublich viele Diskussionen zu verschiedenen Themen, und wenn man es schafft, auf Augenhöhe ein Gespräch zu führen, so meine Erfahrung, erreicht man viel mehr, als wenn man sich gegenseitig anschreit. Während ich diese Worte schreibe, komme ich mir selbst so gemäßigt vor, dennoch habe ich nicht selten genau mit dieser Strategie offene Türen eingerannt. An die Hand nehmen und reden verändert oft mehr als ignorieren oder brüllen. Auch wenn ich dabei immer wieder diverse Atemübungen abspulen und meinen inneren Zen-Meister channeln muss, um nicht komplett aus der Haut zu fahren: Es hat sich schon einige Male gelohnt.

Aber ich will ehrlich sein. Es mag sein, dass Austausch auf der Sachebene generell hilfreicher ist, manchmal ist dennoch einfach Hopfen und Malz verloren. Da hilft wirklich nicht mehr viel, außer mit einem Protestschild gegen Nazis auf dem Marktplatz zu stehen und zu schreien. Schade Schokolade.

3.
Warum Aktivismus manchmal dahin geht, wo es wehtut

Auch schon mal den ICE zum wichtigen Vorstellungsgespräch in Hamburg nicht am Bahnhof einfahren sehen, weil das Lokpersonal der Bahn gestreikt hat? Oder den Zahnarzttermin versäumt, weil sich Menschen im Namen des Klimas auf die B96a am Frankfurter Tor auf den Asphalt geklebt oder andere für eine bessere Agrarpolitik Leipzig-Nord mit Traktoren dichtgemacht haben? Das erste Date mit dem neuen Crush oder den Geburtstagsbrunch mit der besten Freundin verpasst, weil die Großdemonstration für mehr Radwege in Frankfurt die ganze Innenstadt lahmgelegt hat und man unbedingt auch mit dabei sein musste? Man kennt's. Haben wir wohl alle schon mal erlebt. Aktivismus ist nervig. Stört. Verstört auch gelegentlich.

Das folgende Kapitel soll eine Antwort sein auf all die reißerischen Schlagzeilen zu Protesten und Aussagen von Menschen aus Politik und Öffentlichkeit, die uns vorschreiben wollen, wie Aktivismus auszusehen hat. Diese Leute erklären uns, was erlaubt ist und was nicht, warum eine Protestaktion angeblich das breite Publikum nicht erreicht, Formen des Protests nicht anschlussfähig sind, und wie sich Protestierende stattdessen zu verhalten haben. Manche würden jede Form des Widerstands am liebsten im Keim ersticken und die Verantwortlichen direkt inhaftieren – im besten Fall schon im Vorfeld. Stichwort Vorbeugehaft – eine Maßnahme, um Personen, die noch nichts angestellt haben, die aber verdächtigt werden, gefährliche Straftaten begehen zu können, präventiv festzuhalten.

Bei meiner allmorgendlichen ersten Mahlzeit des Tages ist mir einmal fast mein Marmeladenbrot im Hals stecken geblieben, als mir *Die Zeit* am 26. November 2022 erklären wollte, dass es für guten Protest keinen Kartoffelbrei brauche, und dass jene, die Gemälde besudeln, Aktivismus mit Dummheit verwechselten.[1] Steile These. Eine Gleichung, die auch nach der Lektüre des Artikels nicht aufging und vor allem die persönliche Ablehnung des Autors Hasnain Kazim gegen die Letzte Generation in den Fokus rückte. Selbst von den Grünen bekommt die Letzte Generation Gegenwind. Robert Habeck klagte im Juli 2023 gegenüber der Deutschen Presse-Agentur: »Die Aktivisten, die jetzt lauter Menschen die Reise in den Urlaub verbauen, schaden dem Anliegen Klimaschutz massiv.«[2]

Proteste sind also oft Gegenstand von Stilkritiken, die an Bewertungen in einer Tanzshow erinnern, gegossen in Essays wie Yasmine M'Bareks Büchlein mit dem klangvollen Titel *Protest,* einen in meinen Augen etwas unglücklichen Versuch, die Wirksamkeit von zivilem Ungehorsam einzuordnen. Ich hatte große Erwartungen an diesen Titel, da er sich mit einem Thema beschäftigt, das mich fasziniert, und ich mir eine spannende und fundierte Analyse versprach. Generell konsumiere ich viele Inhalte zu diesem Thema und beobachte dabei immer wieder, wie sich Podcast-Duos ebenso an der philosophischen und gesellschaftskritischen Einordnung diverser Protestformen abmühen wie Zeitungsredaktionen – über reißerische Kurzmeldungen auf X (vormals Twitter) möchte ich an der Stelle gar nicht sprechen. Der Gehalt dieser Kritiken variiert stark. Nicht selten werden aktivistisches Handeln, Proteste und was sich in diesen Sphären sonst so abspielt, wahlweise als zu zaghaft, aber meist als zu laut oder radikal kritisiert.

Wer Kritik äußert, hat auch einen leichten Job: Man kann etwas außerordentlich bescheiden finden, muss keine grundlegende Ahnung vom Thema haben und schon gar keine Alternativen aufzeigen. Manchmal wirkt es auf mich, als ob die Kritik an den Methoden mehr Aufmerksamkeit erhält als die eigentlichen Anliegen dahinter. Gemäß dem Prinzip »kill the messenger« werden jene, die die schlechten Nachrichten überbringen, selbst zur schlechten Nachricht gemacht.

Diese Ignoranz gegenüber den Kernthemen würde ich im Kontext des Aktivismus als »tone policing« bezeichnen, als ob der Mathelehrer als Reaktion auf eine inhaltliche Nachfrage schimpft: »Aber nicht in diesem Ton!« Oder kennt ihr diese Leute, die in Diskussionen immer vom ursprünglichen Thema ablenken, sobald sie merken, dass ihre Argumentation nicht haltbar ist? »Derailing« heißt diese Taktik in der Fachsprache. Nicht selten werden in den Medien solche Ablenkdebatten geführt bis hin zur Kriminalisierung von Aktivismus und Protest. Dabei sind Konfrontation und Streit maßgeblich für eine Demokratie. Was ich damit genau meine, werden wir uns im Verlauf der nächsten Seiten immer wieder anschauen.

Methodenbewertungen gibt es also viele, und bei aktivistischem Handeln gilt das Motto: Man kann es eigentlich nur falsch machen. Ich bin daher zu der Conclusio gekommen, dass Menschen in der Politik oder in den Medien vielleicht nicht zwingend die Richtigen sind, um Proteste, Aktivismus und emanzipatorische Bewegungen einzuordnen oder zu bewerten, wie wirksam die Methoden, wie ehrbar die Absichten und wie gut die Gedanken dahinter sind.

Bei der Analyse verschiedener Texte und Aussagen zum Thema Protest ist mir aufgefallen, dass die Verfassenden ihre Kritik häufig mit ihrer eigenen Wahrnehmung erklären. Sie verweisen auf die eigene Gefühlslage oder vereinnahmen die Emotionen anderer, um zu begründen, wieso eine Protestform oder gewisse Forderungen wenig wirksam oder sogar unangemessen seien. Gerne diskreditieren sie jene, die sich einsetzen. Dann zuckt so ein abwertendes Schmunzeln über das Talkshow-Gesicht: zu emotional, nicht objektiv – ja sogar total naiv.

So verlor der Moderator Markus Lanz in seiner gleichnamigen Talksendung im Juli 2023 die Geduld bei den Ausführungen des Aktivisten Theodor Schnarr über die Forderung eines Bürgerrats und quittierte diese mit den Worten »totaler Quatsch«. Schnarr hatte kein leichtes Spiel in dieser Sendung und wurde stets unterbrochen, sodass selbst Stimmen, die sonst nur wenig Sympathien mit der Letzten Generation haben, Lanz' Umgang mit Schnarr im Nachgang kritisierten.[3] Die Methoden, Anliegen, Beweggründe – sind sie wirklich altruistisch? – stehen nicht selten im Zentrum allgemeiner Debatten. *FAZ*-Redakteur Justus Bender nannte die Klimabewegung einen Zirkus und attestierte den Radikalen in einem Artikel, dass sie der gesamten Bewegung schaden würden.[4] Während Jana Stegemann in der *SZ* im Rahmen der Proteste um den Braunkohleabbau in Lützerath erklärte, dass der Kampf um den Weiler überflüssig sei,[5] setzte der Kulturwissenschaftler Johannes Schneider mit seinem Essay »Lützi bleibt peinlich« in der *Zeit* den Abwertungen die Krone auf. Darin merkte er zwar an, dass es im Rahmen der Protestbewegung keine Stilkritik bräuchte, verfasste dann aber selbst eine.[6]

Stets bemüht, die Nadel im Heuhaufen zu finden, ohne dabei je selbst aktiv geworden zu sein. Ihr merkt, meine Worte sind etwas spicy, aber ich finde die Auseinandersetzung mit Aktivismus sehr häufig kontraproduktiv, zu einfach und elitär.

Stilkritik aus dem Elfenbeinturm, ich kann mir wirklich wenig Leichteres vorstellen, als moralisch überlegen jegliche ehrbare Absicht in Zweifel zu ziehen. Festkleben nervt und holt, wie Yasmine M'Barek erklärt, die sozial Schlechtergestellten – »symbolische Arbeiter« –, die für den Urlaub in

Garmisch-Partenkirchen auf ihr Auto angewiesen sind, nicht ab.[7] Ehrlicherweise bin ich von diesen Scheindebatten mindestens genauso genervt wie M'Bareks symbolische Arbeiter vom Klebeprotest. Hier wird mit Klassismus, also der Diskriminierung von Personen aufgrund ihrer sozialen Klasse, argumentiert, ohne tiefgreifender auf die dahinterliegenden Anliegen einzugehen. Im Übrigen haben die Aktiven nicht selten genau dieses System im Fokus, das Klassismus überhaupt erst hervorbringt. Da wird der arme, unwissende Bauarbeiter oder die überforderte Alleinerziehende schnell mal zum Strohmann oder zur Strohfrau degradiert, die nicht genügend Ressourcen haben, um sich mit Gendern oder Klimagerechtigkeit zu befassen: personifizierte Totschlagargumente. Widerspruch zwecklos.

In diesem Kontext hatten sich die Lobos in ihrem Podcast *Feel the News* (hier steckt die gefühlte Wahrheit schon im Titel) mal dem Argument des Veganismus und der Debatte um Billigfleisch genähert. Klar, dass ich mir die Episode angehört habe, ist das schließlich auch genau mein Thema. Menschen in prekären Verhältnissen wurden dabei auch in das Argumentationsrepertoire aufgenommen und debattiert, dass jene sich eben nicht immer eine vegane Lebensweise leisten können und beim Konsum eventuell auf das Steak im Angebot zurückgreifen müssen.[8] »Ich find's schwierig, sich dann dahinzustellen, es gibt ja dann immer diese ganzen Sätze, es ist überhaupt nicht teurer, sich vegan zu ernähren. Man kann da ruhig drauf verzichten. Man kommt da schnell in so eine judgy Haltung rein, die ich ehrlich gesagt schwierig finde«, führt Juliane Lobo aus. Auch wenn Sascha Lobo im Anschluss das dahinterliegende System anspricht, bleibt eine ernst zu nehmende Auseinandersetzung und Kritik am Status quo aus. Klassismus wird gerne gewählt, um den eigenen Standpunkt zu untermauern, die Systemfrage wird aber nicht beantwortet. Mag heißen, dass das kapitalistische System dahinter, das diesen Klassismus überhaupt erst hervorbringt, unberührt bleibt. Sollte sich nicht jeder Mensch auch ein veganes Würstchen leisten können, wenn es ihm beliebt? Und was ist eigentlich mit dem ausbeuterischen System hinter der billigen Salami-Pizza: Leiharbeitende aus dem osteuropäischen Ausland, die im Akkord und unter prekärsten Arbeitsbedingungen für die deutschen Gaumenfreuden Tiere töten müssen? Sie werden in solche Debatten dann gar nicht mehr aufgenommen. Ich schweife ab, aber die Systemfrage und vor allem auch der Kapitalismus wird uns im Folgenden immer wieder mal begegnen, weil die Herausforderung dieses Systems die Grundlage vieler Bewegungen bildet. Viele Protestbewegungen stellen nämlich im Kern diese Systemfrage – dazu müsste man sich aber auch mit den Grundlagen und weniger mit der Form befassen.

Halten wir fest: Das Thema Protest und Aktivismus ist komplex und verdient mehr als nur eine gelangweilte Bewertung vom heimischen Vitra-Schreibtischstuhl aus. Um Aktivismus und politische Aktionen besser zu verstehen, hilft ein Blick in die Protest- und Bewegungsforschung, ein recht junges Feld innerhalb der Sozialwissenschaften, das anhand historischer Ereignisse die Wirkmächtigkeit von Aktivismus zu erklären beansprucht. Als Historikerin befasse ich mich schon seit mehreren Jahren mit der Geschichte emanzipatorischer Bewegungen, ein Spezialinteresse, mit dem man sonst keinen Blumentopf gewinnen kann. Jetzt ist endlich *my time to shine.* Die Geschichtswissenschaft hilft dabei, einzelne Protestbewegungen besser zu verstehen und Errungenschaften wie die 40-Stunden-Woche, das Frauenwahlrecht oder das Thema Presse- und Meinungsfreiheit einzuordnen. Sie ermöglicht ein breiteres Bild zu Themen, die man ansonsten nur im begrenzten Rahmen der Gegenwart sieht. Denn nichts, was um uns geschieht, findet in einem luftleeren Raum statt: keine

Menschenkette für Frieden in der Welt, keine Anti-Nazi-Demonstration und kein Streik für mehr Lohn in der Metallindustrie.

Was also lehrt uns die historische Protest- und Bewegungsforschung? Was passiert, wenn wir bei der Bewertung eines Protests neben den Fakten auch die jeweiligen Umstände sowie den historischen Kontext in den Blick nehmen? Wir lernen, dass nicht jede störende Aktion grundsätzlich falsch oder sinnlos ist, nur weil sie uns in einem bestimmten Moment so erscheinen mag. Klar nervt es, wenn wir durch einen Bahnstreik nicht zu unserem Termin nach Köln kommen oder der Weg zur Arbeit von einem Demonstrationszug blockiert wird. Das Gefühl sollte aber nicht der einzige Maßstab der Bewertung sein, auch wenn der eigene Unmut und das Unverständnis manchmal dazu verleiten. Ich geb's ja zu! Müssen Proteste immer anschlussfähig sein, um Erfolg zu haben? Die Protest- und Bewegungsforschung sagt Nein. Und sie kann sogar bestimmen, welche Aktionen von besonderem Erfolg gekrönt waren und wieso. Letztlich haben wir in der Geschichte unzählige Beispiele für gescheiterte Bewegungen und Proteste – aber auch für gelungene. Der Blick in die Geschichte kann somit eine Chance dafür sein, Antworten für die Zukunft zu finden.

Dem einflussreichen deutschen Politiker August Bebel, der im 19. Jahrhundert die Sozialdemokratische Arbeiterpartei, eine Vorläuferin der SPD, mitbegründete, wird oft ein berühmtes Zitat zur essenziellen Rolle der Geschichtskenntnis zugeschrieben, das besagt: »Nur wer die Vergangenheit kennt, kann die Gegenwart verstehen und die Zukunft gestalten.« Der Blick in die Vergangenheit erweist sich als unverzichtbares Instrument, um unsere heutige Lage zu dechiffrieren und mögliche zukünftige Pfade zu skizzieren. Obwohl ich als Historikerin dem Klischee »Geschichte wiederholt sich« eher skeptisch begegne, bietet die Rückschau oft wertvolle Einsichten für heutige Debatten. Die Stilkritik vieler Gazetten, Teile der Politik und Medienschaffenden perlt an eben jenen Aufständen, die die Welt letztlich eben doch ein bisschen besser gemacht haben, einfach ab. Vielleicht liegen der Zauber und die Kraft dieser vermeintlich radikalen Proteste ja gerade darin, dass sie als nervig empfunden werden. In einer lauten, schrillen, bunten Welt, in der alle um die begrenzte Ressource der Aufmerksamkeit buhlen, erregt oft nur das Schmerzhafte oder Schockierende Beachtung.

Es schert sich wohl absolut niemand um einen Protestmarsch für die Abschaffung von Kerosinsubventionen in einem Gewerbegebiet in Castrop-Rauxel Süd. Aus Erfahrung kann ich sagen, dass es Firmen wie Tönnies auch herzlich wenig tangiert, wenn man vor einem firmeneigenen Schlachthaus für dessen Abschaffung demonstriert. Historisch gesehen wissen wir, dass jene Aufstände besonders erfolgreich waren, die auch die nötige Aufmerksamkeit erregt haben, und Aufmerksamkeit erregt man mit aufmerksamkeitserregenden Aktionen. Ihr müsst zugeben – diese Logik ist unschlagbar. Fragt sich nur, mit Blick auf die eingangs beschriebene Stilkritik: Wieso gelingt es Protest überhaupt, die Gemüter so sehr zu erregen? Es könnte ja auch sein, dass sich die Leute zwar davon gestört fühlen wie von einem umgefallenen Baum auf der Straße, aber dann einfach die Umleitung nehmen und sich nichts weiter dabei denken. Wodurch lösen aktivistische Handlungen jene negativen Emotionen aus, die sich dann in Zeitungsartikeln entladen, in denen die mangelnde Anschlussfähigkeit beschworen wird?

Aktivismus, soziale Bewegung, ziviler Ungehorsam

Bevor wir uns das genauer anschauen, gilt es einige grundlegende Begriffe zu erklären und einzuordnen. Es fallen immer wieder Schlagworte wie Aktivismus, Protest, emanzipatorische oder soziale Bewegungen, Protestbewegungen. Alle erklärungswürdigen Begriffe findet ihr auch in einer Übersicht im Glossar.

Aktivismus

Der *Duden* definiert Aktivismus als zielstrebiges Handeln und Tätigkeitsdrang. Ein Blick in das *Oxford English Dictionary* verrät uns zudem, dass sich das englische Wort *activism* potenziell vom deutschen Aktivismus ableitet und seinen Ursprung in seiner heutigen Wortdefinition in der deutschen Sprache hat. Spuren zur Etymologie, also zur Geschichte des Begriffs, wann und wie er sich etabliert hat, finden sich auch. Das Wort Aktivismus ist im deutschsprachigen Raum seit 1863 belegt[9] und bezeichnete ursprünglich eine weltanschauliche Richtung, die auf aktive Gestaltung der Welt abzielte. Im Ersten Weltkrieg erhielt der Begriff eine politische Dimension, bezogen auf prodeutsche Strömungen im Ausland.[10, 11] Das Wort hielt Anfang des 20. Jahrhunderts aber auch in der Philosophie Einzug. Rudolf Eucken, ein deutscher Philosoph und Nobelpreisträger für Literatur Anfang des 20. Jahrhunderts, entwickelte mit seinem »Aktivismus« oder »philosophischen Idealismus« eine Denkrichtung, die den Menschen Wege aufzeigen sollte, in einer zunehmend rationalisierten und mechanisierten Welt einen tieferen Lebenssinn zu finden.[12] Der Journalist Knut Cordsen schreibt in seinem Buch *Die Weltverbesserer* die Schöpfung des Begriffs und vor allem des Konzepts des Aktivismus maßgeblich dem Kreis um den Schriftsteller Kurt Hiller zu, benennt die Teilnehmenden des ersten und bislang einzigen Gesamtdeutschen Aktivisten-Kongresses 1919 als »die ersten Aktivisten und Aktivistinnen«[13]. Jedoch unterschied sich der damalige Gebrauch des Begriffs Aktivismus von unserem heutigen Verständnis. In diesem von Cordsen angeführten Kontext bezog sich Aktivismus vorerst auf eine literarische Strömung innerhalb des Expressionismus, die sich mit der Rolle der Kunst in der Politik auseinandersetzte. Diese von Kurt Hiller beeinflusste Bewegung war zwar politisch geprägt und befasste sich mit literarischen Perspektiven, insbesondere im Kontext des Ersten Weltkriegs und der Pazifismusbewegung, repräsentierte dabei aber den kulturradikalen Flügel des Expressionismus.[14] Dieser Aktivismus beschreibt also nicht Aktivismus per se und ist auch nicht die Grundierung für das, was wir heute unter dem Begriff verstehen, sondern war eher eine Selbstbezeichnung für etwas, was wir heute als eine aktivistische Bewegung unter vielen bezeichnen würden, ähnlich der konkreten Klimabewegung beispielsweise. Dieser Herleitung fehlt daher eine wichtige Dimension, die auch sofort klarmacht, dass es schon vor dieser Wortschöpfung Aktivismus gegeben haben muss, der nur nicht als solcher bezeichnet wurde.

Kleiner Exkurs an dieser Stelle: Sprache ist von uns Menschen gemacht und beschreibt ein Konzept von Dingen. Ein Tisch ist für uns meist eine Platte beispielsweise aus Holz mit vier Füßen, an dem man sitzen kann, um zu essen oder zu arbeiten. Der Tisch existiert auch, ohne dass ich dafür ein Wort habe. In der deutschen Sprache existiert zum Beispiel kein Wort für das Gefühl, nicht mehr durstig zu sein. Das Konzept existiert dennoch. Deshalb ist für uns das Konzept dahinter entscheidend, weniger der Name.

So auch beim Aktivismus. Das Konzept war historisch schon hinlänglich bekannt, bevor es seinen Namen erhielt.

Aktivismus ist in erster Linie eine Handlungsweise und stellt keine eigenständige Ideologie dar. Deshalb gibt es viele verschiedene Formen und Arten, auch die politische Ausrichtung kann variieren. Entscheidend ist, dass Aktivismus in der Regel im Kontext sozialer Bewegungen stattfindet, womit sich der Begriff auch vom Engagement abgrenzt. Denn man kann innerhalb einer sozialen Bewegung engagiert sein, aber auch außerhalb. Beispielsweise kann ich mich ehrenamtlich im Tierheim engagieren, indem ich einmal pro Woche Hunde ausführe, muss dabei aber keinerlei aktivistischem Handeln nachkommen. Meine Tätigkeit muss also nicht darauf abzielen, grundlegend das Leben der Tiere im Tierheim verbessern zu wollen. Jetzt habe ich aber etwas vorweggegriffen.

Soziale Bewegung

Lasst uns doch erst mal schauen, was eine soziale Bewegung ist. Soziale Bewegungen sind kollektive Anstrengungen, die auf soziale, politische oder kulturelle Veränderungen abzielen, und werden daher auch als Katalysatoren sozialen Wandels angesehen.[15] Ihr Ursprung liegt in den Idealen der Aufklärung und den Revolutionen des 18. Jahrhunderts, wo die Idee entstand, dass gesellschaftlicher Fortschritt durch menschliches Handeln erreichbar ist. Getreu dem Motto »power to the people« erkannte man, dass Menschen selbst für ihre Rechte eintreten und kämpfen können. Dabei verfolgen Personen aus einer sozialen Bewegung eine gemeinsame Mission, beispielsweise die Abschaffung von Tierleid, das Wahlrecht für Frauen oder die endgültige Abschaltung von Atomkraftwerken. Die gesellschaftliche Veränderung steht immer im Fokus, auch wenn es innerhalb einer sozialen Bewegung verschiedene Ansätze, Gruppen und Ideen gibt. Auch wenn Aufstände und Proteste davor schon existierten, haben soziale Bewegungen eine andere und neue Dimension angenommen. Sie sind mehr als nur spontane Gruppenreaktionen; es geht um zielgerichtetes Handeln. Im Kollektiv die Welt verändern, gemeinsam für eine Sache einstehen und sich entschlossen und verbindlich in der Öffentlichkeit positionieren.[16, 17, 18] Häufig entsteht dabei ein starkes »Wirgefühl«. Charakteristisch ist, dass soziale Bewegungen außerhalb des parlamentarischen Systems agieren. Dabei fordern sie politische Entscheidungen oder kritisieren bestehende Regulierungen, die von der offiziellen Politik nicht adressiert werden.

Protestbewegung

Bleibt jetzt noch der Begriff der Protestbewegung, auf den wir einen kurzen Blick werfen sollten. Meint das vielleicht das Gleiche wie die soziale Bewegung? So ganz trennscharf ist die Kante hier nicht. Der deutsche Soziologe Niklas Luhmann bevorzugt den Terminus »Protestbewegungen« gegenüber dem häufiger in der Soziologie verwendeten Begriff »soziale Bewegungen«, da Ersterer seiner Meinung nach mehr Aussagekraft besitzt.[19] Mag heißen, dass wir diese beiden Formulierungen synonym verwenden können – und ich das in diesem Buch auch tue. Denn im Gegensatz zu einem einmaligen und spontanen Protest steckt auch hinter der Protestbewegung der Bewegungsbegriff.

Halten wir also fest: Soziales Engagement und der unstillbare Drang, aktiv zu werden, sind im Kern dessen, was wir als Aktivismus bezeichnen. Hierbei handelt es sich aber nicht nur um das schlichte Tun (das könnte man auch eher als Aktionismus bezeichnen), sondern um zielgerichtetes Handeln im Kontext sozialer Bewegungen oder Protestbewegungen. In einem Aufsatz des deutschen Soziologen und Kunsthistorikers Jens Kastner über Kunst und soziale Bewegungen stieß ich in einer Fußnote auf eine treffende Charakterisierung des Verhältnisses zwischen Aktivismus und sozialen Bewegungen: Die beiden seien zwar unzertrennlich miteinander verbunden, aber eine soziale Bewegung bestehe nicht ausschließlich aus Aktivismus. Da wirken weitere Elemente wie Organisation, Kommunikation und theoretische Grundlagen.[20] Was heißt das genau? Soziale Bewegungen benötigen Organisation wie zum Beispiel die Planung von Großdemonstrationen bei Fridays for Future, effektive Kommunikation wie die Nutzung sozialer Medien durch die Black-Lives-Matter-Bewegung und feste theoretische Grundlagen, ähnlich den Prinzipien der Gewaltfreiheit, die Mahatma Gandhi für die indische Unabhängigkeitsbewegung formulierte. Der Aktivismus ist somit nur ein Bestandteil einer sozialen Bewegung.

Da wir jetzt wissen, was Aktivismus ist bzw. in welchem Rahmen er stattfindet, und dabei auch die Begriffe soziale Bewegung und Protestbewegung etabliert haben, können wir jetzt also klären, was genau Aktivismus macht. Er kann nämlich sehr unterschiedliche Formen annehmen. Die bekannteste ist wohl der Protest – Demonstrationen sind da ein beliebtes Mittel, aber auch Streiks, Menschenketten, Mahnwachen, Unterschriftensammlungen und Online-Petitionen, Besetzungen, Sitzblockaden oder das Anketten an Gleisen sind uns bekannt. Protestformen reichen sogar hin bis zu Sabotageaktionen und Gewaltakten.

Ziviler Ungehorsam

Einige der genannten Protestformen, beispielsweise Sitzblockaden oder Besetzungen, fallen unter den Überbegriff ziviler Ungehorsam. Noch so ein Wort, das immer wieder auftauchen wird und vielleicht nicht so ganz selbsterklärend ist.

Das Besondere am zivilen Ungehorsam ist ein gezielter Regel- und Gesetzesbruch, der für sich in Anspruch nimmt, dennoch legitim zu sein.

Den Unterschied zwischen Legitimität und Legalität haben wir schon einmal im Zusammenhang mit Einbrüchen bei Betrieben der Fleischindustrie erörtert. Bei zivilem Ungehorsam kann es aber auch sein, dass sich der Regelbruch weniger gegen eine ungerechte Praxis, sondern explizit gegen ein ungerechtes Gesetz wendet. Jedenfalls steht der Regelbruch bei zivilem Ungehorsam im Namen einer höheren Sache. Man widersetzt sich absichtlich und demonstrativ einem Gesetz oder einer Vorschrift, um auf deren Ungerechtigkeit aufmerksam zu machen. Es geht darum, ein Signal zu senden gegen etwas, das als moralisch verkehrt empfunden wird. Ganz ohne Gewalt.

Ein gutes Beispiel dafür ist Rosa Parks. Wir springen kurz in die USA im Jahr 1955, eine Zeit, die von rassistischer Segregation – also der Trennung von Menschen aufgrund von Hautfarbe und Herkunft – geprägt war. Eine afroamerikanische Frau weigerte sich in Montgomery, Alabama, ihren Sitzplatz im Bus für einen weißen Fahrgast freizugeben, obwohl die damals in Alabama und anderen Staaten geltenden Jim-Crow-Gesetze dies von ihr verlangten. Dieser scheinbar einfache Akt des Sitzenbleibens war in Wirklichkeit ein revolutionäres Statement gegen diese Ungerechtigkeit. Rosa Parks verstieß damit bewusst, willentlich und gewaltlos gegen ein Gesetz und entzündete damit einen Funken, der zur mächtigen Flamme der Bürgerrechtsbewegung wurde. Vermutlich (so hoffe ich) sind wir uns heute alle einig darüber, dass diese Aktion absolut legitim und wichtig war. Ziviler Ungehorsam ist somit eine Form des Widerstands, die eine klare Botschaft vermittelt: »Dieses Unrecht wird nicht akzeptiert.« Es geht darum, die öffentliche Meinung zu beeinflussen und gesetzliche oder gesellschaftliche Veränderungen herbeizuführen.

Gesellschaftliche Veränderungen wollen alle sozialen Bewegungen erreichen, und dabei hängt die Wahl der Protestform oft von den Ressourcen, Zielen, bekannten Taktiken und ethischen Überzeugungen der Bewegung ab. Einige Bewegungen spezialisieren sich auf eine bestimmte Taktik, während andere im Laufe einer Kampagne ein breiteres Spektrum an Aktionsformen ausprobieren und nutzen.[21] Aktivismus muss also nicht zwingend auf der Straße stattfinden, er geht über den Protest hinaus. Eine Person, die sich für Tierrechte einsetzt, kann einer Demonstration für die Abschaffung von Tierversuchen beiwohnen. Sie kann aber auch in einem Rechercheteam aktiv sein und Missstände in der Massentierhaltung aufdecken, in einer Nichtregierungsorganisation (NGO) arbeiten, die sich für soziale, humanitäre oder Umweltanliegen einsetzt, einen Infostand zum Thema vegane Ernährung betreuen oder auf Instagram über Tierethik aufklären. Jede einzelne dieser Personen würden wir mit dem Begriff des Aktivismus in Verbindung bringen, immer mit dem Ziel, die Rechte für Tiere zu stärken.

Artivismus

Viele Formen des Aktivismus sind umstritten, polarisieren und irritieren, um auf wichtige Themen aufmerksam zu machen. Dazu gehört auch das Konzept des Artivismus. Artivismus zielt, wie der Name schon andeutet, in seiner strategischen Verschmelzung von Kunst und sozialer Bewegung darauf ab, die Gesellschaft durch künstlerische Methoden zumindest herauszufordern und im Idealfall sogar zu transformieren.[22] Diese künstlerisch-politische Bewegung, die oft als Reaktion auf Ereignisse wie die Antiglobalisierungsproteste in Seattle 1999 und die Finanzkrise ab 2007 verstanden wird, hat im Laufe der Jahre an Bedeutung und Sichtbarkeit gewonnen. Im Kern geht es im Artivismus darum, Kunst als Werkzeug für gesellschaftlichen Wandel zu nutzen – über das bloße optische Provozieren oder Irritieren hinaus. Dabei möchte er die Kunst aus der Galerie auf die Straße bringen, aus der Theorie in die Praxis. Kunst wird als ein mächtiges Instrument verstanden, um reale Veränderungen in der Gesellschaft herbeizuführen – seien es soziale Reformen, politische Bewusstseinsbildung oder ökologische Initiativen.[23]

Weitläufig bekannt und nicht unumstritten ist das Zentrum für Politische Schönheit (ZPS). Das ZPS positioniert sich selbst als eine Organisation, die auf eine kreative Art für Menschenrechte kämpft. Zugrunde liegt diesem Ansatz der Glaube, dass der Einsatz von moralischer Fantasie und fiktionalen Elementen effektiver ist als Hashtags, Lichterketten oder Online-Petitionen.[24] Soll wohl bedeuten, dass Kunst mehr bewegen kann als eine popelige Demo oder Unterschriftensammlung.

Beim ZPS gab es statt eines einfachen Protestmarschs schon mal ein Holocaust-Mahnmal direkt vor Bernd … ich meine Björn Höckes Haus in Bornhagen als Warnung vor der »schleichenden Normalisierung des Faschismus in Deutschland«[25]. Das war im Januar 2017. Die Aktion kam so gut an, dass die Staatsanwaltschaft Gera gegen Philipp Ruch ein Ermittlungsverfahren wegen des Verdachts der Gründung einer kriminellen Vereinigung einleitete.[26] Im Kontext der Aktion in Bornhagen erklärte das ZPS nämlich in einem Video, dass sie wegen fehlender Überwachung durch das Bundesamt für Verfassungsschutz die Langzeitbeobachtung des Björn Höcke übernommen hätten. Weiterhin wird aufgerufen, sich an dieser Beobachtung zu beteiligen und den »bekanntesten Brandstifter Deutschlands« zu überwachen. Ob Höcke tatsächlich beobachtet wurde, bleibt unklar – ermittelt wurde trotzdem.

Diese Art der Kunst wird von vielen als direkte Propaganda verstanden, die klare politische Positionen vertritt und unmissverständliche Botschaften formuliert.[27] Das ZPS setzt sich mit diversen politischen Themen auseinander, darunter das Sterben von Geflüchteten im Mittelmeer, Rüstungsexporte und – wie in der Causa *Höcke-Holocaust-Mahnmal* – Rechtsradikalismus. Aber nicht nur diese Aktion hat für breites Aufsehen gesorgt, auch ihre Aktionen *Erster europäischer Mauerfall*, *Die Toten kommen* und *Flüchtlinge fressen* haben Aufmerksamkeit geschaffen. Im Juni 2016 inszenierte das ZPS die Kampagne *Flüchtlinge fressen – Not und Spiele* in Berlin. Sie errichteten eine verglaste Arena im Stil einer römischen Gladiatorenarena nahe dem Maxim-Gorki-Theater, in der ein echter Tiger untergebracht war. Ziel dieser Aktion war es, auf § 63 des deutschen Aufenthaltsgesetzes hinzuweisen, der Fluggesellschaften bestraft, wenn sie Geflüchtete ohne gültige Papiere nach Deutschland befördern. Das ZPS forderte eine Bundestagsabstimmung über diesen Paragrafen und eine sichere Einreise für über hundert syrische Geflüchtete, die in der türkischen Stadt Izmir warteten. Ein öffentlicher Aufruf lud Geflüchtete ein, sich symbolisch dem Tiger »zum Fraß vorzuwerfen«, falls der Paragraf nicht abgeschafft würde. Die Arena sollte somit die tödlichen Konsequenzen der aktuellen Gesetzgebung symbolisieren. Das Ganze war derart provokant, dass dadurch eine breite öffentliche Aufmerksamkeit erzielt wurde, die nicht ohne Kontroversen und Kritik blieb.

Dabei wurde *Flüchtlinge fressen* von einigen als wirksames Mittel zur Erzeugung von Empathie und zur Herausforderung der Gleichgültigkeit gelobt, während andere sie als problematische Instrumentalisierung der »Figur des Geflüchteten« kritisierten.[28] Der Berliner Bezirk Mitte hat relativ rasch beschlossen, der Kunstaktion ein Ende zu setzen. Harald Büttner, Leiter des Straßen- und Grünflächenamts Mitte, erklärte dabei, das Ganze sei ursprünglich als Informationsveranstaltung genehmigt worden, habe sich jedoch als »bewusste politische Provokation« entpuppt.[29] Doch diese provokante und hitzig diskutierte Aktion zeigte Wirkung. Die Grünen und die Linke haben als Antwort darauf erneut einen entsprechenden Antrag im Bundestag gestellt, der den § 63 noch im Monat der Installation diskutierte.[30] Allerdings bekam der Antrag der Opposition keine Mehrheit.

Was diese Aktion zeigt: Provokation kann zu politischem Handeln führen. Und damit ist das ZPS nicht alleine. Weitere umstrittene Aktionen und Protestformen haben ganz realen Wandel herbeigeführt.

Hausbesetzungen

Überraschend mag für einige beispielsweise der Erfolg der Hausbesetzungen in Berlin in den 1980er-Jahren sein. Gerne mal als schmarotzend oder linke Chaoten[31] abgetan und zu ihrer Zeit heftig in der Öffentlichkeit diskutiert, hat eben jene Szene mehr für die Stadtentwicklung getan als manch eine Berliner Regierung. Die Hausbesetzungen in Berlin und vielen anderen deutschen Städten in den 1970er- und 1980er-Jahren waren eine direkte Antwort auf die städtische Wohnungsnot und eine Kritik an der städtischen Sanierungspolitik, die oft durch Abriss älterer Gebäude und Neubau gekennzeichnet war. Diese sogenannten Kahlschlagsanierungen entfernten historische Bausubstanz und verdrängten somit bestehende Gemeinschaften. Die Besetzungen kämpften für den Erhalt von Altbauten und demonstrierten, dass eine menschengerechtere Stadtentwicklung mit mehr Lebensqualität und geringeren Kosten durch die Renovierung bestehender Gebäude möglich sei. Die Hausbesetzungen in deutschen Ballungsräumen waren auch eine Reaktion auf den akuten Wohnungsmangel. Trotz der hohen Nachfrage nach Wohnraum standen viele Gebäude leer. In Berlin waren beispielsweise etwa 18000 Haushalte auf Wohnungssuche, während rund

3500 Wohnungen ungenutzt blieben. Selbst in München, mit extrem hoher Wohnraumnachfrage, gab es über 500 leer stehende Wohnungen. Dieses Missverhältnis zwischen verfügbarem und genutztem Wohnraum war ein zentrales Anliegen der Hausbesetzungsbewegung.[32]

Das Ziel war also, durch Selbsthilfe und Renovierung der Gebäude nicht nur Wohnraum zu schaffen, sondern auch ein Zeichen gegen den Abriss historischer Bausubstanz und die dadurch bedingte Verdrängung der Bewohnenden zu setzen. Die Bewegung trug damit maßgeblich zur Entwicklung der »Behutsamen Stadterneuerung« bei, die einen weniger radikalen und eher integrativen Ansatz in der Stadtentwicklung verfolgte. Trotz anfänglicher Stigmatisierung der Szene als »kriminell« oder »radikal« führte ihr Engagement dazu, dass städtische Behörden und die breitere Öffentlichkeit begannen, die Notwendigkeit alternativer Wohnformen und eine inklusivere Stadtplanung anzuerkennen. Es blieb aber nicht nur bei Besetzungen, denn auch Großdemonstrationen, Ausschreitungen und der Einsatz massiver Polizeigewalt – auch durch illegale Räumungen seitens der Exekutive – kennzeichneten diese Zeit. Man spricht in diesem Kontext auch von Häuserkampf. Diese Bewegung, geprägt durch Rechtsbruch – denn Häuser besetzen ist natürlich illegal und fällt unter zivilen Ungehorsam –, spielte eine wesentliche Rolle beim Erhalt vieler Altbauquartiere, die bereits zum Abriss vorgesehen waren.[33] In konkreten Zahlen bedeutet das, dass allein in Berlin über 160 besetzte Häuser möglicherweise abgerissen worden wären, was das Stadtbild Berlins besonders in Kreuzberg, Schöneberg und Wedding stark verändert hätte.[34]

Wir sehen also, dass Protest, um sich Gehör zu verschaffen, manchmal dahin gehen muss, wo es zwickt. Während ich diese Zeilen verfasse, zieht ein lautstarker Protestzug aus Downtown-Berlin mit Traktoren an meinem Fenster vorbei und stört mich bei meiner Arbeit.[35] Dabei wäre es übrigens auch egal, was da vorbeikommt, denn ich lasse mich von akustischen Störungen aktuell eben besonders leicht ablenken.

Bei der Bewertung von Protestformen sehen wir, dass die Einschätzung, was okay ist, was als zu viel oder nervig empfunden wird, häufig auf dem eigenen Gefühl beruht – ich erinnere an die Reaktanz und das Kapitel »Selbstermächtigung und Reaktanz«. Während mich hupende Traktoren in meiner Konzentration stören, sehen andere Menschen das vermutlich ganz anders. Mein Empfinden sagt aber nichts über die ehrbaren Absichten, die Beweggründe des Protests aus. Empfindungen gegenüber Aktivismus sind eben subjektiv und stark von persönlichen Werten und Überzeugungen abhängig. Und manchmal auch von der persönlichen Situation. Während ich vielleicht im Normalfall Verständnis für diejenigen aufbringen kann, die sich im Namen des Klimas auf die Straße kleben, nerven sie mich, wenn ich deswegen einen wichtigen medizinischen Termin versäume.

Was wir aber nicht vergessen dürfen, ist der Fakt, dass Aktivismus per se provokativ und unbequem ist. Eben weil er auf Missstände hinweist, die von der Mehrheit ignoriert oder toleriert werden. Dabei geht es nicht darum, einen Beliebtheitswettbewerb zu gewinnen, sondern um die Notwendigkeit, Veränderungen herbeizuführen. Man kann mit unbequemen Themen häufig gar nicht alle Menschen abholen oder breite Sympathien gewinnen. Der Audi-Chef wird die Klimabewegung immer fragwürdig finden, selbst wenn diese ihre Anliegen in einem Ballett zu klassischer Musik vortanzt. Apropos rosa Tutus – da müssen wir uns noch eine Sache eingestehen: je heftiger oder irritierender die Aktion, umso mehr (Medien-)Aufmerksamkeit. Vermutlich würde eine Protestgruppe bestehend aus überwiegend jungen Menschen ohne Lobby anders niemals bei Caren Miosga, Sandra Maischberger, Markus Lanz oder Steffen Hallaschka Beachtung finden. Durch ihre Aktionen bekommen sie die Bühne für ihre Themen. Manchmal ist der Selbstzweck einer Aktion eben Aufmerksamkeit. Und was das bewirken kann, schauen wir uns jetzt genauer an.

Der Mythos der Nutzlosigkeit

Statt uns auf persönliche Empfindungen zu verlassen, um die Angemessenheit von Protestformen zu beurteilen, sollten wir eine tiefere, weniger emotionale Analyse von Protesten in Betracht ziehen. Schließlich wollen wir rausfinden, was soziale Bewegungen denn nun können, welche Arten von Protest wirklich den Unterschied machen und ob Aktivismus das Potenzial hat, die Welt ein Stückchen besser zu machen.

Es existiert breite Forschung zu diesem Thema, und wie bereits im letzten Kapitel erwähnt, liefert insbesondere die Geschichts- und Sozialwissenschaft wertvolle Einsichten. Denn mithilfe vergangener Ereignisse kann man ganz gut rekonstruieren, welche Art des Protests Erfolg hatte und was nicht zum Ziel führte. Lange habe ich überlegt, wie weit ich in die Protestforschung einsteige und wie ich das Thema historisch aufarbeite. Da das hier kein Fachbuch wird und ich euch auch nicht mit zu vielen Informationen langweilen möchte, werde ich den Überblick als solchen halten – nämlich als Überblick. Ich möchte aber nicht unerwähnt lassen, dass es spannende Forschung dazu gibt, wie eine soziale Bewegung entsteht, was es braucht, damit sich Menschen überhaupt zusammentun und gemeinsam etwas verändern wollen. Dies umfasst auch Aspekte der Massenpsychologie und politische Gelegenheitsstrukturen, die wir uns schon im Kapitel 2 genauer angeschaut haben. In seinem Buch *Radikaler Protest* hat Andreas Pettenkofer die spezifischen Bedingungen untersucht, unter denen radikale Protestformen überhaupt entstehen. Wenn ihr da also richtig einsteigen wollt in das Thema, empfehle ich euch dieses Buch. Für uns würde das hier aber zu weit führen.

Wir haben im letzten Kapitel bereits die grundlegenden Begriffe geklärt und eingeordnet, was man unter Aktivismus versteht, was er mit sozialen Bewegungen zu tun hat und wie er von Protest abzugrenzen ist. Alle Worterklärungen gibt es auch im Glossar noch mal zum Nachlesen.

Besonders interessiert uns der häufig erhobene Vorwurf der Nutzlosigkeit, mit dem sich Aktivismus immer wieder konfrontiert sieht. »Das bringt doch alles nichts«, wie oft habe ich genau diesen Satz schon gehört. Meist gepaart mit einer abwinkenden Handbewegung und hochgezogenen Augenbrauen. Hier enden diese Gespräche meist. Doch stimmt das denn? Bringt das wirklich nichts?

Zugegeben, es gibt sicherlich Protestformen und Arten des Betätigungsdrangs, die auch langfristig keine Wirkung erzielen. Aber das ist eben nur eine Seite der Medaille. Wären alle Aufstände, Proteste, Unruhen, Rebellionen oder Revolutionen so unnütz gewesen, dann müssten wir vermutlich alle noch am Wochenende arbeiten, hätten keinen bezahlten Urlaub (okay, als Selbstständige habe ich den trotzdem nicht), keine Krankenversicherung, und ich dürfte vielleicht weder bei den Bundestagswahlen noch meinen eignen Job wählen – den müsste mir dann nämlich mein Mann erst mal gestatten.[36]

Soziale Bewegungen werden von der sozialwissenschaftlichen Forschung auf ihre Wirkweise, Aussagekraft und auch ihre Ursprünge hin untersucht. Dabei bietet die Protestforschung aber keine Anleitung für gelungene Proteste, sondern betrachtet diese kritisch. Schade eigentlich, aber ein Handbuch für die perfekte Revolution können wir uns von der Soziologie nicht erhoffen. Dennoch geben die Forschungsergebnisse einen guten Überblick über den Status quo und zeigen durchaus Tendenzen auf, was Erfolg versprechend sein könnte und was in der Vergangenheit nichts gebracht hat. Wir müssen uns also gar nicht auf unser Gefühl verlassen, sondern auf Fakten, Fakten, Fakten.

An dieser Stelle möchte ich noch mal auf den im November 2022 erschienenen Artikel des Journalisten Hasnain Kazim zurückkommen, der mir beim Lesen buchstäblich das Marmeladenbrot im Hals stecken ließ. Kazim arbeitete sich in einem langen *Zeit*-Artikel an den Protesten der Letzten Generation ab. Nicht nur das, in diesem Kontext wurden auch die Corona-Demonstrationen abgehandelt – eine seltsame Verquickung von Themen –, und schon zu Beginn seines Textes macht Kazim deutlich: »Aber wer Kunstwerke beschmutzt oder ohne Maske Bahn fährt, verwechselt Protest mit Dummheit.«[37] Aha! Er verstünde zwar, dass ziviler Ungehorsam wichtig sei, legt in seinem Text aber auch direkt den Maßstab dafür fest, wie dieser nicht auszusehen habe. Basierend auf … ich weiß es nicht. Seinem Gefühl vermutlich. Der *Zeit*-Autor argumentiert dabei, dass Aktionen wie die Tomatensuppenwürfe auf berühmte Gemälde hinter Fensterscheiben kontraproduktiv sind, da sie etwas angreifen, was vielen Menschen wichtig ist, und dadurch keine Sympathie für die Sache gewonnen wird.

Sympathie? Braucht es die überhaupt? Habt ihr Bock, dass wir dieses Scheinargument jetzt mal richtig auseinandernehmen? Let's go!

Wenn es nach dem US-amerikanischen Historiker und Soziologen Charles Tilly geht, ist die Sympathie keine Bemessungsgrundlage für den Erfolg einer sozialen Bewegung. Tilly hat ein theoretisches Konzept entwickelt, um soziale Bewegungen zu charakterisieren, und trug damit wesentlich zum Verständnis ihrer Dynamik und ihres Einflusses auf die Öffentlichkeit bei. Was besagt dieses Konzept? Vier Elemente spielen eine entscheidende Rolle, nämlich Würdigkeit (Worthiness), Einheit (Unity), Anzahl (Numbers) und Engagement

(Commitment). Diese bilden das Akronym WUNC, und so wird seine Theorie auch genannt. Zugegeben, kein schmissiger Titel, aber die Idee dahinter kann was.

Würdigkeit fragt, ob die Bewegung als moralisch und ehrenhaft wahrgenommen wird. Die Absichten und die Akteure müssen also eine gewisse Glaubwürdigkeit haben. Man muss ihnen das abnehmen, was sie sagen. Wenn wir jetzt an eine vegane Person denken, die sich für die Rechte von Tieren einsetzt, dann würde man diese Person wohl nicht mehr ernst nehmen können, wenn sie regelmäßig Rindfleisch-Burger in einer Fast-Food-Kette mit goldenem M verspeist. Das killt die Glaubwürdigkeit, die ist aber wichtig.

Einheit ist der Zusammenhalt und die Geschlossenheit innerhalb der Bewegung. Im Kern sollte sich die Anhängerschaft der Bewegung schon einig über die Kernforderungen sein. Wenn eine Bewegung sich nicht einig ist, ständig intern Konflikte austrägt und sich vielleicht sogar in verschiedene Gruppen zersplittert, hat sie schlechtere Karten. Zumal irgendwann auch keiner mehr weiß, für welche Forderungen man denn nun genau eintritt – weder die Gruppe selbst noch Außenstehende.

Anzahl bezieht sich auf die Zahl der Teilnehmenden, was die Stärke und den Rückhalt der Bewegung demonstriert. Große Proteste haben tatsächlich auch einen größeren Einfluss auf die Gesellschaft und Politik. Macht ja auch was her, wenn sich viele Menschen über ein Thema einig sind und sogar bei Wind und Wetter dafür auf die Straße gehen.

Da kommen wir auch direkt zum letzten Punkt von Tilly, dem Engagement. Das steht für das Maß an Hingabe und Einsatzbereitschaft der Mitglieder. Also: Was nimmt so eine Bewegung alles in Kauf, wie viele Opfer werden gebracht? Hier spielt auch rein, wie lange eine Bewegung durchhält. Es braucht also eine gewisse Stringenz und Resilienz – wer jeden Freitag um 10 Uhr geschlossen auf die Straße geht, zeigt, dass es einem wirklich um etwas geht. Und das macht Eindruck und animiert Menschen, sich der Sache anzuschließen.

Diese Elemente tragen demnach maßgeblich dazu bei, wie eine soziale Bewegung von der Öffentlichkeit wahrgenommen wird und ob sie in der Lage ist, Unterstützung zu gewinnen.[38] Von Kartoffelbrei, Tomatensuppe und Sekundenkleber ist hierbei erst mal nicht die Rede. Im Jahr 2017 haben zwei Niederländer, der Soziologe Ruud Wouters und der Politikwissenschaftler Stefaan Walgrave, Tillys Konzept reaktiviert und um einen Aspekt erweitert, nämlich den der Diversität. Damit meinen sie, dass die Vielfalt der Teilnehmenden einer Bewegung deren demokratische Legitimität erhöht. Eine größere soziale, ethnische oder geschlechtliche Vielfalt innerhalb einer Bewegung kann deren Wahrnehmung in der Öffentlichkeit verbessern und dadurch weitere Unterstützung mobilisieren. Daher ist auch die Diversität ein zusätzlicher wichtiger Faktor für die Wirksamkeit und den Erfolg sozialer Bewegungen.[39] Das sind also die Grundpfeiler, die eine soziale Bewegung zum Erfolg führen können.

Sehr theoretisch und vielleicht auch schwer vorzustellen, was das denn konkret bedeutet. Deshalb übersetzen wir das Konzept mal auf eine soziale Bewegung. Dafür eignet sich die Bürgerrechtsbewegung in den USA besonders gut, denn diese war bekanntlich besonders erfolgreich und kann gut an diesem Schema bemessen werden. Würdigkeit wurde durch die gewaltfreien Methoden und die eindrucksvolle Rhetorik der führenden Köpfe, insbesondere Martin Luther King Jr., deutlich. Einheit: Seine *I Have a Dream*-Rede beim Marsch auf Washington artikulierte eine kraftvolle Vision der Gleichberechtigung, auf die sich die Bewegung einigen konnte. Die Anzahl zeigte sich in der enormen Beteiligung bei diesem Marsch, der über 200 000 Menschen anzog, was die breite Unterstützung und den Einfluss der Bewegung demonstrierte. Das Engagement der Teilnehmenden, die sich trotz großer persönlicher Risiken engagierten und oft mit Gewalt, Rassismus und Repression konfrontiert waren, war beispielhaft und zeigte die Tiefe ihres Engagements für die Sache der Gleichberechtigung und sozialen Gerechtigkeit. Und was konnte diese Bewegung letztlich erreichen? Die Bürgerrechtsbewegung in den USA war tatsächlich eine der erfolgreichsten sozialen Bewegungen in der Geschichte und führte zu bedeutenden gesellschaftlichen und gesetzlichen Veränderungen, darunter die Verabschiedung des Civil Rights Act von 1964 und des Voting Rights Act von 1965. Diese Gesetze verboten Diskriminierung aufgrund von ethnischer Herkunft, Hautfarbe, Religion, Geschlecht oder nationaler Zugehörigkeit und sicherten das Wahlrecht für alle erwachsenen Staatsangehörigen der Vereinigten Staaten. Das waren entscheidende Schritte in Richtung Gleichberechtigung, die einen wichtigen Wendepunkt in der amerikanischen Geschichte markierten.

Nun wissen wir aber noch nicht, welche Art von Protest Erfolg versprechend ist und wieso. Demozug, Hungerstreik, Petition, ziviler Ungehorsam – es gibt viele Formen, seinem Unmut über den Status quo Ausdruck zu verleihen. Wollen wir uns also wieder der vorher beschriebenen Stilkritik nähern, aber diesmal wissenschaftlich. Dabei steht wohl vor allem die Frage im Raum: Gewaltvoll oder friedlich – was zündet besser? Diese Frage wirft die philosophische Debatte auf, ob politische Gewalt zur Erreichung von Zielen gerechtfertigt ist. Denn auch wenn wir in Deutschland Gewalt mehrheitlich ablehnen, haben manche Menschen womöglich gar keine andere Möglichkeit, sich Gehör zu verschaffen. Diese Kontroverse war auch Gegenstand eines berühmten Streits zwischen den Philosophen Albert Camus und Jean-Paul Sartre, der das moralische Dilemma ziemlich trefflich beschreibt. Camus lehnte die Idee ab, dass radikale Gewaltmittel gerechtfertigt sind. Dabei argumentierte er, dass fanatische Personen irrational seien und keine Grundlage für rationale Diskussionen bieten. Weder extreme Rechte noch extreme Linke können seiner Meinung nach absolute Gerechtigkeit beanspruchen. Stattdessen warnte er vor der Gefahr der Radikalisierung im Namen einer rückwärtsgewandten Ideologie, die die Zukunft gefährden kann.[40] Im Gegensatz zu Camus unterstützte Jean-Paul Sartre in bestimmten Situationen politische Gewalt, insbesondere im Kampf gegen koloniale Unterdrückung. Dabei betonte er jedoch, dass Gewalt nur als letztes Mittel gerechtfertigt sei. Seine Haltung zur Gewalt konnte sich also je nach politischem Kontext ändern.

Die Frage, ob Gewalt denn nun etwas bringt, haben im Jahr 2011 auch die beiden amerikanischen Wissenschaftlerinnen Maria J. Stephan und Erica Chenoweth mit ihrer Studie über die Wirksamkeit des zivilen Ungehorsams beantwortet.[41] Obwohl ihre Ergebnisse nicht unumstritten sind, geben sie einen sehr guten Überblick über die Wirkweise von gewaltlosen Protestformen. Demzufolge ist ziviler Ungehorsam tendenziell effektiver als gewaltsamer Protest. Das hat mehrere Gründe. Zunächst einmal erlangt ziviler Ungehorsam eine größere innen- und außenpolitische Legitimität. Friedliche Proteste werden oft als moralisch und gerecht wahrgenommen, was zu einer breiteren Unterstützung in der Bevölkerung führt. Dies wiederum erhöht den politischen Druck, denn wer viel Unterstützung erhält, hat mehr Macht. Ein wichtiger Aspekt hierbei ist außerdem der Backfire-Effekt. Er beschreibt, wie gewaltsame Reaktionen auf friedliche Proteste oft das Gegenteil bewirken: Sie verstärken die Unterstützung für die Protestierenden.

Gene Sharp, amerikanischer Politikwissenschaftler und Experte für gewaltfreien Widerstand, entwickelte zuvor schon eine ähnliche Idee, das politische Jiu-Jitsu. Diese spezielle Taktik zielt darauf ab, friedliche Proteste so zu gestalten, dass sie die Aggressivität der Gegenseite aufzeigen und dadurch Sympathie und Unterstützung gewinnen. Der Hauptunterschied besteht darin, dass beim politischen Jiu-Jitsu die Protestierenden aktiv planen, wie sie auf Gewalt reagieren, damit sich diese gegen die Gegenseite richtet.[42] Der Backfire-Effekt hingegen tritt automatisch auf, ohne dass die Protestierenden dies aktiv steuern.

Wenn also gewaltsame Unterdrückung gegen friedliche Bewegungen eingesetzt wird, kann dies dazu führen, dass die Bewegung noch mehr Unterstützung erhält. Die gewaltsamen Maßnahmen, die meist durch die Politik veranlasst werden, können als unverhältnismäßig angesehen werden. Ein bekanntes Beispiel für diesen Backfire-Effekt ist der sogenannte Bloody Sunday im Rahmen der Selma-nach-Montgomery-Märsche, ein dramatischer Höhepunkt der amerikanischen Bürgerrechtsbewegung. Am 7. März 1965 versammelten sich etwa 600 friedliche Demonstrierende in Selma, Alabama, um für das Wahlrecht der afroamerikanischen Bevölkerung zu protestieren. Angeführt von John Lewis und Hosea Williams, planten sie, von Selma nach Montgomery zu laufen.

Die Marschierenden stießen jedoch auf der Edmund Pettus Bridge auf eine Blockade schwer bewaffneter Staatspolizei und lokaler Ordnungskräfte. Als die Demonstrierenden sich weigerten umzukehren, griffen die Sicherheitskräfte sie mit Tränengas und Schlagstöcken an. Die brutalen Szenen wurden landesweit im Fernsehen übertragen und schockierten die Öffentlichkeit. Trotz der Gewalt gab es an diesem Tag keine Todesfälle, aber viele Demonstrierende wurden schwer verletzt. John Lewis, eine Schlüsselfigur der Bürgerrechtsbewegung, erlitt eine Schädelfraktur. Der Vorfall erhielt den Namen Bloody Sunday wegen der rohen Gewalt und des Blutes, das auf der Brücke vergossen wurde.

Die Konsequenzen dieses Ereignisses waren weitreichend. Die brutale Reaktion der Polizei auf den friedlichen Protest führte zu einer massiven Welle der Empörung und Unterstützung für die Bürgerrechtsbewegung. Dieser Backfire-Effekt trug wesentlich dazu bei, die Dringlichkeit der Situation zu verdeutlichen und den politischen Druck auf die US-Regierung zu erhöhen.

Ein aktuelles Beispiel für die Anbahnung eines Backfire-Effekts lässt sich momentan in Deutschland beobachten. Obwohl die Letzte Generation möglicherweise nicht den Großteil der Bevölkerung für sich gewinnen kann, herrscht unter vielen Menschen Einigkeit darüber, dass Haftstrafen in keinem Verhältnis zum Festkleben auf der Straße stehen. Nachdem die erste Klimaaktivistin im September 2023 zu acht Monaten Haft ohne Bewährung verurteilt wurde, wird das Thema der Verhältnismäßigkeit breiter diskutiert. Auch die Razzien wegen Gründung einer kriminellen Vereinigung werden kritisch bewertet. In einem Interview mit der *Tagesschau* bezeichnete der Protestforscher Saldivia Gonzatti die Razzien gegen die Letzte Generation im Jahr 2023 als unverhältnismäßige Maßnahmen.[43] Das harte Vorgehen gegen die Bewegung kann auch Druck auf die politischen Entscheidungstragenden erzeugen. Im Falle der Letzten Generation bleiben hier die weiteren Entwicklungen abzuwarten. Dabei wird auch die gerichtliche Bewertung des zivilen Ungehorsams noch von Bedeutung sein.

In Berlin wurde im Dezember 2023 der Fall einer Aktivistin der Letzten Generation verhandelt, die wegen ihrer Teilnahme an Straßenblockaden angeklagt wurde. Der Prozess stellt erstmalig die Frage, ob das Versäumnis der Bundesregierung in der Klimapolitik solche Aktionen rechtfertigt. Erstmals werden Sachverständige zum Thema Klimakatastrophe und aus der Protestforschung gehört. Die Verteidigung argumentiert, dass die unzureichende Klimapolitik der Regierung die Aktionen legitimiere. Das Urteil ist beim Verfassen dieser Zeilen noch nicht gesprochen, könnte aber weitreichende Folgen für die Bewertung zukünftiger Proteste der Letzten Generation haben[44] und somit auch die Legitimität von zivilem Ungehorsam innerhalb der Demokratie stärken.

Doch zurück zur Theorie von Maria J. Stephan und Erica Chenoweth. Die beiden Forscherinnen beschreiben zivilen Ungehorsam als effizienter und nachhaltiger, da er weniger Verluste an Menschenleben und materielle Schäden verursacht. Dies trage dazu bei, die Kosten für die Bewegung und die Gesellschaft insgesamt zu reduzieren.

Um zu diesen Schlussfolgerungen zu gelangen, analysierten die beiden Autorinnen 323 große Widerstandsbewegungen und fanden heraus, dass gewaltlose Kampagnen eine Erfolgsquote von 53 Prozent hatten, verglichen mit 26 Prozent bei gewaltsamen Kampagnen.[45] Aus historischer Perspektive ist zudem interessant, dass sich Proteste im letzten Jahrhundert maßgeblich verändert haben. Gewaltfreie Widerstandskampagnen haben nämlich weltweit zugenommen. In einem anderen Forschungsprojekt zeigt Erica Chenoweth, dass gewaltfreie Auflehnungen die häufigste Form des politischen Protests geworden sind. Während die Anzahl gewaltsamer Aufstände seit den 1970er-Jahren abgenommen hat, sind gewaltfreie Widerstandsbewegungen stark angestiegen.[46]

Die Unabhängigkeitsbewegung Indiens unter Mahatma Gandhis Leitung stellt ein eindrucksvolles historisches Beispiel dar, das die Effektivität zivilen Ungehorsams gegenüber gewaltsamen Protesten verdeutlicht. Während des indischen Unabhängigkeitskampfes gegen die britische Kolonialherrschaft setzte Mahatma Gandhi auf gewaltfreien Widerstand und zivilen Ungehorsam als zentrale Strategie. Ein herausragendes Ereignis war der Salzmarsch im Jahr 1930. Gandhi und seine Anhängerschaft marschierten rund 400 Kilometer zum Arabischen Meer, um Salz aus dem Meer zu gewinnen. Dies war ein Akt des zivilen Ungehorsams gegen das britische Salzmonopol und die Salzsteuer. Der Salzmarsch stellte einen friedlichen, aber wirkungsvollen Protest dar, der weltweit für

Aufsehen sorgte. Diese Aktion des zivilen Ungehorsams förderte internationale Unterstützung und verstärkte den Druck auf die britische Regierung. Unter Gandhis Führung spielte der gewaltlose Widerstand eine entscheidende Rolle dabei, die indische Unabhängigkeitsbewegung zu beleben und letztendlich zur Unabhängigkeit Indiens 1947 beizutragen.

Es braucht aber noch ein bisschen mehr als zivilen Ungehorsam zum Erfolg. Denn dieser allein garantiert nicht, dass sich gesellschaftlicher Wandel überhaupt einstellt.

Zunächst müssen wir noch die Bedeutung sozialer Kipppunkte hervorheben, das ist ein Konzept aus der Komplexitätsforschung. Diese Kipppunkte markieren Momente, in denen sich Meinungen oder Verhaltensweisen einer Gesellschaft grundlegend ändern. Soziale Kipppunkte sind Ereignisse, die plötzlich und oft unerwartet zu umfassenden gesellschaftlichen Veränderungen führen. Ein markantes Beispiel ist die weibliche Emanzipation, bei der in kurzer Zeit ein jahrhundertealtes Gesellschaftssystem umgestaltet wurde. Diese tiefgreifenden Veränderungen werden oft von einer kleinen, engagierten Minderheit initiiert, die es schafft, die Mehrheitsmeinung zu beeinflussen und so Bewegungen in verschiedenen gesellschaftlichen Bereichen anzutreiben. Sobald eine kritische Masse erreicht ist, kann ein kleiner, unscheinbarer Auslöser eine große Dynamik entfalten.[47] Im Kontext der Tierrechtsbewegung könnten die Enthüllungen grausiger Praktiken bei der Qualzucht kurznasiger Welpen oder medizinische Einordnungen über die gesundheitlichen Nachteile, die kurznasige Hunderassen haben, solche Kipppunkte herbeiführen. Tatsächlich ist das gar nicht so abwegig, vor allem aus Tierkliniken und selbst von der Bundestierärztekammer sowie der Tierärztekammer Berlin kommen immer wieder mahnende Appelle, das Krankzüchten von Tieren nicht zu unterstützen.[48] In den sozialen Medien kursieren erschreckende Aufnahmen, die zeigen, wie ein Mops oder eine Bulldogge nach einer Narkose den Beatmungsschlauch entfernt bekommt und anfängt, nach Luft zu schnappen. Diese Tiere können aufgrund der verkürzten Nasen in der Regel viel schlechter atmen, was ihre Lebensqualität erheblich einschränkt. Wenn es beispielsweise ein breites Bewusstsein gäbe für ein Problem wie die massiven gesundheitlichen Folgen bestimmter Zuchtmethoden und -praktiken, die allein aus optischen Gründen angewendet werden, könnte bereits der Appell einer Tierklinik auf TikTok, solche Rassen nicht zu »produzieren«, eine gesellschaftliche und juristische Veränderung bewirken. Aktuell erleben wir in diesem Bereich die Anbahnung eines Kipppunkts, es tritt ein immer breiteres Problembewusstsein auf. Es fehlt meiner Wahrnehmung nach nicht mehr viel, um das Thema Qualzucht endlich auch gesetzlich klar zu reglementieren[49] und auch gesellschaftlich eine Ablehnung dieser Praktik zu erzielen. Ist das Bewusstsein für ein Problem jedoch gering, ist es schwieriger, Veränderungen anzustoßen.[50] Die Forschung kann – leider – nicht vorhersagen, wo und wann diese Kipppunkte eintreten. Sie können jedoch zu einem echten Katalysator für sozialen Wandel werden und sind daher auch maßgeblich für Veränderungen.

Aber heißt das nun alles, dass es eben doch auf die Sympathie der Volksmassen ankommt? Denn ich höre schon, wie ein *Zeit*-Journalist oder eine *SZ*-Autorin nach diesen Zeilen anmerkt, dass das ja alles schön und gut sei, die Bevölkerung aber dennoch nicht abholt. Praktischerweise gibt es auch zu diesem Thema einen sehr spannenden Aufsatz, der sich auch auf viele Proteste unserer Zeit gut anwenden lässt, die immer wieder die Gemüter erregen. Es geht um das sogenannte Aktivismus-Dilemma, das den Konflikt zwischen Aufmerksamkeit durch radikale Aktionen und der potenziellen Ablehnung in der Bevölkerung beschreibt. Zunächst mag es so erscheinen, als würden radikale Aktionen die Sympathien der Bevölkerung verspielen, doch es gibt wichtige strategische Gründe für diese Taktiken. Die schwedische Soziologin Majken Jul Sørensen und der australische Sozialwissenschaftler Brian Martin haben sich in einer Studie mit Dilemma-Aktionen beschäftigt. Diese Aktionsform zielt darauf ab, die Gegnerschaft – seien es Behörden oder die Öffentlichkeit – in ein Dilemma zu bringen. [51] Bei politischen Aktionen wie denen der Letzten Generation, aber auch bei der Besetzung des Hambacher Forsts und anderen müssen die Behörden entscheiden, ob sie eingreifen oder die Aktionen zulassen. Beide Entscheidungen haben Konsequenzen: Nichteingreifen kann als Zustimmung oder Schwäche interpretiert werden, während ein hartes Durchgreifen als unverhältnismäßig und repressiv wahrgenommen werden kann. Denken wir an die Vorbeugehaft oder Haftstrafen für Angehörige dieser Protestgruppen. Durch diese Strategie erzeugen die Bewegungen Aufmerksamkeit für ihr Anliegen, selbst wenn sie nicht direkt positive Reaktionen hervorrufen. Wichtig sind auch ein gewisser Überraschungseffekt und die damit verbundene Medienwirksamkeit. Die unerwarteten und oft spektakulären Aktionen der Letzten Generation sichern mediale Aufmerksamkeit. Im Januar 2024 kündigte die Gruppe an, künftig keinen Klebeprotest mehr zu veranstalten,[52] was die Frage aufwirft, mit welchen Protestformen wir künftig überrascht werden. Egal was, es wird vermutlich darüber berichtet. Das gefällt übrigens nicht allen Menschen, vor allem nicht im Journalismus. So wetterte Andreas Kopietz in der *Berliner Zeitung* im September 2023, dass die Medien sich zu Gehilfen der Letzten Generation machen würden, und forderte einen Boykott der Berichterstattung über die Klimakleber. Kopietz stellt richtig fest, dass es der Protestgruppe primär um Aufmerksamkeit gehen würde und weniger um Sympathien, und auch wenn er ankündigt, dass er der Letzten Generation nicht weiter den Steigbügel halten möchte, ist sein Beitrag wohl vergebens.[53]

In einer Zeit, in der Nachrichten schnelllebig und zahlreich sind, helfen radikale Aktionen dabei, wichtige Themen wie den Klimaschutz im öffentlichen Bewusstsein zu halten. Diese Aktionen führen auch unweigerlich zu Diskussionen und erhöhen das Bewusstsein für die Dringlichkeit des Themas.

Doch besteht nicht auch ein gewisses Backfire-Risiko, wenn es um das Verspielen öffentlicher Sympathien geht? Es stimmt, dass radikale Aktionen zu negativen Reaktionen in der Öffentlichkeit führen können. Man denke an die körperlichen Attacken gegenüber Protestierenden. Jedoch ist es wichtig, zu erkennen, dass solche Reaktionen Teil der Strategie sein mögen. Paradoxerweise kann die öffentliche Empörung über die Methoden der Aktionen zu einer verstärkten Auseinandersetzung mit dem zugehörigen Anliegen führen. Das bedeutet, dass selbst negative Reaktionen auf die Aktionen letztendlich das Bewusstsein für die Klimakrise steigern und zu einer vertieften Diskussion über die Notwendigkeit von Klimaschutzmaßnahmen beitragen können.

Das kurzfristige Verspielen von Sympathien kann zudem ein bewusstes Opfer sein, um langfristige Ziele zu erreichen. Die Geschichte zeigt, dass viele erfolgreiche soziale Bewegungen anfangs umstritten waren, aber letztendlich bedeutende gesellschaftliche Veränderungen bewirkt haben. Die Strategie der Letzten Generation könnte darauf abzielen, einen solchen langfristigen Wandel zu erzielen. Es ist vielleicht einfach zu früh, den Erfolg der Aktionen jetzt schon bewerten zu wollen. Wir können nicht einen Tag nach einer Aktion bemessen, was diese konkret gebracht hat. In 20 Jahren werden wir ein besseres Bild von Erfolg und Misserfolg haben. Nicht nur kann die bewusste Provokation eine Strategie sein, um Aufmerksamkeit zu erregen und die eigenen Ziele zu erreichen – es braucht nicht einmal unbedingt breite Sympathien für ein Anliegen, um tatsächlichen Wandel herbeizuführen. Erica Chenoweth entdeckte bei ihrer Forschung zu erfolgreichen Protesten die

3,5-Prozent-Regel. Diese besagt, dass für den Erfolg ziviler Proteste die aktive Beteiligung von durchschnittlich 3,5 Prozent der Bevölkerung ausreicht. In den USA entspräche dies etwa 11,5 Millionen, in Deutschland knapp 3 Millionen Menschen. Chenoweth betont, dass dieser Anteil der Bevölkerung durch Aktionen wie Demonstrationen, Petitionen oder Boykotte genug Druck auf die Politik ausüben kann, um signifikante Veränderungen herbeizuführen.[54]

Um dieses Kapitel mit der Kirsche auf der Sahnetorte zu schließen und das Argument der Sinnlosigkeit vollends zu vernichten: In der Soziologie gibt es den Effekt der radikalen Flanke. Die Existenz einer radikalen Flanke innerhalb einer Bewegung erweitert den Rahmen dessen, was in der öffentlichen Wahrnehmung als akzeptable Form des Protests gilt. Wenn Ende Gelände oder die Letzte Generation durch ihre radikalen Aktionen Aufsehen erregen, kann dies paradoxerweise dazu beitragen, dass die moderateren und oft auf Bildung und politischen Dialog ausgerichteten Ansätze von beispielsweise Fridays for Future mehr Akzeptanz finden. Zusätzlich schaffen radikale Gruppen Diskussionsräume, in denen die Auswirkungen und Lösungsansätze der Klimakrise intensiver debattiert werden. Indem sie extreme Positionen einnehmen, regen sie zu Gesprächen an, die auch die Perspektiven von moderateren Gruppen einbeziehen und somit das gesamte Spektrum der Klimabewegung stärken. Insgesamt tragen also auch radikale Aktionen dazu bei, das öffentliche Bewusstsein beispielsweise für die Klimafrage zu schärfen und die Notwendigkeit von Veränderungen hervorzuheben.[55]

Halten wir fest: Mit Sympathie rettet man nicht die Welt. Und das ist auch gut so.

Weg mit dem Scheißsystem

»Wenn du was verändern willst, dann geh doch in die Politik«: Das ist definitiv ein Dauerbrenner. Hat sicher jede Person, die sich einsetzt, schon mindestens einmal gehört. Dabei wird gerne vergessen, dass soziale Bewegungen bewusst ein außerparlamentarisches Gegengewicht herstellen. Nicht selten werfen Protestbewegungen die Systemfrage auf, haben sehr strikte und klare Forderungen, die man innerhalb eines parlamentarischen Systems so nie umsetzen könnte und würde. Der Ruf nach mehr Kompromissbereitschaft verhallt bei vielen Menschen, die sich einsetzen. Und das ist auch gut so. Proteste als Sprachrohr sozialer Bewegungen sind meist nicht konstruktiv. Das bedeutet, dass häufig keine Lösungen aufgezeigt, sondern erst mal nur Probleme benannt werden.

Soziale Bewegungen gehören – und das mag manche Menschen überraschen – auch zu einer Demokratie dazu. Hier noch mal eine kleine Auffrischung, was man darunter überhaupt versteht: Demokratie beschreibt ein politisches System, bei dem die Macht von der Bevölkerung ausgeht, typischerweise durch eine gewählte Vertretung. Dabei sind die wesentlichen Prinzipien der Demokratie entscheidend, nämlich Meinungsfreiheit, allgemeines Wahlrecht, Rechtsstaatlichkeit. Innerhalb unseres demokratischen Systems ist Aktivismus ein Mittel, um politische Entscheidungen zu beeinflussen. Aktivismus setzt sich für soziale, politische, ökologische oder ökonomische Veränderungen ein. Dabei ist das entscheidende Ziel, Aufmerksamkeit auf bestimmte Themen zu lenken und die Politik sowie die Öffentlichkeit zu beeinflussen.[56] Protest und aktivistisches Handeln werden aber nicht von allen als legitimes Mittel innerhalb unserer Demokratie verstanden. So bezeichnete Manuel Höferlin, der innenpolitische Sprecher der FDP-Bundestagsfraktion, die Aktionen der Letzten Generation als Erpressung. Die Gruppe bietet nämlich an, ihre Proteste einzustellen, wenn die Regierung ihren Forderungen nachkommt.[57] Zu diesen Forderungen zählt unter anderem die Einrichtung eines »Gesellschaftsrats«, eines beratenden Organs, das aus verschiedenen gesellschaftlichen Akteuren besteht und Organisationen oder Regierungen in sozialen und wirtschaftlichen Angelegenheiten berät. Den Vorwurf der Erpressung muss sich Protest immer wieder gefallen lassen, doch ist da etwas dran?

Da Demokratie durch eine gleichberechtigte und vernunftgeleitete öffentliche Diskussion definiert wird, sollten eben auch alle daran partizipieren können. Das kann jedoch durch Machtungleichgewichte gestört werden, die durch wirtschaftliche oder politische Eliten aufrechterhalten werden. Somit werden direkte Aktionen manchmal notwendig, um Machtungleichgewichte auszugleichen und echte demokratische Diskussionen überhaupt erst zu ermöglichen.[58] Und das ist eben manchmal der Gang auf die Straße, mit Trillerpfeife oder Sekundenkleber. Auch in unserer Gesellschaft werden nicht alle Personen und Anliegen gehört. Um sich Gehör zu verschaffen, muss man auch mal laut sein, damit die Bedürfnisse von der Politik wahrgenommen werden.

In einer Folge des Wissenschaftspodcasts *Wissen Weekly* wurde die Frage diskutiert, was denn nun die Welt verändert – Politik oder Aktivismus. Der deutsche Politikwissenschaftler und Transformationsforscher Wolfgang Merkel bringt hier den entscheidenden Einwand, dass jede größere Veränderung mit einer sozialen Bewegung beginnt und selten von Parteien initiiert wird.[59] Traurigerweise vertreten viele Menschen in der Regierung nicht unbedingt die Interessen der Bevölkerung und haben nicht alle Themen auf dem Schirm – um es mal weniger drastisch zu formulieren. Und durch aktive Teilhabe, zum Beispiel durch das Demonstrationsrecht – das ein Grundrecht ist –, kann man auf Themen aufmerksam machen.

Soziale Bewegungen sind damit ein wesentlicher Bestandteil demokratischer Gesellschaften. Sie bieten eine Plattform für Engagement und politische Partizipation, besonders in Bereichen, die von den traditionellen politischen Mechanismen vernachlässigt oder ignoriert werden.[60] Es ist natürlich wahr, dass eine Demonstration oder eine Online-Petition noch kein Gesetz macht oder wie von Zauberhand die politische Situation verändert. Dafür braucht es letztlich die Entscheidungen aus der Politik. Impulse können und sollten aber aus der Zivilgesellschaft kommen.

Den Transfer von sozialer Bewegung zu parlamentarischer Kraft haben in der deutschen Geschichte zwei Bundestagsparteien absolviert: Die SPD entstand aus der Arbeiterbewegung und die Grünen aus der Umweltbewegung. Würden wir diese beiden Parteien heute noch mit den jeweiligen Bewegungen in Verbindung bringen? Diese Frage lasse ich mal offen. Aber die Transformation der Grünen ist es wert, da mal tiefer einzusteigen. Die Grünen begannen als Zusammenschluss diverser Protestbewegungen, die sich 1979 zu einer Partei formiert haben. Der Entschluss, eine Partei zu gründen, entsprang aus dem Gedanken, dass politische Veränderungen wirksamer durch parlamentarische Beteiligung erreicht werden können. Die Gründung im Jahr 1980 war ein strategischer Schritt, um politische Anliegen wie Umweltschutz, Frieden und soziale Gerechtigkeit auf die politische Agenda zu setzen. Die Reaktionen auf die Parteigründung waren innerhalb der Umweltbewegung gemischt. Der Schritt fand durchaus Zuspruch, da es zu jener Zeit keine Partei im Bundestag gab, die die Umweltbewegung repräsentierte oder für deren Anliegen eintrat. Allerdings fürchteten einige, dass die Bewegung ihre radikalen Wurzeln und Unabhängigkeit verlieren könnte.[61]

Doch wie kamen die Grünen dann überhaupt in den Bundestag? Um als Partei im Bundestag vertreten zu sein, mussten sie zunächst die formellen Anforderungen für die Parteigründung erfüllen wie die Erstellung eines Parteiprogramms und die Einhaltung der Wahlgesetze. Dann mussten sie bei Wahlen genügend Stimmen erhalten, um die Fünf-Prozent-Hürde zu überschreiten, die für den Einzug in den Bundestag erforderlich ist. Der Erfolg der Grünen bei den Bundestagswahlen 1983 markierte ihren ersten Einzug in den Bundestag. Damals noch im Strickpulli und in Sandalen. Unvergessen die provokante Rede zum NATO-Doppelbeschluss von Waltraud Schopp, die anmerkte: »Wir brauchen keine neuen Raketen, wir brauchen neue Männer in diesem Land.« Legendär auch ihre Ansprache gegen Sexismus, vor einer Gruppe kichernder männlicher Politiker, die bei diesem Wort eher an Vergnügen und nicht an Diskriminierung dachten. Da wehte ein Hauch von Revolution durch den Deutschen Bundestag. Als Protestpartei und Outsider angetreten, folgen die Grünen heute eher einer anderen Linie, denn politische Arbeit bedeutet auch immer Kompromissbereitschaft. Und weil sie mit den Kompromissen vor Jahren einmal angefangen haben, müssen sie immer wieder neue eingehen und können getreu dem Motto »das haben wir schon immer so gemacht« ihre ausgetretenen Pfade nicht mehr verlassen, ohne in der Bedeutungslosigkeit zu verschwinden. In den Sozialwissenschaften spricht man hier von Pfadabhängigkeit. Je länger eine Organisation oder Partei, wie die Grünen, Teil eines Systems ist, desto mehr passt sie sich diesem System an. Früher noch gegen das System, heute Teil davon.

Apropos System abschaffen: Inwieweit gefährden soziale Bewegungen denn unsere Demokratie?

Gar nicht, erst mal. Punkt.

Innerhalb sozialer Bewegungen kann es antidemokratische Tendenzen geben, das macht aus einer Bewegung aber schnell einen Fall für die Justiz. Wenn wir in den Bereich des Terrorismus kommen, der sich übrigens von sozialen Bewegungen auch noch mal unterscheidet, oder durch massive Gewaltausübung überschreiten wir das breite Spektrum an Handlungsweisen sozialer Bewegungen. Das sind extreme Randphänomene, die es zu beobachten gilt.

Bei bestimmten Protestformen von Terrorismus zu sprechen, ist der blanke Hohn. Es lässt sich feststellen, dass soziale Bewegungen eine vergleichsweise friedliche Methode der Auseinandersetzung mit gesellschaftlichen oder politischen Konflikten darstellen. Im Gegensatz zu bewaffneten Rebellionen, Terrorismus und Bürgerkriegshandlungen zeichnen sich soziale Bewegungen durch ihre Gewaltlosigkeit aus,[62] auch wenn Gewaltlosigkeit nicht immer das Einhalten von Regeln und Gesetzen meint. Dabei ist das, was wir in Deutschland erleben, alles noch sehr harmlos. Schauen wir mal in unsere Nachbarländer, vor allem nach Frankreich, sehen wir seit Jahren wesentlich massivere Ausschreitungen und Proteste. Von den Gelbwesten über die Agrarrevolten war alles ein μ doller als bei uns. Das ist natürlich kein Argument für Ausschreitungen, aber Frankreich steht noch. Und hierzulande sehen manche schon den Untergang des Abendlandes kommen, weil sich junge Menschen auf die B4 in Hamburg kleben, einen Wald besetzen oder einer Schweinemastanlage einen Besuch abstatten.

Doch wo liegt die Grenze zwischen legitimem Protest und Störung der öffentlichen Ordnung? Der Philosoph Stephan D'Arcy argumentiert, dass die Bewertung von Protest von der politischen Perspektive abhängt. Der Einwand gegen radikalen Protest in Demokratien beruht demnach auf der Annahme, dass er die öffentliche Ordnung stört und Zwang anstelle von Dialog einsetzt, was als undemokratisch angesehen wird. Konservative fürchten, dass Militanz demokratische Institutionen untergräbt, während Liberale argumentieren, dass sie den demokratischen Prozess der vernunftgeleiteten Diskussion behindert. D'Arcy spricht dabei auch vom »liberalen Einwand«, wobei stets die Ordnung gewahrt werden muss. Ge-

genargumente betonen jedoch, dass radikaler Protest, der über eine angemeldete und friedliche Demonstration hinausgeht, eine Form des Engagements für Gerechtigkeit sein kann, wenn bestehende demokratische Prozesse ungerechte Praktiken nicht effektiv ansprechen.[63] Manche klammern sich argumentativ an das Grundgesetz und sehen jeglichen Regelverstoß als terroristischen Akt an, während andere ausführen, dass es diese Regelüberschreitungen auch braucht, um Aufmerksamkeit zu generieren oder auf Missstände aufmerksam zu machen.

Gesetze und Regeln sind letztlich auch nur vom Menschen gemacht und ändern sich. Zum Glück. An dieser Stelle möchte ich das mit einem sehr eindrücklichen Beispiel garnieren: Homosexualität wurde in Deutschland lange Zeit strafrechtlich verfolgt. Homosexuelle Handlungen waren verboten. Der berüchtigte § 175 des deutschen Strafgesetzbuches, der Sex zwischen Männern kriminalisierte, wurde 1871 eingeführt. Die Strafen variierten im Laufe der Zeit. Besonders während der NS-Zeit wurden Zehntausende Männer auf Grundlage des Paragrafen verurteilt, unzählige von ihnen kamen in Konzentrationslager. Nach dem Zweiten Weltkrieg blieb der § 175 in der Bundesrepublik Deutschland bis 1969 unverändert in Kraft. In der Bundesrepublik Deutschland bedeutete dies, dass homosexuelle Akte zwischen erwachsenen Männern weiterhin strafbar waren und Gefängnisstrafen auch weiterhin verhängt wurden. Erst 1994 wurde dieser Paragraf vollständig aus dem Strafgesetzbuch gestrichen – ein Gesetz, das Menschen legal diskriminiert hat. Widerstand dagegen ist legitim.

Die Unterscheidung zwischen legitimen und legalen Protesten ist wichtig für das Verständnis demokratischer Entwicklung. Beispielsweise agierte die Anti-Apartheid-Bewegung in Südafrika teilweise am Rande der Legalität, wurde aber aus heutiger Sicht als legitim betrachtet, da sie gegen ein tief verwurzeltes rassistisches Unrecht kämpfte. Zu ihren oft illegalen Aktionen gehörten unerlaubte Demonstrationen, Boykotte von Waren und Unternehmen, die das Apartheid-System unterstützten, sowie die Verbreitung verbotener Literatur. Diese Handlungen galten zwar als Gesetzesbrüche, waren aber wichtig, um auf die Ungerechtigkeit der Apartheid aufmerksam zu machen.

Solche Bewegungen zeigen, dass Demokratie sich durch gesellschaftliche Herausforderungen weiterentwickelt. Oftmals sind es gerade die Proteste, die offiziell als nicht legal gelten, die aus einer historischen Perspektive eine wesentliche Rolle in der demokratischen Entwicklung und im Kampf für Gerechtigkeit spielten. Ziviler Ungehorsam stärkt also oft die Demokratie, da die Bevölkerung ermutigt wird, aktiv an politischen Prozessen teilzunehmen und für die eigenen Überzeugungen einzustehen.[64] Wer sich Regeln widersetzt, möchte vielleicht nicht gleich die Demokratie abschaffen, sondern diese einfach etwas besser und gerechter machen.

Wenn rechte Gruppen den Ton angeben

Martin Sellner wird bei Wikipedia als rechtsextremer Aktivist beschrieben und versteht sich auch als solcher. Bekannt wurde er durch seine Rolle als Sprecher der Identitären Bewegung Österreich (IBÖ) in den Jahren 2015 bis 2023. Die Identitäre Bewegung, die ihre Wurzeln in Frankreich und Deutschland hat und seit 2012 aktiv ist, ist eine Gruppierung, die vom Verfassungsschutz seit 2016 als rechtsextremistisch eingestuft wird. Die Bewegung fällt besonders durch ihre Ablehnung der Idee universeller Menschenrechte und ihre Betonung der »ethnokulturellen Identität« auf, wobei sie sich gegen eine »Vermischung« unterschiedlicher Völker ausspricht. Die IB sieht vor allem in der Migration eine Bedrohung und vertritt die Theorie des »Großen Austausches«, nach der die europäische Bevölkerung »ausgetauscht« würde. Es fällt mir schwer, über diese Theorien und Ansichten zu schreiben, ohne diese in Anführungszeichen zu setzen, da sie zutiefst menschenverachtend sind.

Was Gruppen wie die Identitäre Bewegung tun, ist nicht nur inhaltlich gefährlich. Rechtsextreme wie Martin Sellner widersprechen dem stereotypen Bild des pöbelnden Neonazis. Die neuen Nazis treten anders auf, haben eine neue, angepasstere Agenda, verwenden eine neue Sprache – häufig mit eigenen harmlos klingenden Wortkreationen –, inszenieren sich auf TikTok, betreiben Podcasts und sind dabei häufig nicht auf den ersten Blick als Rechte erkennbar. Vor allem die sozialen Medien machen es den neuen Rechten besonders einfach. Es ist hinlänglich bekannt, dass vor allem TikTok – eine App, die sich vornehmlich an ein junges Publikum richtet – voller rechter Inhalte ist. Rechtsextremes Gedankengut wird auf der Plattform meist versteckt präsentiert. Dabei werden unscheinbare Videos mit rechtsextremer Musik und Symbolik jugendgerecht inszeniert. Heimatfolklore und rechte Identifikationsfiguren spielen hierbei eine große Rolle. Die menschenverachtenden, rückwärtsgewandten Inhalte kommen in unschuldiger Verpackung daher. Der Verfassungsschutz warnt vor der Zunahme rechtsextremer Inhalte auf TikTok, die besonders für Minderjährige gefährlich sind, da sie leicht in extremistische Blasen geraten können.[65]

Sellner verkörpert diesen Typus Rechtsextremer wie kein anderer, er weiß die neuen Medien für sich zu nutzen. Damit ist er nicht allein. Die Faschos, gegen die ich als Teenager auf die Straße gegangen bin, die lauten Neonazis, die illegale Scheunenkonzerte veranstalteten und in der NPD aktiv waren, sind heute weniger präsent. Stammtischparolen werden inzwischen in schlaue Worthülsen verpackt, rechtsextremes

Vokabular klingt dadurch nicht mehr so abschreckend. Man gibt sich bürgerlich. Sellners Frau Brittany ist Influencerin, hat einen Podcast und einen YouTube-Kanal und transportiert klassisch rechtes Gedankengut im modernen Look.

Die heutige Praxis rechtsextremer Akteure zeigt eine strategische Anpassung, die es zunehmend erschwert, sie von anderen politischen oder sozialen Gruppierungen zu unterscheiden. Diese Taktik, bekannt als Rekuperation, bezeichnet das Aneignen und Umdeuten von Ideen, Konzepten, Symbolen und Codes, die ursprünglich einer widerständigen oder oppositionellen Haltung entsprangen. Extremistische Gruppierungen des rechten Spektrums adaptieren inzwischen häufig Symbole oder Aktionsweisen, die traditionellerweise linken oder antifaschistischen Bewegungen zugeordnet werden. Sie modifizieren deren Bedeutungen, um sie für ihre eigenen politischen Ziele nutzbar zu machen. Dazu gehört auch die Verwendung bestimmter Kleidungsstile oder Symbole, die ursprünglich mit linken Bewegungen verbunden waren, wie schwarze Kleidung oder Che-Guevara-Shirts.[66] Kein Witz, ich habe selbst schon häufiger Neonazis mit roten Sternen auf den schwarzen T-Shirts oder in Sturmhaube einen veganen YouTube-Kanal moderieren gesehen. Bei Demonstrationen muss man ganz genau die Transparente lesen, weil die schwarze Kleidung und die Gestaltung der Plakate erst mal nichts über das politische Spektrum sagen. Eigentlich linke Symbole wie der rote Stern werden in einen neuen rechtsextremen Kontext gestellt und sogar Themen wie Globalisierungskritik und soziale Gerechtigkeit übernommen. Dadurch verschwimmen für Außenstehende die Grenzen zwischen rechtsextremen und anderen politischen oder kulturellen Gruppierungen, was zu einer gefährlichen Normalisierung rechtsextremer Ideologien führen kann. Das Ziel dieser Strategie ist es, rechtsextremes Gedankengut geschickt in den gesellschaftlichen Alltag einzuflechten und es somit als normal erscheinen zu lassen. Durch diese Taktik wird es schwieriger, solche Inhalte zu erkennen, ohne sich eingehender mit ihnen zu befassen.

Die Anpassung der rechtsextremen Szene an die Mitte der Gesellschaft ist eines der großen Probleme unserer Zeit. Die Grenze des Sagbaren verschiebt sich immer weiter nach rechts, bestätigte auch der Sprachwissenschaftler Thomas Niehr im Oktober 2020 im *Tagesspiegel*. In einem Interview erklärt Niehr, Professor an der Universität Aachen, dass die Grenzen dessen, was gesellschaftlich akzeptabel ist, ständig in Bewegung sind. Er weist darauf hin, dass die Verwendung bestimmter Begriffe, insbesondere solcher mit NS-Hintergrund, in Deutschland historisch belastet und daher meist tabuisiert sind. Trotzdem gibt es Versuche, solche Wörter wieder salonfähig zu machen, was oft als bewusster Tabubruch inszeniert wird. Aber auch neurechtes Vokabular schafft es schnell in den Alltag, ziert Titelseiten deutscher Tageszeitungen und wird in Talkshows ohne Problembewusstsein verwendet.

Ein Beispiel für die Übernahme solcher Begriffe in den allgemeinen Sprachgebrauch ist die Kritik an der Verwendung geschlechtergerechter Sprache, die als »Genderwahnsinn« abgetan wird. Solche Begriffe eignen sich gut, um gegen sprachliche Reformbemühungen zu polemisieren, und finden auch bei Menschen Anklang, die ansonsten nicht für rechtspopulistische Phrasen empfänglich sind. Dabei werden häufig nicht nur die Begrifflichkeiten aus dem rechten Spektrum übernommen, sondern auch die dahinterstehenden Argumente. Dadurch verbreiten Menschen, ob bewusst oder unbewusst, rechtsextreme Ideologien und tragen somit zu deren Normalisierung bei. Beim Thema Gendern ist das übrigens häufig der Wunsch, die deutsche Sprache reinzuhalten; nennt sich auch Sprachpurismus. Ich schweife ab. In der politischen Kommunikation werden sogenannte inkriminierte Begriffe regelmäßig testweise verwendet, um sie in der gesellschaftlichen Mitte zu etablieren. Meistens sind das Begriffe, die noch nicht eindeutig negativ oder ideologisch konnotiert sind und dadurch erst mal neutral wirken. Dies führt oft zur besagten Verschiebung der Grenzen des Sagbaren.[67]

Es gibt aktuell etliche Belege für diese Verschiebung, auch aus dem Umfeld von Sellner. Ein Beispiel ist hier das Geheimtreffen in Potsdam im November 2023, an dem Martin Sellner teilnahm und das vom Recherchezentrum *Correctiv* öffentlich gemacht wurde. Bei dem Treffen stellte Sellner seinen »Masterplan für Remigration« vor. Das klingt, wenn man nicht drüber nachdenkt, einfach nach einem normalen Verwaltungsbegriff, so ähnlich wie Migration, nur anders, aber eigentlich harmlos. Was Sellner mit dem Wort aber meinte, war nichts anderes als die Deportation von Menschen, die er als unzureichend in die deutsche Kultur assimiliert ansieht. Das klingt dann schon weniger harmlos, zumal dafür eigene Lager in Nordafrika errichtet werden sollen. Zahlreiche kritische Stimmen sehen dieses Konzept deshalb als verfassungsfeindlich an. Aber das Kind ist trotzdem in den Brunnen gefallen, das Wort ist jetzt im Umlauf und hat das Potenzial, den Diskurs und die Sprache noch weiter zu vergiften.

Rechte Gruppen passen sich nicht nur in der Sprache an, sie verpacken ihre menschenfeindlichen Ansichten und Ideologien im Gewand der Meinungsfreiheit, formieren eigene soziale Bewegungen und nennen ihre Arbeit Aktivismus. Doch sind diese Bezeichnungen hier überhaupt korrekt? Aktivismus ist ja erst mal nur eine Handlungsform, die nicht an eine spezifische Ideologie gebunden ist. Die damit verbundenen Vorgehensweisen werden von allen politischen Lagern genutzt, auch dann, wenn eine rechtsextreme Gruppierung wie die Identitäre Bewegung das Brandenburger Tor besetzt, um ihre menschenfeindlichen Botschaften zu verbreiten, wie im Jahr 2016. Aktivismus kann also auch reaktionär sein.

Die Debatte, ob rechte Bewegungen soziale Bewegungen sein können, wird auch innerhalb der Protestforschung geführt. Häufig wird diese Frage mit einem klaren Jein beantwortet. Die Betrachtung von Rechtsextremismus als soziale Bewegung gründet sich auf mehrere Aspekte. Rechtsextreme Gruppen organisieren sich, um kollektive Ziele zu verfolgen, die meist gegen bestehende gesellschaftliche Normen und demokratische Strukturen gerichtet sind. Sie nutzen ähnliche Methoden wie andere soziale Bewegungen – einschließlich Proteste, Demonstrationen und andere Arten des Aktivismus und soziale Medien –, um Unterstützung und Aufmerksamkeit zu erlangen. Rechte Gruppen bevorzugen oft eine dezentrale, netzwerkartige Organisationsstruktur und setzen auf direkte, aktionsorientierte Formen des Protests. Ein weiteres Merkmal ist ihre Tendenz zu demonstrativem und manchmal gewalttätigem Verhalten, um ihre Botschaft zu verbreiten. Dennoch ist die Klassifizierung als soziale Bewegung kontrovers, da die Ziele und Methoden des Rechtsextremismus oft fundamental gegen demokratische Werte und Menschenrechte verstoßen. Nicht selten sind sie demokratie-, verfassungs- und per se menschenfeindlich. Dieser Konflikt zwischen den traditionellen Merkmalen sozialer Bewegungen und den antidemokratischen, oft gewalttätigen Tendenzen im Rechtsextremismus führt zu einer komplexen und umstrittenen Diskussion über dessen Einordnung.[68]

Es ist also technisch möglich, Aktivismus, der sich gegen die Grundprinzipien der Demokratie richtet, als solchen zu bezeichnen. Jedoch besteht ein erheblicher Unterschied zu anderen Arten des Aktivismus wie dem Inklusions- oder Queeraktivismus. Während die beiden Letztgenannten für die Erweiterung und Stärkung demokratischer Werte und sozialer Gerechtigkeit eintreten, zielt der rechtsextreme Aktivismus, wie ihn beispielsweise Sellner vertritt, oft auf die Unterminierung dieser Grundwerte ab. Diese Diskrepanz verdeutlicht, dass der Begriff Aktivismus eine breite Palette von Motivationen und Zielen umfassen kann, die von konstruktiv bis destruktiv reichen. Dabei ist es unser aller Aufgabe, den menschenfeindlichen, rassistischen und faschistischen Ansichten nicht das Feld zu überlassen und stets selbst für Toleranz und eine inklusive Solidargemeinschaft einzutreten.

Apropos Toleranz, das Totschlagargument der rechten Szene: Das wollen wir jetzt auch noch kurz demaskieren.

Der Philosoph Karl Popper stellte das sogenannte Toleranzparadoxon in seinem 1945 erschienenen Buch *Die offene Gesellschaft und ihre Feinde* vor. Er erkannte nämlich, dass in einer Gesellschaft, die Toleranz als Grundwert hochhält, ein inhärentes Problem entsteht, wenn diese Toleranz auch jenen gewährt wird, die selbst intolerant sind. Popper argumentierte dabei, dass uneingeschränkte Toleranz gegenüber intoleranten Gruppen paradoxerweise das Ende der Toleranz selbst herbeiführen könnte. Er betonte, dass eine Gesellschaft das Recht – und sogar die Pflicht – haben könnte, sich gegen diejenigen zu verteidigen, die intolerant sind und die Grundlagen der Gesellschaft bedrohen. Dabei identifizierte Popper zwei Ebenen der Intoleranz: erstens Intoleranz gegenüber den Sitten und Bräuchen von Menschen, weil sie als fremd angesehen werden; und zweitens Intoleranz gegenüber den Sitten und Bräuchen, weil sie als intolerant und gefährlich betrachtet werden. Während laut Popper die erste Form der Intoleranz oft aus Unkenntnis oder Angst vor dem Unbekannten resultiert, ist die zweite Form eine bewusste Ablehnung von Ideen oder Gruppen, die als bedrohlich empfunden werden.

Das Toleranzparadoxon wirft eine fundamentale Frage auf: Wie kann eine Gesellschaft Toleranz bewahren, ohne sich selbst durch die Tolerierung von Intoleranz zu gefährden? Popper schlug vor, dass Toleranz Grenzen haben muss, besonders dann, wenn sie von Gruppen oder Individuen herausgefordert wird, die die Grundwerte der Gesellschaft, die Demokratie oder einzelne Personengruppen angreifen. Er argumentierte, dass in solchen Fällen eine entschiedene Verteidigung der offenen Gesellschaft notwendig sein könnte, selbst wenn dies bedeutet, gegen die intoleranten Kräfte vorzugehen.

Vor allem rechtsextreme Gruppen, die oft intolerante und demokratiefeindliche Ideologien vertreten, stellen eine Herausforderung für die Toleranz in einer offenen Gesellschaft dar. Nach Poppers Logik wäre es notwendig, gegen solche Gruppen vorzugehen, um die Grundprinzipien der Toleranz und Offenheit zu schützen, auch wenn dies paradoxerweise eine Form der Intoleranz gegenüber diesen Gruppen bedeuten könnte.[69] Getreu dem Motto: Keine Toleranz der Intoleranz!

4.
Viva la revolución

Zweifelsohne kann ich dieses Kapitel mit der Erkenntnis beginnen, dass wir ohne brennende Barrikaden, massive Gewalt und sogar Tote heute nicht dort wären, wo wir sind. Dieses Kapitel soll keine Legitimation von Gewalt sein – vielleicht ein bisschen –, sondern ein Bewusstsein dafür schaffen, was es manchmal gebraucht hat, um Gleichheit zu schaffen und Ungerechtigkeit zu beseitigen. Vor allem im Kontext der aktuellen Debatte um die Art so mancher Proteste, beispielsweise innerhalb der Klimabewegung, ist ein Blick in die Vergangenheit lohnenswert. Wer Festkleben für zu radikal hält, weil er deshalb nicht rechtzeitig zur Arbeit kommt, sollte reflektieren, wieso diese Arbeit nicht mehr 80 Stunden in der Woche umfasst. Als Historikerin beschäftige ich mich schon lange mit der Geschichte emanzipatorischer Bewegungen, mit Protesten und einzelnen Personen, die Proteste oder Revolutionen angeführt haben. Es ist bemerkenswert spannend, an die Ursprünge bedeutender Veränderungen zurückzugehen, die Geschichten großer Umbrüche zu lesen und zu sehen, welch tiefgreifenden Einfluss die eine oder andere Bewegung noch heute auf unser Leben hat. Da kann Hollywood echt einpacken. Die bedeutsamen Umbrüche, Zäsuren und Zeitenwenden in der Geschichte, die einer breiten Masse so etwas wie persönliche Freiheiten ermöglicht haben, waren meist nicht friedlich. Auf der einen Seite gab es die großen Revolutionen und dann die kleineren, meist eher spezifischen Aufstände, die unsere Welt formten. Und nachdem wir uns bereits mit einigen wichtigen Beispielen für gewaltlosen Protest befasst haben, wollen wir uns nun den großen Umbrüchen zuwenden und uns anschauen, wie wir eigentlich zu den Rechten gekommen sind, die uns heute wie selbstverständlich erscheinen. Denn eins ist sicher: Die wenigstens Revolutionen waren so friedlich wie 1989.

Historisch gesehen reichen kollektive Proteste weit in die Vergangenheit zurück. Von den Aufständen versklavter Menschen in der Antike, darunter der berühmte unter Führung des Gladiators Spartacus, der sich zwischen 73 und 71 v. Chr. gegen die römische Herrschaft auflehnte, bis zu städtischen Rebellionen im Mittelalter und Bauernaufständen in der frühen Neuzeit: All diese Ereignisse zeigen das beständige menschliche Streben nach Veränderung. Allerdings zielten diese frühen Bewegungen meist darauf ab, Missstände innerhalb der bestehenden Ordnung zu korrigieren, und hatten nicht unbedingt die Mission, eine völlig neue gesellschaftliche Struktur zu schaffen. Im 16. Jahrhundert kam es in verschiedenen Teilen Europas zu Auseinandersetzungen, bei denen die Bevölkerung auf dem Land und in den Städten gegen die Übergriffe und Ungerechtigkeiten sowohl kirchlicher als auch weltlicher Autoritäten Widerstand leistete. In dieser Zeit entstanden auch erste radikale Ideen der Gleichheit, die als Vorboten moderner bürgerlicher Konzepte betrachtet werden können. Mit der Aufklärung im 18. Jahrhundert begann sich das Verständnis von Gesellschaft und Geschichte maßgeblich zu verändern. An die Stelle der Idee einer fest gefügten, göttlich geordneten Welt trat die Vorstellung, dass die Gesellschaft durch menschliches Handeln gestaltet und verändert werden kann. Es setzte sich also allmählich eine neue Denkweise durch, die zur Säkularisierung führte. Säkularisierung meint hierbei, dass Religion und Kirche nicht mehr die alleinigen Leitbilder in der Gesellschaft waren. Stattdessen bekamen weltliche, also nicht religiöse und vor allem vernunftbasierte Ansichten mehr Raum. Diese Entwicklung öffnete die Tür zu der spannenden Vorstellung, dass Geschichte nicht einfach vom Schicksal oder einem göttlichen Plan bestimmt ist, sondern dass wir Menschen unsere eigene Geschichte durch unser Handeln und unsere Entscheidungen aktiv gestalten können.

Im späten 18. Jahrhundert verbreiteten sich die Ideen von Freiheit und Gleichheit, die Menschen dazu motivierten, für politische und ökonomische Rechte zu kämpfen. In einigen Ländern wie den Niederlanden und den skandinavischen Staaten vollzog sich der Wandel relativ friedlich. In anderen wie in Frankreich führten radikale Taten zu tiefgreifenden Veränderungen. Die Französische Revolution von 1789 hatte weitreichende Auswirkungen und wurde zum Bezugspunkt für viele spätere revolutionäre Bewegungen.[1]

Französische Revolution

Die Französische Revolution ist wirklich ein Paradebeispiel dafür, wie drastische Veränderungen, die letztlich die Welt ein bisschen besser gemacht haben, aus den Flammen des Konflikts geboren werden. Da ging richtig die Post ab. Es war das späte 18. Jahrhundert, eine Zeit, in der das Volk unter der Knute einer entrückten Herrschaft litt. Die Ungleichheit war greifbar, die Armut und das Elend der breiten Massen standen in krassem Gegensatz zum verschwenderischen Luxus der Adligen und des Königshauses. Es war ein Pulverfass, das nur darauf wartete, entzündet zu werden. Und dann kam der Funke – die Erstürmung der Bastille.

Die Bastille war eine Festung und ein Staatsgefängnis in Paris, das von der Bevölkerung als Symbol der tyrannischen Macht des Ancien Régime, der absolutistischen Monarchie Frankreichs, angesehen wurde. In den Jahren vor der Revolution wuchs im französischen Volk die Unzufriedenheit über soziale Ungleichheit, wirtschaftliche Not und die autokratische Herrschaft des Königshauses. Die Bastille, die nur wenige Gefangene beherbergte, galt als Symbol der Willkür und Unterdrückung durch die Krone. Ihr Sturz war also nicht nur ein physischer Akt des Aufbegehrens, sondern hatte auch eine starke symbolische Wirkung. Am 14. Juli 1789 versammelte sich eine aufgebrachte Menschenmenge vor der Bastille, hauptsächlich um Waffen und Munition zu suchen, die dort vermutet wurden, aber auch, um gegen die Herrschaft des Königs zu protestieren. Die Festung wurde gestürmt, die Gefangenen befreit und die Bastille zerstört. Dieses Ereignis markierte den Beginn der Revolution und wurde zu einem Symbol des Kampfes gegen Unterdrückung und für Freiheit.

Die Straßen von Paris wurden zum Schauplatz eines erbitterten Kampfes, in dem das Volk seine Stimme erhob und forderte, was ihm verwehrt war: Freiheit, Gleichheit, Brüderlichkeit (französisch Liberté, Égalité, Fraternité). In den Monaten und Jahren nach dem Sturm auf die Bastille radikalisierte sich die Revolution. Es kam zur Abschaffung der Feudalrechte – ein System von Abhängigkeits- und Unterdrückungsverhältnissen, das Menschen in der Landwirtschaft und Leibeigene zu unbezahlter Arbeit und Abgaben an den Adel zwang – und zur Proklamation der Menschen- und Bürgerrechte, die Gleichheit vor dem Gesetz, Freiheit und Recht auf Eigentum als Grundrechte festlegten. Diese historischen Schritte leiteten den Übergang von einer absolutistischen Monarchie zu einer konstitutionellen Demokratie ein.

Die Guillotine wurde dabei zum brutalen Symbol der Französischen Revolution. Ursprünglich als humanere Methode der Hinrichtung eingeführt – humanes Töten, ein Widerspruch in sich –, wurde sie schnell zum zentralen Werkzeug während der Schreckensherrschaft (la Terreur), einer Phase der Revolution, in der Tausende Menschen, darunter auch König Ludwig XVI. und Königin Marie-Antoinette, hingerichtet wurden. Die Schreckensherrschaft erreichte ihren Höhepunkt zwischen 1793 und 1794. In dieser Zeit nahm die revolutionäre Regierung, angeführt vom Wohlfahrtsausschuss unter der Leitung von Maximilien de Robespierre, drakonische Maßnahmen gegen vermeintliche Feinde der Revolution vor. Die Guillotine wurde zum Instrument des Terrors gegen Adlige, Geistliche und die politische Gegnerschaft. Auch jene, die sich der Revolution angeschlossen hatten, blieben nicht verschont, wenn diese als nicht radikal genug angesehen wurden. Im Juli 1794 endete die Schreckensherrschaft mit der Hinrichtung Robespierres, was einen Wendepunkt in der Revolution markierte. In den folgenden Jahren stabilisierte sich die politische Lage in Frankreich, und es kam zu weiteren politischen Umwälzungen, die schließlich in die Errichtung des Konsulats unter Napoleon Bonaparte mündeten.

In dem Chaos der Veränderung wurde der Grundstein für vieles gelegt, was wir heute in unserer modernen Gesellschaft als selbstverständlich erachten: die Idee der Volkssouveränität, die Konzepte der Menschen- und Bürgerrechte, die Trennung der Gewalten. Diese Ereignisse waren nicht nur für Frankreich, sondern für ganz Europa und letztlich die Welt von Bedeutung. Die Französische Revolution inspirierte weitere Revolutionen, beeinflusste politische Theorien und war ein Katalysator für Veränderungen, der bis heute nachhallt. Das Echo dieser Revolution findet sich in vielen unserer heutigen Freiheiten und demokratischen Prinzipien.

Amerikanische Revolution

Nicht nur demokratische Werte und Menschenrechte wurden in Revolutionen erstritten, sie waren nicht selten auch die Initialzündung für Staatsgründungen. Berühmtestes Beispiel ist dafür vermutlich die Unabhängigkeitsbewegung in Nordamerika. Die Amerikanische Revolution, die zwischen 1765 und 1783 stattfand, war ein tiefgreifender historischer Wandel, der zur Unabhängigkeit der dreizehn amerikanischen Kolonien von Großbritannien führte. Sie begann als Reaktion auf britische Steuergesetze und Handelsbeschränkungen, die ohne Zustimmung der kolonialen Gesetzgebenden eingeführt wurden. Die berühmte Parole »No taxation without representation« spiegelt den Hauptkonflikt wider. Die Kolonisten protestierten gegen die britischen Steuern, die ohne ihre Zustimmung oder Vertretung im britischen Parlament erhoben wurden. Sie forderten also, dass sie ohne eine eigene Vertretung im Gesetzgebungsprozess nicht besteuert werden sollten. Dieses Prinzip wurde zu einem zentralen Auslöser der Revolution und symbolisiert den Wunsch nach demokratischer Selbstbestimmung und gerechter politischer Teilhabe.

Während der Amerikanischen Revolution gab es drei Schlüsselereignisse, die maßgeblich zur Eskalation des Konflikts beitrugen. Das erste war das Boston Massacre von 1770, bei dem britische Truppen auf Personen der Kolonien schossen, was zu Todesfällen führte und die antibritische Stimmung in den Kolonien verstärkte. Das zweite Ereignis, die Boston Tea Party von 1773, war ein Akt des zivilen Ungehorsams, bei dem Kolonisierende als Protest gegen das britische Teemonopol und die Besteuerung Tee in den Hafen von Boston warfen. Schließlich kam es 1775 in Lexington und Concord zu den ersten bewaffneten Auseinandersetzungen zwischen Kolonisten und britischen Truppen, die den Beginn des Unabhängigkeitskrieges markierten. Diese Ereignisse symbolisieren den wachsenden Widerstand gegen die britische Herrschaft und den zunehmenden Wunsch nach Selbstbestimmung unter den Menschen in den amerikanischen Kolonien.

Die Unabhängigkeitserklärung von 1776, verfasst von Thomas Jefferson, markierte den formalen Bruch mit Großbritannien. Der Krieg endete mit dem Vertrag von Paris aus dem

Jahr 1783, in dem Großbritannien die Unabhängigkeit der USA anerkannte. Dies führte zur Schaffung einer neuen Nation auf der Grundlage republikanischer Prinzipien und demokratischer Ideale. Ich brauche nicht zu betonen, dass diese Revolution weitreichende Konsequenzen hatte. Sie beeinflusste demokratische Bewegungen weltweit, führte zur Entstehung der ersten modernen Verfassung – der United States Constitution – und beeinflusste auch die Entstehung der Französischen Revolution. In den USA selbst führte sie zur Entwicklung einer starken nationalen Identität und zur Erweiterung politischer Rechte, wobei die Sklaverei und die Ungleichbehandlung der indigenen Bevölkerung zunächst bestehen blieben.

Haitianische Revolution

Ebenfalls am Ende des 18. Jahrhundert, zu dieser Zeit war wirklich viel los, gab es eine andere bedeutende Bewegung in Saint-Domingue, dem heutigen Haiti. Hier revoltierten versklavte Menschen gegen die brutalen Bedingungen der französischen Kolonialherrschaft. Die Französische Revolution war entscheidend für die Haitianische Revolution, da sie die Ideale der Freiheit, Gleichheit und Brüderlichkeit verbreitete, die die versklavten Menschen in Saint-Domingue zu einem Aufstand inspirierten. Sie sahen in den Ereignissen in Frankreich ein Beispiel dafür, dass Revolution und der Sturz einer unterdrückerischen Ordnung im Rahmen des Möglichen lagen. Zudem führten politische Veränderungen und Machtverschiebungen in Frankreich zu einer Schwächung der Kontrolle über die Kolonien. Daraus resultierte ein Aufstand der versklavten Menschen im Jahr 1791. Zwischen 1791 und 1804 führte dieser Aufstand, der als Haitianische Revolution bekannt ist, zu einem bemerkenswerten Ereignis: der Gründung Haitis als unabhängigen Staat. Ein noch nie zuvor da gewesenes Ereignis, denn hierbei handelt es sich um die erste erfolgreiche Revolte versklavter Menschen, die in die Gründung eines unabhängigen Staates mündete. Die einzige Revolution, bei der ehemals versklavte Menschen nicht nur ihre Freiheit, sondern auch die Kontrolle über ein ganzes Land erlangten.

Deutsche Revolution 1848/49

Im Laufe des 19. Jahrhunderts wurde Europa von einer Welle des Wandels erfasst. Die industrielle Revolution hatte die traditionelle Agrargesellschaft umgekrempelt und eine neue Klasse des Bürgertums geschaffen, die zunehmend politischen Einfluss forderte. In Deutschland, das damals aus einer Vielzahl von unabhängigen Staaten im sogenannten Deutschen Bund bestand, führten wirtschaftliche Veränderungen, gepaart mit einem starken Anstieg der Bevölkerung, zu wachsender sozialer Unzufriedenheit. Viele Menschen litten unter schlechten Arbeits- und Lebensbedingungen, besonders in den schnell wachsenden Metropolen und Städten.

Die politische Landschaft war geprägt von einem System, das wenig Raum für bürgerliche Teilhabe ließ. Die herrschende Klasse hielt an ihrer absoluten Macht fest, während liberale und demokratische Ideen, die in anderen Teilen Europas Fuß fassten, in den deutschen Staaten weitgehend unterdrückt wurden. Zensur und politische Repression waren an der Tagesordnung, und die Forderungen nach nationaler Einheit wurden als Bedrohung für die bestehende Ordnung angesehen.

Doch die Unruhen, die schließlich zur Revolution von 1848/49 führten, waren nicht nur das Ergebnis politischer Unterdrückung. Sie waren auch eine Antwort auf die soziale Frage – das Problem der wachsenden Armut und der elenden Arbeitsbedingungen in einer zunehmend industrialisierten Gesellschaft. Die arbeitende Klasse, ebenso wie das Bürgertum, forderte Veränderungen. Die Revolution begann im März 1848, wird deshalb auch Märzrevolution genannt, mit Massendemonstrationen, Streiks und gewalttätigen Auseinandersetzungen. Überall in den deutschen Staaten gingen Menschen auf die Straße, um für ihre Rechte zu kämpfen. Die Hauptforderungen waren die Schaffung einer konstitutionellen Monarchie – ein System, das die Macht der Monarchie durch eine Verfassung begrenzt –, die Einführung von bürgerlichen Freiheiten wie Presse- und Versammlungsfreiheit und soziale sowie wirtschaftliche Reformen. Bedeutend war der Ruf nach nationaler Einheit – die Idee, dass die vielen deutschen Staaten in einem einzigen Nationalstaat vereint werden sollten. Diese Forderungen fanden ihren Ausdruck in der Einberufung der Frankfurter Nationalversammlung am 18. Mai 1848, dem ersten frei gewählten Parlament auf deutschem Boden. In der Paulskirche versuchten die Abgeordneten, eine Verfassung für ein vereintes Deutschland zu entwerfen und damit die Grundlage für eine parlamentarische Demokratie zu schaffen. Doch die Revolution von 1848/49 sollte letztendlich an der mangelnden Unterstützung durch das Bürgertum, an internen Konflikten und am Widerstand der herrschenden Monarchie scheitern. Nach anfänglichen Erfolgen sah sich die Anhängerschaft der Revolution zunehmend isoliert. Die alten Mächte konnten ihre Herrschaft wieder festigen, und die Hoffnungen auf eine demokratische Umgestaltung Deutschlands wurden vorerst zunichtegemacht.

Die Niederschlagung der Revolution führte zudem zu einer Welle der Repression. Viele Menschen, die sich an der Revolution beteiligt hatten, wurden verfolgt, inhaftiert oder ins Exil gezwungen. Doch trotz ihres Scheiterns hinterließ die Revolution von 1848/49 ein bleibendes Erbe. Sie hatte das politische Bewusstsein in Deutschland nachhaltig verändert und den Grundstein für die spätere Entwicklung zur Demokratie gelegt. Die Forderungen nach nationaler Einheit, liberalen

Reformen und einer konstitutionellen Regierung sollten die politische Agenda in Deutschland für die kommenden Jahrzehnte prägen. Die revolutionären Ereignisse trugen dazu bei, ein neues nationales Bewusstsein zu schaffen und den Weg für die spätere Einigung Deutschlands unter Bismarck in den 1870er-Jahren zu ebnen.

Darüber hinaus hatte die Revolution eine wichtige Bedeutung für die Entwicklung der Arbeiterbewegung in Deutschland. Die sozialen und wirtschaftlichen Forderungen, die während der Revolution laut wurden, fanden ihren Niederschlag in der Entstehung von Arbeiterparteien und Gewerkschaften, die sich für die Rechte der arbeitenden Klasse einsetzten. Heute, im Rückblick, können wir die Revolution von 1848/49 als ein entscheidendes Momentum in der deutschen Geschichte betrachten – als eine Zeit, in der das Fundament für die modernen demokratischen und sozialen Strukturen gelegt wurde, die wir heute als selbstverständlich erachten.

Viele Revolutionen, die letztlich zu mehr Gleichheit und einem gesellschaftlichen Wandel führten, sind in der frühen Neuzeit und im Zeitalter der Moderne zu verorten. Dies war eine Zeit, in der Ideen über Freiheit, Vernunft und die Rechte des Individuums in den Vordergrund rückten. Die Aufklärung war eine Zeit der wissenschaftlichen und intellektuellen Entdeckungen, die das Verständnis der Welt und des Menschen grundlegend veränderten. Dieses neue Wissen und Verständnis führte zu einer Emanzipation vom autoritären Glauben und ermutigte die Menschen, ihre Welt aktiv zu gestalten. Die Saat für die modernen Ideen der Demokratie, Menschenrechte und individuellen Freiheiten wurde in dieser Zeit gesät. Zu dieser Zeit entstanden auch die ersten Ansätze einer öffentlichen Meinung, die durch das Aufkeimen der Presse und der breitflächigen Etablierung und Verbreitung des Buchdrucks gefördert wurde. Die Menschen begannen, sich über nationale Grenzen hinweg auszutauschen, und es bildete sich eine transnationale Gemeinschaft von kritischen und engagierten Menschen, die Ideen über Freiheit und Gerechtigkeit teilten und verbreiteten.

Die Ideen der Aufklärung beeinflussten die amerikanische Unabhängigkeitserklärung und die französische Erklärung der Menschen- und Bürgerrechte, Dokumente, die als Meilensteine auf dem Weg zur modernen Demokratie gelten.

Diese Zeit ist geprägt von einem komplexen Zusammenspiel von revolutionären Ereignissen, philosophischen Ideen und sozialen Bewegungen. Sie zeigt uns, wie tiefgreifende Veränderungen oft aus den Tiefen des Konflikts und des Widerstands gegen etablierte Ordnungen entstehen. Diese Epochen waren Zeiten des Umbruchs und der Herausforderung, aber auch der großen Errungenschaften, die die Grundlage für unsere heutige Welt bilden. Indem wir diese geschichtlichen Ereignisse betrachten, erkennen wir, dass die Macht des Volkes und die demokratischen Freiheiten, die wir heute genießen, das Ergebnis von langen und oft schmerzhaften Prozessen sind. Sie erinnern uns daran, dass Freiheit und Gerechtigkeit Werte sind, die ständig verteidigt und weiterentwickelt werden müssen, und dass der Kampf für diese Werte oft Mut und Entschlossenheit erfordert. Nicht selten auch einfach rohe Gewalt. Dann doch lieber ein Bahnstreik oder eine Sitzblockade!

Der hohe Preis für unsere heutigen Freiheiten

Wenn ich eine Online-Petition für die politische Unterstützung deutscher Tierheime unterzeichne und auf meinem Instagram-Kanal teile, werde ich wohl kaum mit Repressionen rechnen müssen. Selbst wenn ich mit einem Transparent und einer lauten Trillerpfeife auf eine Demonstration für ein Verbot von Wildtieren in Zirkussen gehe oder vor dem Bundestag für ein Verbot der AfD protestiere, wird mir nichts weiter blühen. Viele Formen unseres heutigen Protests in Deutschland sind relativ problemlos möglich.

Das sieht in anderen Teilen der Erde ganz anders aus, denken wir mal an die mutigen Menschen im Iran. Die iranischen Behörden haben strenge Einschränkungen der Versammlungs- und Meinungsfreiheit verhängt und Hunderte Menschen verhaftet. Die Repressionen erstrecken sich auch auf Universitäten, wobei zahlreiche Hochschuldozierende entlassen, suspendiert oder in den Ruhestand gezwungen wurden. Die Gerichte, insbesondere die Revolutionsgerichte, bieten häufig keine fairen Prozesse und verwenden Geständnisse, die wahrscheinlich unter Folter erlangt wurden, als Beweismittel vor Gericht. Es gibt zahlreiche Berichte über Folter und Misshandlung von Häftlingen, und die Zugangsmöglichkeiten zu rechtlichem Beistand sind insbesondere während der Ermittlungsphase eingeschränkt. Darüber hinaus hat die iranische Regierung mehrfach lokale Internetabschaltungen während Protesten verhängt, insbesondere in der Provinz Sistan und Belutschistan. Frauen und Mädchen werden in persönlichen Statusangelegenheiten wie Ehe, Scheidung, Erbschaft und Entscheidungen in Bezug auf Kinder weiterhin rechtlich diskriminiert.

Im Gegensatz dazu haben wir in Deutschland eine deutlich andere Situation, in der Demonstrationen und Meinungsfreiheit weitgehend geschützt und gefördert werden. Aber das war nicht immer so. In Deutschland wurde die Pressefreiheit erstmals 1815 in der Bundesakte kodifiziert, jedoch bereits 1819 wieder stark eingeschränkt. In der Reichsverfassung von 1871 fehlte die Pressefreiheit gänzlich. Erst die Weimarer Reichsverfassung (WRV) erklärte Meinungsfreiheit zum Grundrecht, wobei sie Einschränkungen durch Gesetze oder Notverordnungen des Reichspräsidenten zuließ. Nach der

Machtergreifung der Nationalsozialisten 1933 wurde der Artikel 118 WRV, der die Meinungsfreiheit regelte, »zum Schutz von Volk und Staat« außer Kraft gesetzt.[2] Meinungsfreiheit war in Deutschland historisch ein eher schwieriges Thema, da lange nicht vorhanden. Aber wie kam es eigentlich zu heutigen Selbstverständlichkeiten wie dem Achtstundentag, der Fünftagewoche oder dem Mindestlohn?

Die frühesten Forderungen nach einem achtstündigen Arbeitstag stammen aus dem 19. Jahrhundert. 1817 prägte der britische Unternehmer und Arbeitsrechtsaktivist Robert Owen den Slogan »Acht Stunden Arbeit, acht Stunden Freizeit, acht Stunden Ruhe«, der den Tag in drei gleich lange Teile teilte. Die Idee verbreitete sich, und Forderungen wurden laut, dieses Konzept umzusetzen. In den frühen 1830er-Jahren erlebte Großbritannien ein Wachstum der Gewerkschaftsbewegung. Diese Bewegung setzte sich aktiv für kürzere Arbeitszeiten, die Abschaffung der Kinderarbeit, die Gründung von Kooperativen und die Einrichtung von Arbeitsvermittlungsämtern ein. Am 1. Mai 1848 trat in Großbritannien der Factory Act 1847 in Kraft, ein bedeutender Schritt auf dem Weg zum Achtstundentag. Dieses Gesetz legte erstmals verbindlich einen Zehnstundentag für die Arbeiterschaft fest, was einen wesentlichen Fortschritt in der Arbeitszeitregulierung darstellte.

Einen weiteren Meilenstein gab es 1866 in den USA, als die National Labor Union den Kongress aufforderte, ein Gesetz zur Festlegung eines Achtstundenarbeitstags zu verabschieden. Diese Bemühungen scheiterten zwar, setzten aber Arbeitsreformen auf die politische Tagesordnung. Die Arbeiterbewegung in Chicago hatte den 1. Mai 1886 zum Beginn eines landesweiten Streiks erklärt, um den Achtstundentag durchzusetzen. Dies führte zu großen Protesten und Streiks, an denen Zehntausende aus der arbeitenden Bevölkerung teilnahmen und die als Haymarket-Aufstand bekannt wurden. Die

Spannungen zwischen der Arbeiterschaft, Gewerkschaften und den Verantwortlichen in den Firmen, unterstützt von der Polizei und anderen Behörden, eskalierten in den folgenden Tagen. Am 3. Mai kam es vor der McCormick Reaper Works, einer großen Fabrik in Chicago, zu gewalttätigen Auseinandersetzungen zwischen der streikenden Arbeiterschaft und der Polizei, bei denen mehrere Menschen getötet und weitere verletzt wurden. Als Reaktion auf diese Gewalt wurde für den nächsten Tag, den 4. Mai, eine Protestversammlung am Haymarket Square angesetzt. Die Versammlung verlief zunächst friedlich, eskalierte jedoch, als die Polizei versuchte, die Menge aufzulösen. Eine unbekannte Person warf eine Bombe in die Polizeireihen, was zu einem Schusswechsel führte. Mehrere Uniformierte und Demonstrierende wurden verletzt oder gar getötet. In der Folge wurden acht Anarchisten verhaftet und wegen Mordes angeklagt, obwohl keine Beweise vorlagen, dass einer von ihnen die Bombe geworfen hatte. Vier von ihnen wurden hingerichtet, einer beging im Gefängnis Suizid, und die anderen drei wurden später begnadigt. Diese Ereignisse führten zu einer weltweiten Solidarisierung mit den hingerichteten Anarchisten und trugen wesentlich zur Entstehung des Internationalen Tags der Arbeit am 1. Mai bei. Die Haymarket-Affäre war ein Wendepunkt in der Geschichte der Arbeiterbewegung und machte den Kampf für den Achtstundentag zu einem zentralen Anliegen der Arbeiterklasse und der Gewerkschaften.

1916 verabschiedete der US-Kongress den Adamson Act, der einen Achtstundenarbeitstag für Eisenbahnpersonal festlegte. Die Druckanstrengungen der Gewerkschaften führten schließlich dazu, dass die Arbeitszeiten in verschiedenen Branchen verkürzt wurden. Die offizielle Einführung des Achtstundenarbeitstags in den USA erfolgte 1938 mit dem Fair Labor Standards Act, der die Arbeitswoche auf 44 Stunden begrenzte und 1940 auf 40 Stunden reduzierte.

Diese Entwicklungen waren auch in Deutschland spürbar, wo die Sozialdemokratische Arbeiterpartei 1869 die Forderung nach einem Achtstundentag aufnahm. Im Jahr 1884 führte Degussa in Frankfurt am Main als eines der ersten Unternehmen weltweit den Achtstundentag ein. Doch bis zur nationalen Einführung des Achtstundentags sollte es noch viele Jahre dauern. Ein Schlüsselmoment in diesem Kampf waren die Zeit nach dem Ersten Weltkrieg und die Novemberrevolution von 1918. Die politischen und sozialen Umbrüche dieser Periode boten den Gewerkschaften und Arbeitervertretenden eine Plattform, um bedeutende Arbeitsreformen durchzusetzen. Das Stinnes-Legien-Abkommen, das am 15. November 1918 zwischen Gewerkschaftsvertretenden und dem Führungspersonal der Schwer- und Rüstungsindustrie geschlossen wurde, war ein entscheidender Schritt zur Einführung des Achtstundentags in diesen Branchen. Der Achtstundentag wurde in Deutschland schließlich am 23. November 1918 per Regierungsverordnung eingeführt, was den langjährigen Kampf der Arbeiterbewegung für kürzere Arbeitszeiten und bessere Arbeitsbedingungen krönte. Diese Entwicklung war das Ergebnis von mehr als einem halben Jahrhundert an Streiks, Protesten und politischer Mobilisierung für die Arbeitszeitverkürzung.

Die Einführung des Achtstundentags in Deutschland war somit nicht nur ein Ergebnis legislativer Maßnahmen, sondern auch ein Triumph der Arbeiterbewegung, die sich über Jahre hinweg für die Rechte der Arbeiterschaft eingesetzt hatte. Nicht nur national war dafür gekämpft worden – der Kampf um bessere Arbeitsbedingungen erfolgte international, mit teils heftigen Auseinandersetzungen, und dauerte viele Jahrzehnte an. Errungenschaften, die wir heute als selbstverständlich erachten, mussten hart erstritten und teilweise blutig erkämpft werden.

Von Flammen zum Frauenwahlrecht

Der 10. März 1914 ging in die Geschichtsbücher ein. An diesem regnerischen Tag besuchte die Kanadierin Mary Richardson die National Gallery in London. Sie kam nicht allein, denn in ihrer Handtasche führte sie ein kleines Hackebeil mit sich. Getötet wurde niemand. Aber die Feministin initiierte eine Protestaktion, indem sie das berühmte Gemälde *Venus vor dem Spiegel* von Diego Velázquez mit dem Hackbeil zerstörte. Dabei verursachte sie sieben Schnitte im Bild, bevor sie verhaftet wurde.

Diese Tat war ein Protest gegen die Inhaftierung der Suffragettenführerin Emmeline Pankhurst, die sich zu diesem Zeitpunkt in einem Hungerstreik befand. Mary Richardson, die sich 1910 der von Pankhurst gegründeten militanten Women's Social and Political Union angeschlossen hatte, wurde für ihre politischen Aktionen für Frauenrechte mehrmals verhaftet. Sie erklärte, dass sie mit ihrer Tat die »schönste Frau der mythologischen Geschichte« zerstört habe, um auf die Zerstörung von Emmeline Pankhurst, »der schönsten Frau der modernen Geschichte«, durch die Regierung aufmerksam zu machen. Richardson, die selbst Kunst studiert hatte, berichtete im Nachgang, dass sie Stunden gebraucht hatte, um den Mut für ihren Angriff zu sammeln. Außerdem äußerte sie ihre Abneigung gegenüber der Art und Weise, wie Männer Aktgemälde betrachten. Sie wurde zu sechs Monaten Gefängnis verurteilt, was nicht ihr erster Gefängnisaufenthalt war, denn sie wurde insgesamt neunmal aus politischen Gründen verhaftet.[3]

Diese Aktion war eine von vielen radikalen Taten auf dem Weg zum Frauenwahlrecht. Doch um was für eine Gruppe handelte es sich eigentlich bei den Suffragetten? Der Begriff wurde ursprünglich in Großbritannien verwendet, um die Mitglieder der Frauenwahlrechtsbewegung zu bezeichnen, die oft militante Taktiken einsetzten, um für ihr Recht zu kämpfen. Das Wort Suffragette stammt aus dem späten 19. Jahrhundert und ist abgeleitet vom Wort *suffrage*, das Wahlrecht bedeutet. Diese Bewegung war Teil einer größeren Frauenrechtsbewegung, die sich auch in anderen Ländern wie den USA für Gleichberechtigung und gegen die gesellschaftliche und politische Diskriminierung von Frauen starkmachte. In Großbritannien wurde die Suffragettenbewegung besonders durch die Women's Social and Political Union (WSPU) bekannt, die 1903 von Emmeline Pankhurst – die später inhaftiert wurde und somit den Hackebeilvorfall auslöste – und ihren Töchtern Christabel und Sylvia gegründet wurde. Die WSPU und andere Suffragettengruppen setzten sich mittels öffentlicher Demonstrationen, Protestaktionen und vor allem auch durch zivilen Ungehorsam für das Frauenwahlrecht ein. Ihre Taktiken waren oft radikaler als die anderer Frauenrechtsgruppen. Hungerstreiks, das Anketten an öffentliche Gebäude und das Stören öffentlicher Veranstaltungen gehörten zu ihrem Repertoire. Flyer wurden verteilt und ganze Viertel zuplakatiert. Veranstaltungen und Theateraufführungen wurden durch Reden gestört, Fensterscheiben eingeschlagen, manchmal entlang ganzer Straßenzüge. Briefkästen angezündet. Sie verübten Brandanschläge auf öffentliche Gebäude wie Kirchen und darüber hinaus auch Brief- und Paketbombenanschläge.

Die Suffragetten waren derart entschlossen, für ihr Recht zu kämpfen, dass sie sogar ihre eigene körperliche Unversehrtheit aufs Spiel setzten, wie Emily Davison. Am 4. Juni 1913 nahm sie am berühmten Epsom Derby teil, einem bedeutenden Sportereignis in England. Anwesend waren nicht nur die internationale Presse, auch König Georg V. befand sich im Publikum, dessen Pferd am Rennen teilnahm. Davison sprang während des Galopprennens vor das königliche Pferd und soll dabei »Wahlrecht« gerufen haben. Der Jockey erlitt leichte Blessuren, während Davison schwere innere Verletzungen davontrug und vier Tage später an den Folgen verstarb. Auf ihren Grabstein schrieb man »deeds not words« (»Taten, nicht Worte«). Sie wurde zur Märtyrerin der Suffragettenbewegung. Man vermutet, dass sie die Einzige war, die unmittelbar im Rahmen einer Protestaktion verstorben ist. Dennoch bezahlten auch andere Suffragetten einen hohen Preis. Unzählige wurden während der militanten Jahre der Bewegung in Großbritannien inhaftiert, viele von ihnen traten in den Hungerstreik und wurden zwangsernährt, was zu erheblichen gesundheitlichen Problemen führte.

Der Erfolg der Bewegung variierte weltweit, aber in vielen Ländern führte der anhaltende Kampf und steigende Druck, der auch durch die Suffragettenbewegung erzeugt wurde, zur Einführung des Frauenwahlrechts. In Großbritannien wurde im Jahr 1918 das Wahlrecht für Frauen über 30 Jahre mit bestimmten Eigentumsqualifikationen eingeführt und 1928 auf alle Frauen über 21 Jahre ausgeweitet. In den USA wurde das Frauenwahlrecht 1920 durch den 19. Zusatzartikel zur Verfassung garantiert.

Der Kampf, den sie kämpften, umfasste aber nicht nur das Wahlrecht, vielmehr war dies auch ein symbolischer Kampf für die Gleichberechtigung der Frauen in allen Bereichen des Lebens. Die Bewegung veränderte die öffentliche Wahrnehmung der Rolle und der Rechte von Frauen und ebnete den Weg für spätere feministische Bewegungen.

Auch in Deutschland formierte sich im 19. Jahrhundert eine Bewegung für Frauenrechte. Einer der ersten bedeutenden Schritte war die Gründung des Allgemeinen Deutschen Frauenvereins im Jahr 1865 durch Louise Otto-Peters, eine Pionierin der deutschen Frauenbewegung. Der Verein setzte sich für mehr weibliche Teilhabe an Entscheidungsprozessen ein. Im späten 19. Jahrhundert kämpfte die Frauenbewegung insbesondere für die Bildung und Emanzipation von Mädchen und Frauen. Denn diese waren zu jener Zeit aus vielen Bildungsprozessen, wie dem Besuch von Universitäten, gänzlich ausgeschlossen.

Eine wichtige Figur dieser Zeit war Clara Zetkin. Sie war Aktivistin, setzte sich für die Repräsentation von Frauen in Gewerkschaften, für das Frauenwahlrecht und das Recht auf Abtreibung ein. Sie trug auch zur Etablierung des Internationalen Frauentages, heute auch feministischer Kampftag, bei. Inspiriert durch den ersten Frauentag in den USA im Jahr 1909, schlug die bedeutende deutsche Marxistin und Feministin ein Jahr später auf der Zweiten Internationalen Sozialistischen Frauenkonferenz in Kopenhagen vor, einen jährlichen Frauentag zu etablieren, um für die Gleichberechtigung der Frauen und insbesondere für das Frauenwahlrecht zu kämpfen. Der Vorschlag wurde einstimmig angenommen, und der erste Internationale Frauentag fand am 19. März 1911 statt. Die Wahl des Datums für den Internationalen Frauentag hatte Symbolcharakter, da es an die revolutionäre Geschichte erinnern sollte. Der 18. März war bereits als Gedenktag für die Gefallenen der Märzrevolution von 1848 etabliert, und die Pariser Kommune hatte ebenfalls im März 1871 begonnen. Der Internationale Frauentag, der seit 1921 am 8. März begangen wird, wurde bald zu einem wichtigen Tag für Demonstrationen und Veranstaltungen, die die Rechte der Frauen und die Gleichstellung der Geschlechter förderten.

Ich brauche nicht eigens zu erwähnen, dass die Frauenbewegung in Deutschland einen schweren Rückschlag während der Naziherrschaft erlitten hat. Die Nationalsozialisten lehnten jegliche emanzipatorische Bestrebungen ab. Frauen sollten sich auf ihre traditionelle Rolle als Ehefrauen und Mütter beschränken.

Nach dem Zweiten Weltkrieg spielten Frauen als sogenannte Trümmerfrauen eine wichtige Rolle beim Wiederaufbau Deutschlands und setzten die Arbeit für die Gleichstellung fort. In den 1970er-Jahren entstand eine neue Welle des Feminismus. Inzwischen haben wir uns viele Rechte erstritten, dennoch gibt es in anderen Bereichen noch ein enormes Ungleichgewicht und weiterhin genügend Gründe, für Gleichberechtigung zu kämpfen.

Voice for the voiceless

Ich komme natürlich nicht umhin, an dieser Stelle auch über Tierrechte zu sprechen. Nicht nur, weil der Kampf dafür eine Sonderform der sozialen Bewegungen darstellt, schließlich sind jene, die sich für Tiere einsetzen, niemals von der Unterdrückung selbst betroffen, gegen die sie sich wenden. Der Tierschutz und die Tierrechtsbewegung sind, wie ihr wisst, auch jene sozialen Bewegungen, in denen ich politisch beheimatet bin. Neben meiner eigenen Arbeit befasse ich mich zusätzlich mit der Geschichte der Tierrechts- und Tierschutzbewegung und den Menschen, die den Weg für heutige Tierrechte geebnet haben.

Tierschutz, Tierrechte? Wo ist denn da der Unterschied? Dieses kleine, aber feine Detail würde ich gerne zu Beginn kurz klären. Bei der Auseinandersetzung mit Tierschutz und Tierrechten stoßen wir auf deutliche Unterschiede im Ansatz und in den Zielen.

Tierschutz und Tierrechte sind beide Bewegungen, die sich um das Wohl der Tiere sorgen, allerdings unterscheiden sie sich in ihren Grundprinzipien und Zielen. Der Tierschutz, dessen Anfänge bis in die Antike zurückreichen, mit einer stärkeren Formierung im 19. Jahrhundert, setzt sich dafür ein, Leid und Grausamkeit gegenüber Tieren zu verhindern. Dabei geht es hauptsächlich darum, die Bedingungen, unter denen Tiere leben und genutzt werden, zu verbessern. Der Tierschutz akzeptiert im Allgemeinen die Nutzung von Tieren durch den Menschen, solange deren Wohlbefinden gewährleistet ist und unnötiges Leiden vermieden wird. Dies umfasst gesetzliche Regelungen, die sicherstellen, dass Tiere in der Landwirtschaft, bei Forschungsvorhaben und als Haustiere human behandelt werden.

Die Tierrechtsbewegung, die besonders seit den 1970er-Jahren an Bedeutung gewonnen hat, fordert im Vergleich dazu weitreichendere Änderungen. Inspiriert von philosophischen Werken wie Peter Singers *Animal Liberation*, betrachtet diese Bewegung Tiere als Wesen mit eigenen Rechten, ähnlich den Menschenrechten, die es ihnen verbieten, von Menschen genutzt zu werden. Die Tierrechtsphilosophie lehnt somit jede Form der Tierhaltung zu Nahrungszwecken, für Forschung, Kleidung oder Unterhaltung ab und plädiert für eine Gesellschaft, in der Tiere als Individuen mit eigenen Rechten anerkannt und respektiert werden.

Die Diskrepanz zwischen Tierschutz und Tierrechten liegt also vor allem in der Radikalität des Ansatzes: Während der Tierschutz auf eine Verbesserung der Lebensumstände von Tieren unter menschlicher Obhut abzielt, strebt die Tierrechtsbewegung eine grundsätzliche Neubewertung der Beziehung zwischen Menschen und Tieren an, hin zu einer Anerkennung ihrer inhärenten Rechte. Zugegeben, das ist nur eine rudimentäre Einteilung eines komplexen Felds. Da unser Fokus auf den historischen Ursprüngen liegt, ist eine weitere Vertiefung in diesem Kontext nicht erforderlich, was mich dazu veranlasst, die Idee eines eigenen Buches zu diesem Thema zu erwägen. Memo an mich selbst. Da wir uns jetzt in die Zeitkapsel setzen und uns die Anfänge der heutigen Tierschutz- und Tierrechtsbewegungen anschauen, muss an der Stelle gesagt sein, dass es zu jener Zeit noch keine so trennscharfe Unterscheidung gab. Es wurde gleichsam für den Schutz und die Rechte von Tieren gekämpft, und die Ausdifferenzierung einzelner Strömungen mit ihren theoretischen Grundlagen erfolgte erst später, im späten 20. Jahrhundert.

Bereits in der antiken griechischen Philosophie wurden tiefgreifende Fragen zur ethischen Verantwortung gegenüber Tieren und ihrem Verhältnis zum Menschen gestellt.[4]

Während der Epoche der Aufklärung begann eine tiefgreifende Neudefinition der menschlichen Selbstwahrnehmung und der Verortung des Menschen in der Welt. Philosophische und wissenschaftliche Durchbrüche hinterfragten unsere vormals unangefochtene Stellung als »Krone der Schöpfung« und Nabel der Welt. Der Historiker Robert Freeman fasste diesen Wandel gut zusammen: Inmitten dieser Revolution sahen wir uns plötzlich als »ein weiteres kleines Tier« in einem weitläufigen System.[5] Zuvor basierte die Unterscheidung zwischen Mensch und Tier auf drei Kriterien: Sprache, Vernunft und der Glaube an eine unsterbliche Seele. Dieser Diskurs wurde maßgeblich vom griechischen Philosophen Platon und seinem Schüler Aristoteles beeinflusst. Letzterer postulierte, dass der Mensch, anders als Tiere, über Vernunft verfügt und damit einer göttlichen Natur nähersteht.[6] Demnach waren Tiere in einer natürlichen Hierarchie unter dem Menschen verortet.

Grausamkeiten gegenüber Tieren waren lange Zeit in allen sozialen Schichten weit verbreitet, ich erinnere nur an Stierkämpfe oder das Kochen lebender Hummer, das auch heute noch in manchen Kreisen als legitim erachtet wird. Eine Sichtweise, die Tiere als Mittel zum Zweck ansah, war weit verbreitet und in der Gesellschaft tief verwurzelt. Tiere wurden zu Lebensmittellieferanten und Werkzeugen degradiert, dem Menschen nützlich.

Die Philosophen René Descartes und Jeremy Bentham prägten mit ihren stark divergierenden Theorien die moderne Debatte über das Verhältnis zwischen Menschen und Tieren maßgeblich, obwohl ihre Lebenszeiten ein Jahrhundert auseinanderlagen. Ihre konträren Ansichten zur Mitgefühlsfähigkeit von Tieren spiegeln die unterschiedlichen Ideale der Neuzeit wider. René Descartes, ein Denker der Renaissance und als »Vater der modernen Philosophie« bekannt, versuchte die neuen wissenschaftlichen Erkenntnisse mit dem traditionellen christlichen Weltbild in Einklang zu bringen. Er löste das Dilemma, indem er Tieren jegliches Bewusstsein absprach und sie als maschinenähnliche Wesen ohne die Fähigkeit zu Leid oder Freude darstellte. Diese Theorie wird unter dem Begriff Maschinenparadigma diskutiert. In seiner Schrift *Discours de la méthode* argumentierte er, dass Tiere niemals dazu in der Lage wären, Sprache oder Zeichen wie Menschen zu verwenden, und dass sie bei bestimmten Aufgaben zwangsläufig versagen würden, da sie nicht aus Wissen, sondern nur aufgrund ihrer organischen Anordnung handelten.

Jeremy Bentham hingegen vertrat einen Ansatz, der auf Empathie, Gleichheit und einer tiefen Verbundenheit zwischen allen Kreaturen basierte. In seinem Werk *An Introduction to the Principles of Morals and Legislation* legte er dar, dass Handlungen danach bewertet werden sollten, ob sie Glück fördern oder Leid verursachen. Sein Utilitarismus plädierte für Gleichheit über Speziesgrenzen hinweg und betonte die Leidensfähigkeit als entscheidendes Kriterium für moralische Berücksichtigung. In seiner Ethiktheorie betonte Jeremy Bentham also die Bedeutung von Freude und Leid aller empfindungsfähigen Lebewesen, einschließlich Tieren. Er sah Tiere als Wesen mit Gefühlen und nicht als mechanische Automaten. Bentham prägte die Diskussion über Tierethik mit seinem berühmten Zitat: »Die Frage ist nicht, können sie denken oder sprechen, sondern können sie leiden?«[7] Diese Perspektive rückte die moralische Verpflichtung des Menschen gegenüber Tieren in den Vordergrund.

Descartes' Ansatz degradiert Tiere auf eine untergeordnete, maschinenähnliche Stufe, während Benthams Utilitarismus für eine gleichberechtigte moralische Berücksichtigung aller fühlenden Wesen plädiert. Mithilfe von Descartes' Theorien können grausame Praktiken wie die Vivisektion legitimiert werden, während Bentham als eine der ersten Stimmen für Tierrechte gilt und einen entscheidenden Beitrag zur späteren Entstehung der Antispeziesismusbewegung leistete.

Apropos Bewegung, wie entstand denn jetzt aus diesen Ideen eine Bewegung für den Schutz von Tieren und Tierrechten? Während frühere Jahrhunderte, besonders das 16. und 17. Jahrhundert, von einer Kultur der Grausamkeit gegenüber Tieren geprägt waren – England galt hier als besonders brutal –, wandelte sich im späten 18. und im beginnenden 19. Jahrhundert das Verhältnis zu Tieren. Tiere wurden nicht mehr nur als Besitz betrachtet, als bloße Lebensmittelressourcen oder Werkzeuge, sondern als Wesen, die Rechte und Schutz verdienten. Es formierten sich Interessengruppen für den Tierschutz, zahlreiche Tierschutzvereine wurden gegründet. Das Engagement dieser Organisationen, aber auch die allgemeine Präsenz der Tierschutzfrage führten zu einer kritischen Auseinandersetzung mit der zuvor weitgehend unkritisch akzeptierten und alltäglichen Ausbeutung von Tieren. Im frühen 19. Jahrhundert entstand in England eine intellektuelle Bewegung, die darauf abzielte, Tierschutz als öffentliches Anliegen zu etablieren, statt ihn als rein private Angelegenheit zu behandeln.

Spannend hierbei: Die Bewegung für den Schutz und die Rechte von Tieren war im 19. und frühen 20. Jahrhundert oft mit anderen sozialen und politischen Bewegungen verbunden. Zum Beispiel gab es Überschneidungen mit der Frauenrechtsbewegung, da viele Frauenrechtlerinnen auch im Tierschutz aktiv waren. Vor allem in der Antivivisektionsbewegung, also der Bewegung gegen Tierversuche, waren viele Feministinnen engagiert. Ebenso bestanden Verbindungen zur Arbeiterbewegung und zu humanitären Bewegungen. Es gab zudem Schnittmengen zur Abolitionismusbewegung, die sich insbesondere in den Vereinigten Staaten und in Großbritannien gegen Sklaverei zur Wehr setzte.

Der organisierte Tierschutz konnte so mit einem immer stärkeren Rückhalt am 22. Juli 1822 den ersten Meilenstein erzielen. Nach einem erfolglosen Versuch im Jahr 1821 verabschiedete das britische Parlament den Cruel Treatment of Cattle Act. Dieses Gesetz, das erste nationale Gesetz dieser Art, hatte das Ziel, Nutztiere wie Pferde, Rinder und Schafe vor willkürlicher und grausamer Behandlung zu schützen. Es konzentrierte sich zunächst auf die extremsten Formen der Tierquälerei, wie beispielsweise das Schlagen von Eseln. Der Cruel Treatment of Cattle Act, maßgeblich gefördert vom Parlamentarier und Tierschützer Richard Martin und daher auch als Martin's Act bekannt, war ein wichtiger Schritt im Tierschutz. Bei einem Gesetz blieb es aber nicht. 1824 gründete Richard Martin mit anderen die Society for the Prevention of Cruelty to Animals (SPCA). Die SPCA, heute als Royal Society for the Prevention of Cruelty to Animals (RSPCA) bekannt, ist die älteste Tierschutzorganisation der Welt. England setzte durch die Gründung der SPCA und spätere Gesetzesverschärfungen, die auch Haustiere in den Schutz mit einbezogen und im Jahr 1835 Hahnenkämpfe verboten, bedeutende Maßstäbe im Tierschutz. Diese Schritte beeinflussten andere Nationen und leiteten weltweit ähnliche Entwicklungen ein.

Im Jahr 1838 wurde beispielsweise im Königlich Sächsischen Strafgesetzbuch[8] das »boshafte« oder »mutwillige« Quälen von Tieren unter Strafe gestellt. Dies spiegelte die wachsende Sensibilität gegenüber dem Umgang mit Tieren in Deutschland wider. Inspiriert durch den Anblick eines brutal misshandelten Kutschpferdes am Berliner Mühlendamm, gründete der preußische Beamte C. J. Gerlach 1841 einen der ersten Tierschutzvereine in Deutschland, den Verein gegen Tierquälerei. Dieser Verein existiert heute unter dem Namen

Tierschutzverein für Berlin und Umgebung und ist verantwortlich für Deutschlands größtes Tierheim. Das Hauptziel des von Gerlach gegründeten Vereins bestand damals darin, »Grausamkeiten gegen Tiere mit Hilfe aller zu Gebote stehender Mittel zu verhindern«[9]. Zu jener Zeit entbrannten in Deutschland heftige Debatten um den Tierschutz. Besonders um 1900 erhitzte das Thema Tierversuche die Gemüter, wobei zahlreiche Persönlichkeiten sich gegen diese Praktiken wandten, darunter auch Prominente wie der Komponist Richard Wagner. Das erste ganzheitliche und landesweite Tierschutzgesetz, das Reichstierschutzgesetz, wurde allerdings deutlich später, im Jahr 1933, durch die Nationalsozialisten eingeführt.

Die wachsende Sensibilisierung für die Rechte von Tieren hat weltweit zu einem anderen Umgang mit ihnen geführt, aber wir sehen uns immer noch mit erheblichen Herausforderungen konfrontiert. Trotz des zunehmenden Verständnisses der Leidensfähigkeit von Tieren gibt es weiterhin massive Formen der Ausbeutung, die in ihrer Intensität und im Ausmaß historisch beispiellos sind. Die fortschreitende Industrialisierung in Bereichen wie der Fleischproduktion, die Verwendung automatisierter Melkmaschinen und Legebatterien sowie die Reduzierung vieler Tiere zu bloßen Maschinen und Produkten stellen diejenigen, die sich für den Schutz von Tieren und Tierrechte einsetzen, vor kontinuierlich neue und wachsende Herausforderungen. Wir sind also noch lange nicht fertig mit unserem Kampf für die Rechte der Tiere.

5. Keimzellen des Wandels

In einem unserer regelmäßigen Telefonate sprach ein enges Familienmitglied neulich darüber, dass das Verbot bestimmter rassistischer Begriffe so wichtig sei. Filme und Bücher wie Pippi Langstrumpf sollten ruhig überarbeitet werden, um rassistische Bezeichnungen zu entfernen, und genauso könnte man gewisse Gerichte auch endlich umbenennen, um Diskriminierung zu vermeiden und eine inklusivere, respektvollere Sprache zu fördern. Ich habe kurz den Hörer vom Ohr weggehalten, mein Ohr gerieben und noch mal nachgefragt. Nicht, weil ich der Person keine fundierten Meinungen zutraue, sondern eher, weil bestimmte Themen häufig nur in spezifischen Kreisen Aufmerksamkeit erlangen und leider oft außerhalb dieser Kreise kaum Beachtung finden. Manche Menschen leben nicht in Großstädten, wo an jeder Ecke politische Parolen an den Mauern hängen, sind nicht umgeben von Menschen, die sich für die gute Sache einsetzen, sind selbst keine Digital Natives, die über die neuesten Memes Bescheid wissen, und finden deshalb auch in vielen Netzwerken gar nicht statt. Auf meine Nachfrage an mein Familienmitglied, woher diese Erkenntnis stammte und worauf sie sich bezog, wurde ich zu meinem noch größeren Erstaunen auf das Buch *Exit Racism* von Tupoka Ogette verwiesen. Wir unterhielten uns sehr lange über die Inhalte und hatten ein total schönes Gespräch. Dabei haben wir uns in unseren Ansichten sicherlich bestärkt, aber was mich vor allem gefreut hat: dass die Inhalte dieses wichtigen Buches nun eine Zielgruppe erreichen, die nicht auf Instagram unterwegs ist und an manchen Diskursen gar nicht teilnimmt.

Exit Racism steht hier exemplarisch für eine ganz entscheidende Sache, wenn es darum geht, die Welt zu verändern: Bildung! Wenig überraschend mag sein, dass es dazu ein eigenes Forschungsfeld gibt, nämlich die Partizipationsforschung. Die Partizipationsforschung untersucht den Einfluss von Bildung auf die politische Teilhabe. Sie analysiert, wie und warum Individuen und Gruppen sich politisch engagieren – sei es durch Wahlen, politische Kampagnen oder zivilgesellschaftliches Engagement. Ein zentrales Anliegen ist dabei die Erforschung der Einflussfaktoren der politischen Partizipation. Hierbei spielt politische Bildung eine entscheidende Rolle, da sie wesentlich beeinflusst, wie Menschen sich politisch einbringen und engagieren. Die Forschung zeigt, dass bessere Bildung oft mit einer aktiveren politischen Beteiligung einhergeht, da sie das politische Bewusstsein und Verständnis fördert. Damit ist nicht zwingend nur der Schulabschluss gemeint, sondern das Maß an politischer Bildung. Politische Bildung zielt darauf ab, die Bevölkerung zu befähigen, aktiv und informiert am politischen Prozess teilzunehmen. Sie umfasst das Verständnis politischer Strukturen, Prozesse und Ideologien sowie die Entwicklung kritischer Denk- und Urteilsfähigkeiten. Politische Bildung fördert zudem das Bewusstsein für Rechte und Pflichten in einer demokratischen Gesellschaft und motiviert zur Mitgestaltung des gesellschaftlichen Zusammenlebens. Die Partizipationsforschung untersucht zudem, wie Bildungsinitiativen und -programme die politische Teilnahme und das demokratische Engagement in der Gesellschaft stärken können. Bildung ist nicht nur der Schlüssel zur Veränderung, sondern auch die Grundlage sozialer Bewegungen. Doch Untersuchungen aus der Demokratie- und Partizipationsforschung offenbaren deutliche Defizite in Bezug auf die Realisierung politischer Gleichheit. Es wird ersichtlich, dass Bevölkerungsgruppen mit niedrigerem Einkommen politisch benachteiligt und unterrepräsentiert sind. Das erstreckt sich von der Teilnahme an Wahlen bis hin zu Mitgliedschaften in politischen Organisationen und anderen Formen der politischen Teilhabe.[1] Das Interesse an politischen Themen sowie die Überzeugung, durch persönliche politische Aktivität Veränderungen herbeiführen zu können, wird wesentlich durch das Bildungs- und Einkommensniveau beeinflusst. Insbesondere Menschen mit niedrigerem Einkommen und Bildungshintergrund neigen dazu, die Politik als Domäne der Eliten zu betrachten, und bewerten ihre eigenen Möglichkeiten, Einfluss zu nehmen, als eher gering. Diese Wahrnehmung führt oft zu einem Phänomen, das als Selbstexklusion aus dem politischen Prozess beschrieben werden kann.

In Bezug auf die Teilnahme am politischen Leben zeigt sich also eine deutliche Ungleichverteilung der Chancen. Menschen mit geringerem Bildungsstand und niedrigerem Einkommen sind weniger in demokratische Prozesse involviert als jene mit höherer Bildung und größerem Einkommen. Dieser Trend ist sowohl bei der Wahlbeteiligung als auch bei der Mitarbeit in politischen Parteien und Bürgerinitiativen zu beobachten. Um die Beteiligung sozial benachteiligter Schichten zu fördern, ist auch eine finanzielle Stärkung der Strukturen für politisches Engagement essenziell. Politische Parteien spielen hierbei eine zentrale Rolle und sollten bestrebt sein, Mitglieder aus sozial schwächeren Schichten für eine kontinuierliche Mitarbeit zu gewinnen und zu motivieren.[2]

Warum ich mich so darüber gefreut habe, dass mein Familienmitglied *Exit Racism* gelesen hat? Weil dadurch nicht nur eine Person mehr von den Inhalten weiß, sondern weil sie diese auch weitergeben wird. Ein Buch über Rassismus kann das

Selbstvertrauen geben, sich aktiv mit diesem Thema zu befassen und die Inhalte und Argumente auch weiterzutragen. Begegnungen mit dem rassistischen Nachbarn enden dann im besten Fall nicht mehr in völliger Verzweiflung, weil man diese Person nicht erreicht und argumentativ nichts entgegensetzen kann. Gute Argumente und eine stabile Basis an Wissen zu bestimmten Themen helfen enorm bei solchen Begegnungen. Man befähigt sich durch politische Bildung selbst, zum Sprachrohr für wichtige Themen zu werden und sich noch besser für seine Anliegen einzusetzen.

Nachdem ich von den schrecklichen Praktiken in der Milch- und Eierindustrie erfahren habe, habe ich mein Wissen darüber breitflächig weitergegeben. In meinem Freundes- und Familienkreis habe ich darüber gesprochen, Videos geteilt, Bücher verschenkt. Seitdem mache ich Aufklärungsarbeit in der Öffentlichkeit zum Thema Veganismus und konnte mein Wissen mit vielen Menschen teilen. Eine Art Dominoeffekt, den man nicht unterschätzen sollte. Meine Eltern hatte ich rasch argumentativ überzeugt, dass Veganismus eine gute Sache ist, und sie wurden selbst vor zehn Jahren vegan, ihnen sind in ihrem Umfeld weitere Menschen gefolgt. Daher ist politische Bildung in der Schule von großer Bedeutung und nicht zu unterschätzen, denn die Entwicklung argumentativer Strategien kann man erlernen. Nicht nur bilden sich soziale Bewegungen auf der Grundlage von Wissen, durch die Beteiligung an sozialen Bewegungen erwerben Menschen außerdem wichtige Kompetenzen, die sowohl für die erfolgreiche Arbeit in der Bewegung als auch für die individuellen Weiterentwicklungsprozesse wichtig sind. Menschen erlangen also durch ihr Engagement in sozialen Bewegungen Selbstvertrauen und Fähigkeiten, die sie sonst möglicherweise nicht entwickelt hätten.[3]

Ihr könnt relativ einfach und unkompliziert schon viel erreichen, wenn ihr Bücher lest, politische Debatten und Diskurse mitverfolgt, aktiv daran teilnehmt und ein Selbstbewusstsein im Umgang mit politischen Themen erwerbt. Im besten Fall gebt ihr das Wissen dann sogar weiter, empfehlt Lektüren, führt hitzige Debatten und werdet politisch aktiv – egal ob ihr euch in einem politischen Lesekreis engagiert, Demonstrationen gegen rechts plant oder einen Verein für die Abschaffung von Pelzfarmen gründet.

Dies ist ein Aufruf zum Boykott

Neulich saß ich ganz klischeehaft mit meinem Hafer-Latte in der Küche an einer zur Küchenarbeitsfläche umfunktionierten alten Werkbank. Während ich genüsslich meinen Koffeinpegel auf Stand brachte, scrollte ich mich durch das Internet. Neben Urlaubsbildern aus Bali, Nachrichten über Proteste – von denen es aktuell sehr viele gibt –, Büchertipps und Rezeptideen tauchte eine Meldung in meiner veganen Filterblase plötzlich überall auf: Großer deutscher Fleischproduzent nimmt Klassiker aus Fleisch vom Markt und verkauft nur noch vegane Variante. Ich dachte, ich lese nicht richtig. Ein deutscher Fleischproduzent, der seit über 180 Jahren Fleisch- und Wurstwaren anbietet und seit einigen Jahren sein vegetarisches und veganes Sortiment auf- und ausgebaut hat, produziert seinen Wurstklassiker ab Januar 2024 nur noch fleischlos. Es mag banal klingen, aber das ist ein großer und wichtiger Schritt – ich würde fast schon von einer Wurstrevolution sprechen.

Auch wenn ich mir jetzt vorkomme wie eine alte Dame, die Geschichten aus einem Land vor unserer Zeit erzählt, muss ich mit euch an dieser Stelle in das Jahr 2012 reisen, das Jahr, in dem ich vegan wurde. Die Geschichte kennt ihr schon, nach einem verstörenden Video habe ich all die tierischen

Produkte in meinem Kühlschrankfach meinem damaligen Mitbewohner überlassen und bin mit meinem Jutebeutel in den nächstgelegenen Bio-Supermarkt gegangen. Fest entschlossen, künftig nur noch vegane Speisen zu mir zu nehmen. Das Vorhaben ist mir gelungen, die Frage ist nur, wie. Denn in besagtem Jahr 2012 war ein veganer Einkauf eine noch recht trostlose Angelegenheit. Obst und Gemüse, klar. Nudeln, Reis, Hülsenfrüchte und Kartoffeln. Und dann wurde es schon eng. In den Kühlregalen befanden sich fast nur Milchprodukte. Unsinnigerweise hatten damals noch wesentlich mehr Lebensmittel Fleischbestandteile oder beinhalteten Ei. Da musste man sogar beim Saft aufpassen, dass dieser nicht mit Gelatine geklärt wurde – übrigens auch heute noch eine Gefahr. Gelegentlich gab es in speziellen Geschäften vegane Schokoriegel aus den USA oder England, ein echtes Happening, so ein Fünf-Euro-Importriegel.

In den letzten zwölf Jahren hat sich so viel verändert, und wäre ich damals in eine Zeitmaschine gestiegen und man hätte mich im Jahr 2023 in einem Berliner Supermarkt (oder selbst in einem großen Supermarkt bei meinen Eltern auf dem Land) aussteigen lassen, hätte ich nicht fassen können, was ich sehe. Gab es vor einigen Jahren noch spezielle vegane Supermärkte, ist inzwischen jeder Discounter randvoll mit veganen Produkten. Die *Frankfurter Rundschau* stellte die Anzahl der vegan lebenden Menschen in den Jahren 2010 und 2020 gegenüber und kam zu dem Schluss, dass sich diese Zahl verzwanzigfacht hat.[4] In Deutschland leben inzwischen rund acht Millionen Menschen, die kein Fleisch essen.[5] Und da die Nachfrage das Angebot bestimmt und die Zahl jener, die keine tierischen Produkte konsumieren wollen, kontinuierlich wächst, zieht der Markt natürlich mit. Habe ich zu Beginn noch jedes neue vegane Produkt höchstselbst und vor allem feierlich verköstigt, komme ich inzwischen gar nicht mehr hinterher bei all den neuen Produkten, die fast schon täglich dem Götzen Konsum als Tribut erbracht werden. Vegane Lebensmittel sind keine Nischenprodukte mehr, große Firmen produzieren ihre Klassiker inzwischen ganz selbstverständlich ohne tierische Inhaltsstoffe. Parallel dazu hat sich nach dem Rekordjahr 2016, in dem 8,3 Millionen Tonnen Fleisch produziert wurden, die Menge der inländischen Fleischproduktion jährlich verringert.[6] Selbst die Agrarlobby spricht als Ursache für die im Rekordtempo sinkenden Zahlen in der Schlachtbranche von geringerer Nachfrage. Ich muss nicht erwähnen, dass 3,3 Millionen Tonnen Fleisch, die im Jahr 2023 »produziert« wurden, immer noch 3,3 Millionen Tonnen zu viel sind. Dennoch ist ein klarer Trend erkennbar. Ein Trend, der eben auch auf mangelnde Nachfrage zurückzuführen ist.

Unser Konsum kann politisch sein. Und für das Phänomen, an der Supermarktkasse eine bestimmte Wahl zu treffen, beispielsweise für Fair-Trade-Schokolade im Gegensatz zur konventionellen, gibt es sogar einen Begriff: Buycott. Das ist kein Tippfehler und meint auch nicht den bekannteren Boykott. In der heutigen Zeit hat sich eine neue Form des Konsumentenverhaltens entwickelt, die man als Buycott bezeichnet. Dabei werden bewusste Kaufentscheidungen für bestimmte Produkte oder Geschäfte getroffen, die auf politischen, ethischen oder ökologischen Überlegungen basieren. Diese Entscheidungen werden oft durch Produktkennzeichnungen und Gütesiegel wie zum Beispiel »Fairtrade« oder »Bio« geleitet. Fair-Trade-Produkte werden unter fairen Bedingungen hergestellt, was faire Löhne und angemessene Arbeitsbedingungen für die Arbeitenden einschließen soll. Mit der Kennzeichnung »Bio« versieht man wiederum Produkte, die umweltschonend produziert werden. Dazu zählen beispielsweise organisch angebaute Lebensmittel. Aber auch Reinigungsmittel können biologisch abbaubar und auch so gekennzeichnet sein. Siegel wie »Fairtrade« oder »Bio« dienen also als Orientierungshilfe für Personen, die Produkte unterstützen möchten, die ethische Standards in Bereichen wie fairem Handel, Umweltschutz oder sozialer Verantwortung erfüllen. Somit wird der persönliche Einfluss auf den Markt genutzt, um positive soziale und ökologische Veränderungen zu fördern.[7] Immer mehr Menschen suchen außerhalb des Parlamentarismus nach Wegen, ihre politische Meinung kundzutun und Einfluss zu nehmen. Eine dieser Formen ist das politische Konsumverhalten. Bio, Fair Trade, regional, secondhand, vegan – es gibt viele politisch motivierte Kaufentscheidungen.

Neben Buycotts gibt es noch den Boykott. Doch was ist jetzt der genaue Unterschied? Boykotte und Buycotts sind tatsächlich zwei verschiedene Formen des politischen Konsumverhaltens, die jeweils unterschiedliche Wirkungen haben. Boykotte sind eine Form des Protests, bei der Personen bestimmte Produkte oder Geschäfte meiden, um gegen deren Praktiken oder Politik zu protestieren. Ihr kennt sicher den Aufruf, Produkte bestimmter Firmen nicht zu kaufen, da deren Geschäftsmethoden als unethisch angesehen werden.

Vielen werden sicher die Boykottaktionen gegen die Firma Nestlé bekannt sein. Diese sind auf verschiedene Kontroversen zurückzuführen, von denen die Wasserproblematik eine der hervorstechendsten ist. Nestlé wird dafür kritisiert, in Regionen, die bereits unter Wasserknappheit leiden, Wasserquellen intensiv zu nutzen. Zum Beispiel soll das Unternehmen in Kalifornien, einer dürregeplagten Region in den USA, mehr Wasser abgepumpt und abgefüllt haben als erlaubt und genehmigt. Dieses Vorgehen führte zu Beschwerden, dass Nestlé die lokalen Wasserreserven übermäßig beanspruche.[8] Nestlé erwerbe der Kritik zufolge zudem weltweit Wasserrechte von staatlichen Behörden, was es dem Konzern ermögliche, Grundwasser abzupumpen, zu reinigen und als abgefülltes Trinkwasser in Plastikflaschen zu verkaufen. Der Konzern habe Produktionsstandorte in 34 Ländern, einschließlich in wasserarmen Regionen wie Südafrika, Pakistan und Äthiopien. In Südafrika, wo es immer wieder zu schweren Dürren kommt, habe Nestlé elf Standorte. Als in Kapstadt eine Wassersparstufe eingeführt wurde sei, bei der jede Person nur noch 50 Liter Wasser pro Tag verbrauchen durfte, soll Nestlé offenbar weiterhin Wasser abgepumpt und verkauft haben. Der Dokumentarfilm *Bottled Life* beleuchtet Nestlés Wassergeschäfte und wirft dem Konzern vor, für Dürren in einigen Regionen Pakistans verantwortlich zu sein.[9] Nestlé verteidigt sich, behauptet, die lokalen Wasservorkommen nicht zu beeinträchtigen, und verweist auf Auszeichnungen für gutes Wassermanagement. 2018 erzielte Nestlé mit Wasserprodukten einen Umsatz von 7,878 Milliarden Schweizer Franken (umgerechnet ungefähr 8,3 Milliarden Euro), was mehr als ein Zwölftel des Gesamtumsatzes ausmachte. Doch die Kritik an Nestlé beschränkt sich nicht nur auf die Wasserthematik. Das Unternehmen soll auch in Skandale wie die Verwendung von Kindersklavenarbeit auf Kakaoplantagen und problematische Praktiken im Zusammenhang mit dem Verkauf von Säuglingsnahrung in Entwicklungsländern verwickelt gewesen sein. Diese und weitere Vorfälle haben zu einem anhaltenden Boykott gegen Nestlé und seine Produkte geführt. Nestlé wird wohl auch künftig mit Boykottaufrufen konfrontiert sein und auch immer damit in Verbindung stehen.

Ein Boykott, den man heute nicht mehr auf dem Schirm hat, der aber in die Geschichtsbücher einging, ist der Shell-Boykott aus dem Jahr 1995. Der Boykott gegen Shell wurde durch eine Reihe von Ereignissen ausgelöst, die im Zusammenhang mit der Ölplattform Brent standen. Die Brent Spar war eine Öllager- und Verladeeinrichtung in der Nordsee, die von Shell genutzt wurde. Im Jahr 1995 soll Shell geplant haben, die ausgediente Plattform im Meer zu versenken, was zu erheblichen Umweltbedenken führte. Greenpeace spielte eine zentrale Rolle im Widerstand gegen diese Pläne. Die Umweltorganisation besetzte die Plattform und startete eine Kampagne, um auf die potenziellen Umweltschäden aufmerksam zu machen, die durch die Versenkung entstehen könnten. Diese Aktionen erregten weltweit Aufmerksamkeit und führten zu einem breiten öffentlichen Aufschrei. Ausgerechnet die Junge Union in Nordrhein-Westfalen, also die Jugendorganisation der CDU/CSU, hat im Rahmen dieses Skandals als erste Gruppe in Deutschland dazu aufgerufen, Tankstellen der Firma Shell zu boykottieren. Verschiedene Organisationen und Gruppen, darunter Politikschaffende, Gewerkschaften und die evangelische Kirche, unterstützten den Boykott von Shell-Tankstellen. Dieser Boykott führte zu einem signifikanten Rückgang der Absätze an Shell-Tankstellen in Deutschland. Zusätzlich gab es Berichte über gewaltsame Proteste gegen Shell, einschließlich Brandanschläge auf Tankstellen. Der Druck von Greenpeace, der öffentlichen Meinung und von Regierungen mehrerer Länder führte schließlich dazu, dass Shell seine Pläne zur Versenkung der Brent Spar aufgab und sich für eine andere Entsorgungsmethode entschied.[10] Ein Boykott kann Wirkung zeigen und sich als wirksames Mittel sozialer Bewegungen und gesellschaftlicher Teilhabe erweisen.

Um den Unterschied also noch mal klarzumachen: Buycotts sind das genaue Gegenteil von Boykotten. Bei den Buycotts unterstützen Menschen bewusst bestimmte Produkte oder Geschäfte aufgrund ihrer positiven Praktiken oder Firmenpolitik. Dabei hat eine Untersuchung gezeigt, dass Buycott-Teilnehmende tendenziell sozial gut eingebunden, altruistisch und weiblich sind, während sich Boycott-Teilnehmende verstärkt durch ein geringeres Maß an Vertrauen in Institutionen auszeichnen.[11] Ein klassisches Beispiel für Buycotts ist der Kauf von Fair-Trade-Produkten wie Kaffee, Schokolade oder Bananen. Aber auch der Kauf lokaler Produkte kann als Form des Buycotts betrachtet werden, bei dem aus verschiedenen Gründen Produkte aus der Region bevorzugt werden, etwa um Kleinunternehmen aus der Nachbarschaft zu unterstützen oder um den CO_2-Fußabdruck durch kurze Transportwege zu verringern.

Buycotts können eine wirksame Methode darstellen, die eigene Kaufkraft gezielt für positive Veränderungen in der Gesellschaft und Umwelt einzusetzen. Sie belohnen und ermutigen Unternehmen, nachhaltige und ethische Geschäftspraktiken beizubehalten oder zu verbessern. Dennoch bleibt der Konsum, und aus kapitalismuskritischer Sicht werden Buycotts häufig kritisiert, da sie innerhalb des bestehenden kapitalistischen Systems agieren und keine grundlegenden strukturellen Veränderungen fordern oder fördern. Buycotts werden als individuelle Konsumentscheidungen betrachtet, die zwar ein Bewusstsein für soziale und ökologische Probleme schaffen können – was absolut wichtig ist –, aber die tiefer liegenden Ursachen dieser Probleme, wie etwa ungleiche Machtverhältnisse und Profitstreben, nicht direkt adressieren. Kritisiert wird also, dass Buycotts zwar positive Effekte auf lokaler oder begrenzter Ebene haben können, jedoch das größere System des Kapitalismus, das auf ständigem Wachstum, Konsum und der Ausbeutung von Ressourcen und Lebewesen basiert, unangetastet lassen.

Kapitalismus ist inhärent ungleich und destruktiv, und Veränderungen im Konsumverhalten allein reichen nicht aus, um tiefgreifende soziale und ökologische Herausforderungen zu bewältigen. Es mag uns ein besseres Gefühl geben, aber dabei sollten wir es nicht belassen. Zudem gibt es Bedenken, dass Buycotts zu Greenwashing, Wokewashing oder Pinkwashing beitragen können, indem Unternehmen sich ein nachhaltiges oder ethisches Image aufbauen, um Konsumierende anzuziehen, ohne wesentliche Änderungen in ihren Geschäftspraktiken vorzunehmen.

Mit Greenwashing, Pinkwashing und Wokewashing beschreiben kritische Stimmen bestimmte Praktiken von Unternehmen und Organisationen. Beim Greenwashing geben sich

Firmen umweltfreundlicher und nachhaltiger, als sie tatsächlich sind, um ein positives Image zu erzeugen und neue Kundschaft anzuziehen. Pinkwashing bezeichnet das Vorgehen, als Firma beispielsweise zum Pride-Month das Firmenlogo auf Social Media in den Regenbogenfarben darzustellen oder Marketingkampagnen unter Einbeziehung der LGBTQIA*-Szene zu starten, ohne jedoch tatsächliche, substanzielle Unterstützung für diese Gemeinschaft zu leisten. Das Image wird genutzt, um sich tolerant und offen zu positionieren. Wokewashing wiederum bezieht sich auf Unternehmen, die sich öffentlich zu Diversität bekennen, aber in ihrer Geschäftstätigkeit keine wesentlichen Maßnahmen zur Förderung von Inklusion ergreifen. Da wird zum feministischen Kampftag ein feministischer Post abgesetzt und auf die Wichtigkeit von Geschlechtervielfalt aufmerksam gemacht, während die Führungsetage eben jener Firma weiterhin nur aus den obligatorischen alten weißen Männern besteht. Diese Praktiken dienen häufig mehr der Imagepflege als der Verfolgung echter sozialer, ökologischer oder ethischer Ziele.

Das ist nicht ungefährlich, denn es kann zu einer Trivialisierung und Kommerzialisierung von Nachhaltigkeit und Ethik führen. Insgesamt werden Buycotts aus kapitalismuskritischer Sicht als begrenzt wirksam angesehen, da sie nicht die grundlegenden Strukturen und Mechanismen des Kapitalismus herausfordern, die zu Ungleichheit und Umweltzerstörung beitragen. Weiter noch können diese Produkte den Konsum aktiv fördern und diesen nur verschieben. Häufig werden Firmenpraktiken als ebenso unethisch entlarvt und zielen primär auf das bessere Gefühl an der Kasse der Konsumtempel ab. Dieses Gefühl bleibt meist auch nur einem bestimmten Teil der Bevölkerung vorbehalten, da die Produkte nicht selten um ein Vielfaches teurer sind als konventionell hergestellte Waren der gleichen Art.

Aus kapitalismuskritischer Sicht sollte also die Notwendigkeit einer umfassenderen gesellschaftlichen Transformation betont werden, um die zugrunde liegenden Probleme des kapitalistischen Systems anzugehen.

Bewusster Konsum ist ein sehr guter Anfang und setzt definitiv auch deutliche Signale. Für mich steht beispielsweise außer Frage, dass ich manchen Firmen nicht mein Geld geben und auch die Nachfrage nach gewissen Produkten nicht fördern möchte. Da sehe ich für mich schon ein wichtiges Instrument. Ähnlich wie bei Wahlen hat die einzelne Stimme keinen großen Einfluss, aber im Verbund kann man unfassbar viel bewirken.

Doch ein Streitpunkt bleibt, ob durch bewusste Kaufentscheidungen nur das eigene Gewissen an der Supermarktkasse beruhigt wird oder ob sich dadurch tatsächlich etwas ändert. Im Fall veganer Produkte sehen wir einen Wandel – erinnern wir uns an den Wurstklassiker, den es nur noch fleischfrei gibt. Dieser Wandel findet auch und maßgeblich außerhalb der Supermärkte statt. Das Bewusstsein für bewussten Konsum oder gleich den kompletten Boykott tierischer Produkte entsteht nicht an der Fleischtheke. Eine Auseinandersetzung mit den dahinterliegenden Fragen kann nicht nur unsere eigenen Konsumentscheidungen prägen, was sehr wichtig ist, sondern auch ein Bewusstsein für strukturelle Probleme schaffen.

Digitale Revolution

Ein Berliner Kondom-Start-up erwirkt die Senkung der Mehrwertsteuer auf Menstruations-Hygieneartikel. So titeln es zumindest viele deutsche Zeitungen Ende 2019. Auslöser war eine Online-Petition, initiiert von ebenjenem Start-up und einem deutschen Online-Magazin. 81 000 Menschen haben die Petition #keinluxus bis zum Stichtag im Mai 2019 unterschrieben, es gab eine entsprechende Anhörung im Petitionsausschuss des Bundestags. Der Petitionsausschuss ist eine parlamentarische Einrichtung, die Petitionen der Bevölkerung bearbeitet. Jeder Mensch hat nämlich das Recht, sich mit Bitten oder Beschwerden an den Bundestag zu wenden. Der Petitionsausschuss prüft diese Anliegen und entscheidet, ob und wie darauf reagiert wird. Er kann Empfehlungen an das Parlament oder die Regierung aussprechen. Seit 2005 können Petitionen auch online als E-Petitionen eingereicht werden. Erreicht eine Petition innerhalb der ersten vier Wochen mindestens 50 000 Unterschriften, besteht das Recht auf eine öffentliche Anhörung vor dem Ausschuss. So war es auch hier.

Doch hat diese Online-Petition letztlich das Perioden-Business revolutioniert, zumindest aus steuerlichen Aspekten? Eher nicht. Denn was bei den Schlagzeilen rund um die Senkung der sogenannten Tamponsteuer gerne vergessen wird, ist der Umstand, dass schon vor dieser Initiative viel Lobbyarbeit in diesem Bereich unternommen wurde. Nanna-Josephine Roloff und Yasemin Kotra starteten am feministischen Kampftag im März 2018 eine Petition gegen den erhöhten Mehrwertsteuersatz auf Menstruationsprodukte in Deutschland, bekannt als »Tampontax«. Mit ihrer Kampagne sammelten sie 190 000 Unterschriften und setzten sich damit für die Senkung der Steuer von 19 Prozent auf 7 Prozent ein. Während ihrer Kampagne suchten sie Unterstützung bei verschiedenen Unternehmen, darunter Einhorn, besagtem Kondomhersteller, der ihre Anfrage zunächst ablehnte. Später startete Einhorn jedoch eine eigene, ähnliche Petition in Kooperation mit der Zeitschrift *Neon*. Roloff und Kotra waren verständlicherweise enttäuscht, dass Einhorn ihre früheren Bemühungen nicht anerkannte und ihre Arbeit nicht weiter erwähnte.[12] Zwar entschuldigte sich die Firma im Nachgang, dieser Fall zeigt aber, dass eine Schwalbe manchmal eben doch noch keinen Sommer macht. Warum rolle ich diesen Fall wieder auf?

Weil hier deutlich wird, dass Online-Aktivismus manchmal der Logik der sozialen Medien folgt. Alles ist schnell und unkompliziert erreichbar und nicht auf Langfristigkeit angelegt.

Dabei war die Einhorn-Petition nur die Spitze eines Eisbergs, der im Kampf gegen eine unfaire Besteuerung von Menstruations-Hygieneprodukten viel tiefer ging. Weltweit formierte sich schon über eine längere Zeit eine Bewegung, die auf dieses Thema aufmerksam machte. Das wiederum führte dazu, dass das Ganze überhaupt erst ins Bewusstsein vieler Menschen gelangte und so für das Problem sensibilisierte. Es gab Demonstrationen, Aktionen, Aufklärungskampagnen und in anderen Ländern ebenfalls Bemühungen, die Politik zum Handeln zu bringen, um die Mehrwertsteuer auf Periodenprodukte zu senken. Teilweise wurde zusätzlich gefordert, dass diese Produkte kostenlos beispielsweise an Schulen zur Verfügung stehen sollten. Eine Einzelaktion hat also nicht die Mehrwertsteuer in Deutschland gesenkt, viel mehr waren es viele Aktionen, die über einen langen Zeitraum online und offline ein Bewusstsein geschaffen haben und letztlich nur noch einen finalen Anstoß brauchten. Online wirkte das teilweise leider ganz anders.

Dieses neue Phänomen des Online-Aktivismus wird, manchmal auch etwas abwertend, als Clicktivism bezeichnet. Clicktivism, auch bekannt als Slacktivism, beschreibt eine Form des Aktivismus, der hauptsächlich über digitale Kanäle wie das Internet und soziale Medien stattfindet. Diese Art von Aktivismus umfasst einfache, niedrigschwellige Handlungen wie das Klicken auf »Gefällt mir« bei politischen Postings, das Teilen von Beiträgen – ich nenne es daher auch liebevoll Sharepic-Aktivismus – oder das Unterzeichnen von Online-Petitionen. Die Hauptkritik am Clicktivism zielt darauf ab, dass diese Form des Engagements oft oberflächlich bleibt und nicht zu substanziellen oder dauerhaften Veränderungen führt, da es wenig persönliches Engagement oder tiefere Auseinandersetzung mit den Themen erfordert. Natürlich darf man nicht ausklammern, dass Clicktivism eine Möglichkeit ist, ein breiteres Bewusstsein für soziale und politische Themen zu schaffen und Menschen zu ermutigen, sich mit geringem Aufwand für eine Sache einzusetzen. Außerdem kann Clicktivism inklusiver sein, da Menschen die Möglichkeit haben, daran zu partizipieren, die anderen Formen des Aktivismus beispielsweise aus gesundheitlichen Gründen nicht nachkommen können.

Da Wandel aber nachhaltig sein sollte, ist die tiefergehende Auseinandersetzung mit der Wirkung von Online-Aktivismus wichtig. Beispielsweise lässt sich der direkte Erfolg von Online-Petitionen oft schwer messen. Sie sind in der Regel Teil größerer Kampagnen, die darauf abzielen, öffentlichen Druck zu erzeugen. Organisationen wie Campact, PETA, NABU, Greenpeace und BUND nutzen Online-Petitionen in Kombination mit politischen Gesprächen, Aufklärungskampagnen, Demonstrationen und anderen Aktionen.[13] Online-Petitionen sind also Teil einer erfolgreichen Kampagnenstrategie.

Ganz so schlecht wie sein Ruf ist der Clicktivism aber nicht. Eine Studie der University of North Carolina aus dem Jahr 2020, die im Wissenschaftsmagazin *Science* veröffentlicht wurde, widerlegt zwei gängige Annahmen über Clicktivism. Erstens, dass er wirkungslos sei, und zweitens, dass er den Offline-Aktivismus verdrängt. Die Forschung der letzten zehn Jahre zeigt, dass Clicktivism insgesamt sehr effektiv sein kann, um weniger bekannte Ideen zu popularisieren. Bewegungen wie Occupy Wall Street, Black Lives Matter, #MeToo haben alle ihre Ziele durch Clicktivism gefördert. Zudem korreliert die Online-Beteiligung am politischen Geschehen häufig mit Offline-Engagement.[14] Die Studie behandelt weiter das Thema, dass linker und rechter Aktivismus in den USA unterschiedliche Clicktivism-Strategien verwenden. Linker Aktivismus setzt häufig auf sogenannten Hashtag-Aktivismus, um die eigenen Ideen zu verbreiten, wie beispielsweise #TakeAKnee, #MeToo oder #TimesUp. Rechter Aktivismus, insbesondere im weit rechten und rechtsextremen Spektrum, nutzt eher subtile Methoden. Dabei wird häufig mit einem Thema, einer Geschichte oder Idee auf kleineren oder obskuren Nachrichtenseiten oder in sozialen Medien begonnen, in der Hoffnung, dass diese von größeren Medien aufgegriffen werden.

Mir wurde neulich zum Beispiel eine obskure WhatsApp-Nachricht weitergeleitet, eine angebliche Warnung der Polizei Berlin, in der sie vor kostenlosen Schlüsselanhängern warnt, die an Tankstellen und anderen öffentlichen Orten verteilt werden. Diese Schlüsselanhänger sollen angeblich Ortungschips enthalten, mit denen rumänische Kriminelle feststellen können, ob die Bewohnenden zu Hause sind, um dann Einbrüche zu begehen. Die Geschichte hat sich seit 2008 in verschiedenen Formen verbreitet, wurde jedoch wiederholt von Polizeistellen und Faktenprüfern als Hoax entlarvt. Die Polizei Berlin hat klargestellt, dass diese Warnung nicht von ihr stammt und dass es keine vermehrten Einbruchsfälle in diesem Zusammenhang gibt. Trotzdem taucht die Falschmeldung immer wieder auf, was zu Verwirrung und unnötiger Beunruhigung führt. Eventuell hat euch Tante Gabi auch schon mal so eine Nachricht weitergeleitet. Nicht selten machen diese Meldungen die Runde, gelegentlich werden sie ungeprüft von den Medien aufgegriffen. Dieses Vorgehen ist als *trading up the chain* bekannt und wird auch, wie im Beispiel, für die Verbreitung von Falschinformationen genutzt.[15] Das ist für rechte Bewegungen inzwischen ein essenzielles Tool geworden.

Auch wenn sein Ruf eher schlecht ist, faktisch gesehen kann der Online-Aktivismus also einen wichtigen Teil zum analogen Geschehen beitragen. Sozialer Wandel allein durch das Teilen von Inhalten oder einer Unterschrift bei einer Online-Petition wird sich allerdings nicht einstellen. Vielmehr ebnen die sozialen Netzwerke und digitalen Medien neue

Wege, um andere Zielgruppen für die eigenen Themen zu erreichen, eine breite Aufmerksamkeit für Themen zu generieren und Menschen zu mobilisieren. Für echten Wandeln braucht es aber mehr. Daher hat auch nicht eine einzige Firma die Tamponsteuer abgeschafft.

Geschichte machen!

Am 21. Januar 2024 versammeln sich rund 100 000 Menschen vor dem Bundestag in Berlin und protestieren gegen Rechtsextremismus und die AfD. In Leipzig gingen 60 000 Menschen auf die Straße, auch in München konnten rund 100 000 Menschen mobilisiert werden. Über 900 000 Menschen demonstrierten bundesweit allein am vorletzten Januarwochenende, angestoßen durch die bereits zitierte Recherche des Investigativmediums *Correctiv*, die ein geheimes Treffen in Potsdam aufdeckte, bei dem Akteure des rechten politischen Spektrums, einschließlich Mitglieder der CDU und AfD, Pläne zur Deportation bestimmter Bevölkerungsgruppen diskutierten – ein Vorhaben, das als direkte Bedrohung für die demokratischen Werte wahrgenommen wurde.

Diese Enthüllungen lösten landesweit Empörung aus. Menschen, die zuvor noch nie eine Demonstration besucht hatten, waren auf den Straßen, um sich zu positionieren. Bei diesen Zahlen muss man von Massenprotesten sprechen, und in der Form gab es diese schon ziemlich lange nicht mehr in Deutschland. Der Politologe Thomas Kliche sieht Ende Januar 2024 die Möglichkeiten, dass aus den Protesten neue soziale Bewegungen entstehen könnten.[16] Dieses Buch entsteht also in einem aufgeheizten Klima, möglicherweise inmitten eines Umbruchs. Vielleicht machen wir gerade Geschichte? Denn nicht nur gehen Menschen aktuell gegen rechts auf die Straße, auch die Bauernproteste halten an, die Gewerkschaft Deutscher Lokführer legt in einer gewissen Regelmäßigkeit die Arbeit nieder. Beinahe jeden Tag erlebe ich unmittelbar vor meiner Haustür in Berlin eine Kundgebung oder Demonstration, in den letzten sieben Tagen waren sechs Demonstrationen, die ich von meinem Balkon aus beobachten konnte. Ich wohne schon sehr lange in Berlin, und in dieser Intensität und Dichte habe ich das Protestgeschehen noch nie erlebt.

Wir leben in einer komplizierten Zeit. Kriege, Krisen, Inflation machen sich bemerkbar. Viele Menschen sind nicht zufrieden mit dem Status quo. Es wabert etwas, man kann es förmlich spüren. Wohin wir uns bewegen, das kann ich allerdings nicht vorhersagen. Leider fehlt mir dazu die Glaskugel, um eine verlässliche Prognose abzugeben. Doch obwohl es den Anschein hat, dass die Anzahl der Proteste zugenommen hat, stellt der Protestforscher Sebastian Haunss vom Forschungsinstitut Gesellschaftlicher Zusammenhalt in einem Interview mit dem MDR fest, dass es keine tatsächliche Steigerung gibt. Dabei handelt es sich also eher um eine selektive Wahrnehmung. Die Proteste sind seit den 1960er-Jahren in Deutschland gestiegen, haben sich jedoch auf einem hohen Niveau stabilisiert.[17] Wir erleben aktuell eine hohe Dichte an Protest, aber noch keinen Dauerpotest.

Was nicht ist, kann ja noch werden. Die Geschichte hat uns gezeigt, dass es Personen braucht, die eine Bewegung starten, aber auch solche, die diese unterstützen und sich engagieren. Keine Veränderung kam von allein. Jeder Mensch besitzt die Macht, Veränderungen herbeizuführen. Diese Erkenntnis stärkt das Bewusstsein dafür, dass jede Handlung, jede Stimme zählt. Gleichzeitig ist es die kollektive Aktion, die oft den größten Einfluss hat. Die Umfragewerte der AfD sind nach den Großdemonstrationen gegen rechts gesunken.[18] Welche Auswirkungen der breite Widerstand gegen rechts noch hat, wird sich zeigen. Auch, wie lange und intensiv dieser anhält.

Der Erfolg eines Protests, einer Aktion und auch einer sozialen Bewegung hängt auch von jedem Individuum ab. Wir erleben in solchen Situationen, dass wir selbst partizipieren können. Im Zusammenspiel mit anderen Individuen, die für eine gemeinsame Sache kämpfen, können wir den Lauf der Dinge beeinflussen. Und eventuell sogar den Aufstieg der Rechten aufhalten oder zurückdrängen. Klingt etwas hochgestochen? Tatsächlich konnten vergleichbare Proteste schon Wahlen beeinflussen. Die Sardinen-Bewegung in Italien war eine Bürgerinitiative gegen den Aufstieg rechtsextremer Parteien, insbesondere gegen die Lega. Sie begann im Jahr 2019 als Reaktion auf die wachsende politische Präsenz der Partei sowie der faschistischen und rassistischen Rhetorik des Lega-Parteisekretärs Matteo Salvini. Die Bewegung zeichnete sich durch friedliche, kreative Demonstrationen aus, bei denen Menschen dicht gedrängt wie Sardinen – daher der Name – auf öffentlichen Plätzen standen, um ein Zeichen gegen Extremismus und Intoleranz zu setzen. Ihr Ziel war es, eine Gegenstimme zu rechtsextremen Botschaften zu sein und die Wichtigkeit von Demokratie, Diversität und Inklusion zu betonen. Dabei gewann die Bewegung schnell an Popularität, und es kam zu großen Protesten in vielen italienischen Städten. Die Hauptaktivität bestand also darin, große Menschenmengen zu sammeln, um zu zeigen, dass die Mehrheit der Bevölkerung nicht die rechtsextremen Ansichten unterstützt.

In einer Studie aus dem Jahr 2022 wurden die Auswirkungen von Veranstaltungen der Sardinen-Bewegung auf die Wahlergebnisse rechtsextremer Parteien bei den italienischen Regionalwahlen 2020 analysiert. Die Bewegung hatte zu Beginn Erfolg im Widerstand gegen den Aufstieg der rechtsextremen Lega, da sie als Mittel der Gegenmobilisierung diente. Ausschlaggebend war das Zeichen, dass man Rechtsextremismus offen widersprochen hat und somit die Grenzen des Sagbaren wieder in eine humanistischere Richtung brachte.

Die Methode der öffentlichen Versammlung resonierte weitgehend mit der Bevölkerung. Gewalt und aggressiven Haltungen eine Absage zu erteilen und stattdessen für inklusive und demokratische Werte einzustehen half ebenfalls bei der Mobilisierung. Zudem profitierte die Bewegung von einer hohen Medienpräsenz und der Fähigkeit, Menschen unterschiedlichster Hintergründe zu vereinen. Jedoch verloren die Sardinen an Schwung, als ihre Rolle als Informationskanal endete, und ihren frühen Erfolg konnten sie nicht in langfristige institutionelle Unterstützung umwandeln. Die Studie zeigt, dass Gegenmobilisierung gegen Rechtsextremismus wirksam sein kann, um radikale antidemokratische Tendenzen zu verhindern. Antirechtsextreme Mobilisierung führte in betroffenen Städten zu bis zu 8 Prozent weniger Unterstützung für rechtsextreme Parteien wie die Lega. Dieser Effekt wird einer Signalwirkung der Bürgerbeteiligung zugeschrieben, die Informationskaskaden auslöst und die Anziehungskraft rechtsextremer Parteien verringert. Informationskaskade ist hierbei ein wichtiger Begriff. Er bezeichnet die Ausbreitung von Einstellungen und Meinungen durch die Gesellschaft, ausgelöst durch die sichtbare Beteiligung der Bevölkerung an Bewegungen wie der Sardinen-Bewegung. Wenn Menschen sehen, dass andere sich gegen rechtsextreme Parteien engagieren, kann sie das dazu ermutigen, ebenfalls diese Haltung einzunehmen. Das führt zu einer Kettenreaktion, bei der immer mehr Menschen beeinflusst werden, sich gegen rechtsextreme Ansichten zu positionieren, was die Attraktivität dieser Parteien verringert.

Das spiegelte sich letztendlich auch in den Wahlergebnissen wider. Die Studie zeigt, dass dort, wo die Sardinen-Bewegung aktiv war, die Wahlergebnisse für rechtsextreme Parteien signifikant geringer waren. Das deutet darauf hin, dass solche sozialen Bewegungen effektiv dazu beitragen können, den Einfluss rechtsextremer Gruppen zu verringern.[19] Die bundesweiten Proteste im Januar 2024 hatten auch für die AfD unmittelbare Auswirkungem, die in Umfragen an Zustimmung verlor. Anfang Februar erreichten die Umfragewerte für die AfD den niedrigsten Stand seit Juli 2023. In einer INSA-Umfrage fiel die Partei auf 20 Prozent, in einer Infratest-dimap-Erhebung sogar auf 19 Prozent. Auch hier wird eine direkte Verbindung zwischen den massiven und anhaltenden Protesten und der sinkenden Beliebtheit der Partei gesehen.[20]

Jede Bewegung kann sich gezielt auswirken, und das allein sollte Anreiz sein, sich zu engagieren. Gegen rechts zu mobilisieren, zu demonstrieren, aufzuklären kann also nachweislich andere Menschen überzeugen, die eigene Bewegung stärker machen und die Wahlergebnisse rechter Parteien negativ beeinflussen.

Wie Generationen vor uns, über deren Taten wir heute in den Geschichtsbüchern lesen oder Reportagen sehen, können auch wir Geschichte machen. Heute haben wir noch viele weitere Möglichkeiten als den Gang auf die Straße. Durch die technologischen Entwicklungen können wir heute über ganz andere Kanäle Menschen erreichen und soziale Veränderungen vorantreiben. Die eine oder andere Online-Petition war schon von Erfolg gekrönt, und viele große Proteste mobilisierten und formierten sich digital. Diese Chancen sollten wir nutzen, über Grenzen hinweg zusammenarbeiten und Netzwerke bilden, um Einfluss zu nehmen und Veränderungen herbeizuführen.

Nachhaltigkeit und Langzeitwirkung sind auch in Zukunft die entscheidendsten Faktoren für Wandel in der Gesellschaft. Es geht nicht nur um kurzfristige Ziele, sondern auch um langfristige Veränderungen. Der Fokus sollte also stets darauf liegen, nachhaltige Strategien zu entwickeln, die dauerhafte Auswirkungen haben und zu positiven Weiterentwicklungen führen. Wir können die Zukunft mitgestalten, also sollten wir das auch tun.

6.
Rebel 101

Hell yeah, Kampfgeist geweckt, den theoretischen Boden verlegt, Zweifel über Bord geworfen! Doch wo anfangen? Das ist wohl die schwierigste Frage, wenn man sich aktiv einsetzen will. Wo soll man anfangen? Wie geht das eigentlich, Aktivismus? Einige von euch sind vermutlich schon politisch aktiv, setzen sich ein, andere wollen gerne mehr tun, und für jene ist dieses Kapitel.

Ich bekomme täglich Nachrichten von Menschen, die sich vor allem im Tierschutz engagieren wollen und nicht wissen, wie und wo sie beginnen können. Nicht selten werde ich gefragt, ob man uns bei unseren Tierrettungsaktionen nicht begleiten könne. Leider muss ich diese Anfragen immer wieder zurückweisen, da das nicht möglich ist, wir ein eingeschworenes und ausgebildetes Team sind. Aber ich habe stets ein paar Alternativen an der Hand, und auch hier möchte ich einige Vorschläge mit euch teilen, wie und wo man aktiv werden und was man tun kann, wenn man die Welt auch ein bisschen besser machen möchte und nicht weiß, wo man anfangen soll.

Erst mal ist der Impuls, etwas tun zu wollen, absolut großartig, und ich kann ihn nur bestärken. In meinem Freundeskreis bestärken wir uns immer, indem wir metaphorisch mit Pompons neben der Person stehen, die eine schwere Aufgabe zu lösen hat oder etwas Neues wagen will. Diese Art der Motivation sende ich über diese Zeilen. Es ist nämlich nie zu spät, ins Handeln zu kommen, nie zu spät, sich einzusetzen, zu engagieren, einen Verein zu gründen, ein Ehrenamt aufzunehmen.

Aktivismus bietet einem so viel, ich weise nochmals auf die Selbstermächtigung und das Kapitel »Selbstermächtigung und Reaktanz« hin. De facto verbessert mutiges, entschlossenes und aktives Handeln die Welt. Selbst etwas zu starten oder sich irgendwo anzuschließen kann also kaum schaden – im Gegenteil.

Doch wie anfangen? Dazu müssen wir, ähnlich wie in der Sesamstraße, ein paar W-Fragen klären.

Frage Nummer 1: Wieso?

Die eigene Motivation ist nämlich nicht nur die treibende Kraft, sie ist auch wichtig für ein langfristiges Engagement. Das Feuer muss brennen – dauerhaft. Aktivismus wird ja gerne mal in einer bestimmten Altersklasse verortet, primär junge Menschen setzen sich ein. Wieso ist das so? Ist älteren Menschen alles egal? So wie manche von denen schimpfen, sicherlich nicht. Aber Spaß beiseite.

Vielen Menschen, die sich einst einsetzten, die sich in den 1970er-Jahre im Rahmen der Anti-Atomkraft-Bewegung an Schienen gekettet haben oder in den Hungerstreik getreten sind, ist vermutlich inzwischen ihre Motivation abhandengekommen. Klar, man wird müde. Vor allem wenn die Dinge sich so langsam bewegen. Aber kapitulieren ist eine denkbar schlechte Alternative. Die Flamme, die einen antreibt, sich für etwas aus Überzeugung einzusetzen, sollte nie ausgehen – egal, wie alt man ist. Dabei hilft es, sich die Emotionen immer wieder bewusst zu machen, die einen ins Handeln bringen. Im Zweifel auch die Auslöser dieser Emotionen.

Wieso setze ich mich ein, was ist mir wichtig, was möchte ich zu einer besseren Welt beitragen? Die Themen können variieren, die Gründe vielleicht auch. Aber für das Gute einzustehen kennt kein Alter. Schönes Beispiel für eine Gruppe, die nie das Wieso aus dem Auge verloren hat, sind die Omas gegen Rechts, eine parteiunabhängige Bürgerinitiative, die 2017 von Monika Salzer in Wien gegründet wurde. Die Initiative ist inzwischen in Deutschland, Österreich und der Schweiz durch Ortsgruppen vertreten und engagiert sich gegen Rechtsextremismus, Antisemitismus, Rassismus und Frauenfeindlichkeit. Sie setzt sich für Gleichberechtigung und Toleranz ein und unterstützt Bewegungen wie Fridays for Future. Die Omas gegen Rechts treten bei Demonstrationen und anderen Aktionen auf, oft erkennbar an ihren charakteristischen pinken oder bunten Strickmützen, sogenannten Pussyhats.

Ich war schon auf vielen Demonstrationen und habe mich immer am meisten über die Teilnahme jener gefreut, die man sonst auf Demonstrationen seltener sieht. Man braucht einen Grund, einen Antreiber, wieso man sich einsetzt. Dieser ist kostbar, und man sollte ihn nie verlieren. Auch im hohen Alter nicht. Überlege also, wieso du dich einsetzen möchtest, was deine eigene Motivation und dein Ziel ist.

Frage Nummer 2: Was?

Bevor es dann losgehen kann, müssen wir den Bereich abstecken, in dem du dich gerne engagieren, wo du etwas verändern möchtest. Welches Thema liegt dir besonders am Herzen? Wo konntest du schon mal eine starke Emotion spüren, als du in den Nachrichten darüber gelesen oder mit einer Freundin dazu gesprochen hast? Vielleicht schlummert es auch schon lange in dir, und du weißt ganz genau, was dein Herzensthema ist. Mir wird immer wieder bewusst, dass Tierschutz bereits in meiner Kindheit eine bedeutende Rolle gespielt hat und ich offenbar ziemlich lange wusste, dass ich etwas in diesem Bereich machen möchte. Einer meiner ersten Berufswünsche war Tierpflegerin im Tierheim, früh kamen der erste Tierschutzhund in die Familie sowie die tiefe Leidenschaft für alles, was Fell hat. Die Frage nach dem Was musste ich mir nie aktiv stellen, und vielleicht kennst du das ja auch.

Aber selbst wenn es noch nicht direkt klar ist, in welchem Bereich du dich einsetzen möchtest, weil du einfach erst mal den Wunsch hast, dich generell für etwas Gutes einzusetzen, wird sich sicherlich das Passende finden.

Wenn die Orientierung fehlt, könnte es helfen, das Themengebiet grob abzustecken, beispielsweise über die Kategorien Menschen, Tiere, Umwelt. Das sind drei große Bereiche, innerhalb derer sich viel aktivistische Arbeit bewegt.

Der Austausch mit dem Familien- und Freundeskreis kann auch helfen, denn das Umfeld kann eventuell auch gut von außen einschätzen, was zu einem passen könnte.

Ideen sammeln im Netz ist ebenfalls sinnvoll. Im besten Fall schon mit einer ungefähren Idee, was man überhaupt leisten kann. Diese Frage kann man sich schon recht früh stellen, um eine realistische Einschätzung zu haben. Also ob es eher körperliche Arbeit, die Betreuung von Aufklärungskampagnen oder administrative Aufgaben sein sollen oder sogar eine berufliche Neuorientierung. Denn eins ist sicher, egal, ob man selbst in der Buchhaltung, auf dem Bau, in einer Werbeagentur oder im Verkauf arbeitet – Skills werden immer benötigt. Organisatorische in der Planung und Verwaltung, Handwerkliche bei konkreten Projekten, Verkaufsstrategien sind nützlich für das Fundraising, also das Sammeln von Spenden. Auch wenn es erst mal so erscheint, als hätte man selbst keinerlei Bezugspunkte zu aktivistischem Handeln, eröffnen sich doch mehr Möglichkeiten, als man anfangs denkt, und die eigenen Fähigkeiten und Möglichkeiten können bei der Orientierung extrem helfen.

Dann kann es ja jetzt losgehen. Um es im Folgenden etwas anschaulicher zu machen, nehmen wir jetzt beispielhaft einen dieser Bereiche. Wir gehen von dem fiktiven Fall aus, dass es ein ehrenamtliches Engagement im Tierschutz sein soll – einfach weil das mein Metier ist und weil Tiere ein besseres Leben verdient haben –, vielleicht verbunden mit dem Wunsch, strukturell etwas zu verändern.

Frage Nummer 3: Mit wem?

Unabhängig vom Thema ist es stets nützlich, am Anfang nach Gleichgesinnten Ausschau zu halten. Schon in meiner Jugend habe ich dafür das Internet konsultiert. Auch heute finde ich häufig über diesen Weg Menschen, mit denen zusammen ich mich dann für unsere gemeinsamen Ziele einsetze. Es gibt online so viele Möglichkeiten, von Foren über Facebook-Gruppen und Informationsseiten von Vereinen und Organisationen. Es kann nützlich sein, in sozialen Netzwerken Personen zu folgen, die sich in Bereichen engagieren, die auch für einen selbst von Interesse sind. Über diesen Weg haben wir unsere komplette Ukraine-Infrastruktur aufgebaut: im Netz recherchiert, Menschen auf Instagram gefunden, kontaktiert und letztlich auch vor Ort getroffen.

Zugegeben, es kann sehr einschüchternd wirken, wenn man mit Personen in Kontakt tritt, die schon aktiv sind, oder sich Gruppen anschließt, die lange dabei sind. Dabei sollte man sich nie entmutigen lassen, denn niemand hat als Profi diesen Erdball betreten. Auch im Aktivismus lernt man stetig dazu. Am besten direkt die eigene Erwartungshaltung an sich selbst oder den eigenen Perfektionismus abstreifen. Wenn man irgendwo neu dazukommt, weiß man einfach nichts oder nicht alles. Ich war selbst schon so oft in dieser Situation und bin es auch heute noch oft. Neulich haben wir Nutrias aus einer Pelzfarm befreit, und vor Ort wurde mir bewusst, dass ich gar nicht weiß, wie man Nutrias am besten aus einem Käfig holt. Das mussten wir dann alle vor Ort lernen. Für den nächsten Einsatz weiß ich jetzt, dass ich mich diesbezüglich besser vorbereiten muss – Stichwort bissfeste Handschuhe.

Nicht alles zu können, nicht alles zu wissen, stellt keinen Grund dar, Dinge nicht zu machen. Natürlich sollte niemand gänzlich unvorbereitet in brenzlige Situationen reinspringen, aber wie überall gehört es auch hier dazu, dass man Fehler machen darf, um aus ihnen zu lernen.

Doch zurück zu den Verbündeten: Man kann auch im eigenen Umfeld rumfragen, ob noch jemand Interesse hat, sich dem Thema zu widmen. Gemeinsam ist vieles leichter. Entweder hat man Glück, und andere im Umfeld sind sowieso schon aktiv und man kann sich dranhängen, oder man gewinnt eine Freundin, den Partner oder die Großeltern für die eigene Mission. Wenn man im Umfeld niemanden finden sollte, ist das auch nicht schlimm. Wie gesagt, im Netz kann man Gleichgesinnte treffen – aber auch auf Veranstaltungen, auf Demonstrationen, bei Hilfsaktionen. Für eine gemeinsame Sache einzutreten kann unfassbar verbinden. Meinen Vereinspartner und Mit-Vorstand habe ich bei einer Spendenfahrt kennengelernt. Wir haben uns, neben anderen, als Freiwillige gemeldet, Spenden an die polnisch-ukrainische Grenze zu bringen, und uns dabei kennengelernt. Im Gespräch kam raus, dass wir die Hilfsarbeit weiterführen wollen, und so haben wir gemeinsam einen Verein gegründet. Meinen Verbündeten habe ich also bei einem Einsatz zufällig getroffen, weil wir beide das gleiche Interesse teilen. Es kann nicht schaden, mutig ins kalte Wasser zu springen und sich einer Gruppe anzuschließen, um dort auf Menschen zu treffen, die die gleichen Ziele verfolgen und ähnliche Ansichten haben.

Frage Nummer 4: Wie?

Wenn das Thema abgesteckt und vielleicht sogar eine weitere Person dabei ist, stellt sich natürlich die Frage, wie man jetzt aktiv werden kann. Das mag herausfordernd klingen, vor allem wenn man keine Berührungspunkte in politisch aktive Kreise hat und nicht schon in festen Strukturen ist, Menschen und Gruppen kennt und weiß, wie so manch ein Ablauf ist. Bleiben wir aber beim Beispiel Tierschutz, denn hier gibt es wirklich viele Möglichkeiten. Du und eine dir nahestehende Person möchten Tieren in Not helfen. Daraus könnte jetzt ein eigenes Buch werden, aber ich versuche mich kurzzufassen. Wenn ein regelmäßiges ehrenamtliches Engagement infrage kommt, wäre der Gang zum nächsten Tierheim sinnvoll. Dort werden nämlich häufig Menschen gesucht, die Hunde ausführen oder Katzen betreuen. Vielleicht bist du ja sogar tiermedizinisch ausgebildet oder kennst dich im Bereich Hundetraining aus. Dann würden diese Fähigkeiten sicherlich auch an der einen oder anderen Stelle dankend angenommen. Man könnte alternativ auch eine Pflegestelle für Tiere werden, die noch ein schönes Zuhause suchen. Dazu nimmt man für eine gewisse Zeit ein Tier bei sich daheim auf und versorgt es. Kreativität hilft übrigens in allen Bereichen, denn häufig existieren keine festen Strukturen, sie sind ausbaufähig oder nicht optimal.

Neue Ideen, innovative Gedanken sind existenziell für jeden Aktivismus. Man kann für einen Tierschutzverein, für ein Tierheim, eine Wildtierauffangstation oder einen Lebenshof eine Spendenaktion starten. Da muss man nicht immer warten, bis jemand anderes die Initiative ergreift. Das kann man häufig sogar in den Alltag integrieren, indem man zu Weihnachten auf der Arbeit Geld für den Tierschutz sammelt, einen Kuchenbasar in der Schule veranstaltet oder zum eigenen Geburtstag einen Fundraiser macht. Eine Freundin versteigert auf ihrem Instagram-Kanal regelmäßig selbst getöpferte Schalen und Tassen für den guten Zweck und sammelt so jedes Mal mehrere Hundert Euro für ein großes rumänisches Tierheim. Spendenaktionen jeglicher Art sind für Vereine und Organisationen eine enorme Unterstützung.

Neben der Hilfe beim Geldsammeln kann man auch andere ehrenamtliche Tätigkeiten übernehmen. Häufig suchen Vereine gezielte Unterstützung im Social-Media-Bereich oder bei handwerklichen Arbeiten. Es ist also sinnvoll, proaktiv zu schauen, wo welche Hilfe benötigt wird und was man selbst anbieten kann. Die Teilnahme an Demonstrationen, beispielsweise für ein Wildtierverbot in Zirkussen oder für ein anderes tierschutzrelevantes Thema, ist auch ein wirksames Mittel, seine Stimme zu nutzen. Davon erfährt man am besten, wenn man Tierschutzvereinen in der Umgebung oder großen NGOs in den sozialen Netzwerken folgt, Newsletter abonniert oder im persönlichen Austausch bleibt.

Die Biber im heimischen Dorf sind durch die Planung eines Neubaugebiets bedroht, und niemand kümmert sich um das Problem? Man kann auch selbst Probleme und Missstände aufzeigen und benennen. Es ist von großer Bedeutung, dass mehr Menschen Eigeninitiative ergreifen und sich selbst mit Themen beschäftigen, anstatt darauf zu warten, dass andere aktiv eingreifen. Wenn man dabei nicht so richtig weiß, wie, hilft es, nachzufragen. Beispielsweise bei etablierten Organisationen oder Menschen, die sich schon lange für Themen starkmachen. Oder einfach anfangen. Aktivismus lebt vom Learning by Doing. Die Biber sind bedroht? Dann kann man sich auch erst mal an die Lokalpolitik wenden, das Problem ansprechen, Stellungnahmen erbitten. Viele Menschen wissen nicht, wo sie ihr Anliegen vortragen können, aber hier wäre ein Ort: Menschen in politischen Ämtern wurden demokratisch gewählt und müssen sich um die Belange der Bevölkerung kümmern. Ist es ein lokales Problem, ist es sinnvoll, das Thema erst mal lokal anzupacken: im Rathaus anrufen, recherchieren, ob es eventuell auch spezielle Ansprechpersonen für die eigene Thematik gibt, und einen Brief an die Stadtverordneten schreiben.

Passiert trotzdem nichts? Dann hilft: Unterschriften sammeln, in der Nachbarschaft auf das Thema aufmerksam machen, einen Infostand auf dem Marktplatz aufbauen, die lokale Presse involvieren. Verbündete finden. Es wird garantiert mehr Menschen geben, die sich für das Thema interessieren und sich anschließen wollen. Das sollte man nutzen, denn gemeinsam kann man mehr Druck ausüben und letztlich mehr erreichen.

Ein erprobtes Mittel, um seinem Unmut Luft zu machen, ist die Demonstration. In Deutschland kann jede volljährige und mündige Person eine Demonstration anmelden. Die Anmeldung muss mindestens 48 Stunden vorher bei der zuständigen Behörde, in der Regel beim Ordnungsamt oder bei der Polizei, erfolgen. Einfach mal anrufen und fragen. Ausnahmen bilden Spontan- und Eilversammlungen. Für die Anmeldung werden bestimmte Informationen benötigt wie der Name der veranstaltenden Person, der Versammlungsleitung, Datum, Zeit, Ort der Versammlung und bei beweglichen Demonstrationen auch die geplante Route. Zudem müssen das Thema der Demonstration, die erwartete Teilnehmendenzahl und etwaige Lautsprecherwagen angegeben werden. Aber das wird alles abgefragt, und im Zweifel hakt man noch mal nach, wenn etwas unklar ist. Wenn in der Kommunalpolitik niemand dem Thema Beachtung schenkt, könnte auch die eigene Demonstration Wirkung zeigen. Letzten Sommer habe ich gemeinsam mit einer anderen Person eine Versammlung auf dem Alexanderplatz angemeldet. Wir haben gegen den Ökozid im Ukrainekrieg, also die umfassende Zerstörung von Ökosystemen durch Russland demonstriert. Alles lief entspannt und unkompliziert. Wir haben uns an- und abgemeldet, konnten unsere Aktion am Brunnen der Völkerfreundschaft durchführen und Aufmerksamkeit auf unser Thema lenken, vor allem Zielgruppen ansprechen, die wir sonst nicht erreichen. Im Vorfeld kann man für die Demonstration werben, in den sozialen Netzwerken, in lokalen Facebook- und WhatsApp-Gruppen, mit Flyern und Plakaten, im persönlichen Gespräch im Umfeld oder durch die aktive Einbindung der lokalen Presse.

Unser fiktives Thema Bibervertreibung wegen eines Neubaugebiets könnte auch eine rechtliche Komponente haben, hier wäre eine Einschätzung über eine große Umwelt- oder Tierschutzorganisation hilfreich. Viele große Organisationen bieten an, bei solchen konkreten Fällen zu helfen. Die Möglichkeiten sind endlos. Aber eine Sache ist besonders wichtig, wichtiger als alles andere: am Ball bleiben. Nicht aufgeben, nicht verzagen. In den meisten Fällen lösen sich solche Probleme nicht so schnell, das haben kleine und große Protestbewegungen in der Geschichte gezeigt. Langfristiges Engagement ist wesentlich erfolgversprechender als eine kurze Aktion.

Frage Nummer 5: Was noch?

Das waren jetzt recht spezifische Beispiele, die aufzeigen sollten, dass man nicht immer auf die Initiative anderer warten muss. Selbst aktiv werden, eigene Netzwerke bilden und Themen direkt anpacken ist von großer Bedeutung. Bestehende Projekte, Aktionen, Organisationen brauchen Unterstützung – klar. Aber der eigenverantwortliche Umgang mit Problemen und Missständen ist mehr wert, als ich hier in Worte fassen könnte. Mir ist bewusst, dass das nicht leicht ist. Die Hürden sind groß, das kann demotivieren. Aber es sind gerade Kampagnen, die lokale und begrenzte Themen aufgreifen und verbessern wollen, die besonders erfolgversprechend sind. Das Gefühl, das bleibt, wenn die Biber an ihrem Fluss bleiben können, wenn man Erfolg hatte, ist unbeschreiblich – da sind wir wieder bei der Selbstermächtigung. Man kann etwas verändern und bewegen – man muss sich nur bewegen. Und so eine lokale Protestbewegung kann sogar zu einer sozialen Bewegung auf nationaler Ebene heranwachsen. Durch solche Graswurzelbewegungen sind schon riesige Proteste losgetreten worden, wir erinnern uns an Greta Thunberg, die mit ihrem Schulstreik eine internationale Bewegung initiiert hat. Kein Protest oder Anliegen ist zu klein, es lohnt sich immer, sich für eine bessere Welt einzusetzen.

Die Frage ist nun aber, was man neben einer eigenen Initiative noch machen kann. Man kann sich bereits existierenden Bewegungen, Gruppen, Organisationen und Vereinen anschließen oder/und ein ehrenamtliches Engagement übernehmen. Für die Suche nach ehrenamtlichen Tätigkeiten gibt es übrigens lokale und nationale Hilfsseiten im Netz. Dort kann man sich informieren, welche Möglichkeiten man bei sich vor Ort hat und was gerade wo gesucht wird. Auch wenn die Ausübung eines Ehrenamts nicht im klassischen Sinne unter Aktivismus fällt, weil man dabei nicht maßgeblich den Status quo infrage stellt und herausfordert, ist die freiwillige Arbeit immer begrüßenswert. Engagement lässt sich aber auch effektiv mit Aktivismus verknüpfen. Das Ehrenamt bietet Möglichkeiten zur Vernetzung durch die Mitarbeit in Organisationen und Vereinen. Gleichzeitig kann man deren politische Arbeit und Ziele unterstützen und aktiv vorantreiben.

Eine Sache ist ganz wichtig und somit die Wurzel jeder gesellschaftlichen Veränderung: Bildung. Es ist so wichtig, sich selbst politisch zu bilden. Man sollte den Herausforderungen unserer Zeit nicht gleichgültig entgegentreten. Die beste Waffe ist Wissen. Wissen über die Gefahren für unsere Gesellschaft, unseren Planeten. Es gibt viele tolle politische Sachbücher in leichter Sprache, die Themen wie Gleichberechtigung, Inklusion, Klima und vieles weitere aufgreifen. Die Nachrichten zu verfolgen und sich mit anderen darüber auszutauschen hilft auch. Denn die stetige aktive Teilnahme am Weltgeschehen und an politischen Diskursen gibt einem auch das Selbstbewusstsein, darüber sprechen und selbst aktiv werden zu können. Die Eigeninitiative scheitert nicht selten daran, dass Themen viel zu komplex erscheinen. Die eigene Auseinandersetzung mit den Themen unserer Zeit gibt mir ein sicheres Gefühl und hilft mir dabei, meine Argumente zu schärfen. Verfassungs- oder menschenfeindliche Ansichten können durch Bildung viel schneller demaskiert werden. Diese Bildung kann ich weitergeben, mein Umfeld aufklären und so eine echte Veränderung herbeiführen. Das klingt so banal, kann aber so viel bewirken.

Aktivismus trifft Alltag

»Gerne würde ich mich mehr engagieren, aber ich weiß nicht, wie und vor allem wann neben dem Job«, erzählte mir neulich eine Bekannte bei einem sonnigen Sonntagsspaziergang durch den Kiez. Privatleben, Familie, Arbeit, Erkrankungen und viele andere Aspekte können dazu führen, dass sich Aktivismus, Engagement oder ein Ehrenamt schwer in den Alltag integrieren lassen. Dennoch scheint eine deutliche Kluft zwischen denjenigen zu bestehen, die potenziell aktiv werden könnten, und denen, die tatsächlich aktiv sind. Und das ist meine Zielgruppe: jene, die zweifeln, die Unentschlossenen, die Ratlosen. Die, die könnten, es aber nicht machen.

Vielleicht geht es dir auch oft so, dass du denkst, du müsstest mal etwas tun, du würdest dich gerne einsetzen, aber du weißt nicht, wie du das mit deinem Alltag in Einklang bringen sollst. Ideen, was man tun kann, haben wir schon erörtert. Aber wie verträgt sich Aktivismus mit so einem klassischen Alltag? Mit Arbeit, Rechnungen bezahlen, Familienfeiern, der besten Freundin, der Partnerin, Verantwortung und dem bisschen Freizeit? Aktivismus und Alltag kann man nicht getrennt voneinander betrachten, denn diese beiden Dinge gehören unweigerlich zusammen. Die Beteiligung an sozialen Bewegungen ist also tief in den Alltag integriert und wird zusätzlich durch alltägliche Lebensbereiche wie Familie, Beruf und Nachbarschaft beeinflusst. Diese Lebensbereiche sind sogar eng miteinander verknüpft, beeinflussen die Art und Weise, wie sich Menschen in sozialen Bewegungen engagieren, und formen deren Erfahrungen und Perspektiven im Aktivismus.[1] Das Umfeld ist maßgeblich dafür, wie man seinen Aktivismus leben, wie viel Zeit und Energie man investieren kann.

Ohne den Rückhalt zu Hause könnte ich nicht regelmäßig für mehrere Wochen Tierrettungseinsätze machen. Ohne eine gewisse Toleranz oder Liebe Tieren gegenüber könnte ich nicht ständig irgendwelche verletzten Fundtiere mit in die Wohnung schleppen. Mein Umfeld unterstützt mich in meinem Aktivismus, hört sich meine Sorgen an, übernimmt teilweise selbst administratorische Aufgaben oder steht mit Pompons neben mir, wenn ich statt des Abwasches noch Vereins-E-Mails schreiben muss. Meine Tätigkeiten im Tierschutz verlangen auch eine gewisse Toleranz, was die gemeinsame Zeit angelangt, nicht nur, weil ich regelmäßig weg bin, sondern auch weil ich mich in meiner Freizeit mit meinem Verein befasse, Telefonate führe, Pflegestellen für Tiere suche, Notfälle manage und de facto sehr wenig Freizeit habe. Für mich persönlich ist das nicht schlimm, da die Arbeit mich erfüllt und es sich ehrlicherweise nicht wie Arbeit anfühlt. Im Gegenteil. Mein Umfeld muss aber genauso gelassen damit umgehen, wenn ich mal wieder beim Abendbrot einen wichtigen

Anruf entgegennehmen muss oder die Gesprächsthemen häufig um den Tierschutz kreisen. Mein Aktivismus ist ein Teil meiner Persönlichkeit, ein Teil meines Lebens, ein Teil von mir. Es ist nicht wie bei einem 9-to-5-Job, wo man abends pünktlich die Stechuhr bedient und nach Feierabend – zu Recht – nichts mehr von seiner Arbeit wissen will. Vom Aktivismus hat man keinen Feierabend, keinen Urlaub. Es ist wie eine Leidenschaft, ein Feuer, das dauerhaft und lichterloh brennt. Manchmal muss man aber auch mal eine Pause einlegen, darüber sprechen wir im nächsten Kapitel.

Die Leidenschaft, der feste Wille, etwas zu bewegen – und sei es nur für ein einziges Tier –, ist seit vielen, vielen Jahren fester Bestandteil meines Lebens. Aktivismus geht nämlich häufig mit einer Art moralischen Verpflichtung einher. Eine Studie aus dem Jahr 2023 untersuchte eingehend, wie Aktivismus in Deutschland den Alltag der Menschen prägt, die sich engagieren. Dabei kam heraus, dass Aktivismus zu Spannungen in den Rollen und Prioritäten der engagierten Menschen im Studium und Arbeitsumfeld, Familien- oder Freundeskreis führen kann.[2]

Häufig gibt es eine große Diskrepanz bei der Vereinbarung der aktivistischen Arbeit mit dem restlichen Leben. Der Einfluss von Familie und persönlichen Beziehungen auf Aktivismus ist nicht zu unterschätzen, denn Familienmitglieder können eine bedeutende Quelle der Unterstützung sein. Sie können dich emotional ermutigen, dir eine Finanzspritze geben oder bei alltäglichen Verpflichtungen wie der Kinderbetreuung unter die Arme greifen. Diese Unterstützung ermöglicht es engagierten Menschen, sich trotz eines stressigen Alltags für gesellschaftlichen Wandel und eine bessere Welt einzusetzen. Dazu ist es auch wichtig, die Bedürfnisse um familiären Rückhalt und Unterstützung zu kommunizieren, deutlich zu machen, dass einem die aktivistische Tätigkeit wichtig ist, und im Zweifel für Verständnis zu werben.

Andererseits können familiäre Verpflichtungen und unterschiedliche politische Ansichten innerhalb der Familie zu Konflikten führen, die das Engagement im Aktivismus einschränken können. Es gibt leider Menschen, die absolut kein Verständnis aufbringen können für jene, die sich einsetzen. Auch ich erlebe immer wieder, wie an meiner geistigen Gesundheit gezweifelt wird, weil ich mich Gefahren aussetze oder Straftaten begehe. Bedauerlicherweise gibt es Menschen, die wohl nie verstehen können, dass man sich gerne für gute Sachen einsetzt und dafür auch bereitwillig Unannehmlichkeiten in Kauf nimmt. Ich halte Personen, die kein Verständnis für meine Aktivitäten zeigen, bewusst auf Distanz. Denn wenn sie meine Bemühungen nicht nachvollziehen können, spiegelt das auch ein Unverständnis für mich als Person wider. Und das ist ein Umgang, auf den ich keinen großen Wert lege – der Umgang mit Gleichgültigen. Es gibt aber auch Menschen, die sich nur daran reiben, was man tut. Die einer anderen Meinung sind, ebenfalls verständnislos, aber weil sie deine Absichten nicht nachvollziehen können. Hier gehe ich meist in den sachlichen Dialog. Wenn der so gar nicht fruchtet, werbe ich für Toleranz. Das funktioniert eigentlich immer ganz gut. Ich bitte dann darum, mein Handeln einfach nicht zu kommentieren, und im Gegenzug spreche ich auch nicht viel darüber.

Das Umfeld sollte einen also optimalerweise unterstützen, und diese Unterstützung kann man auch einfordern. Manche Menschen haben spezielle Hobbys, und Engagement ist ähnlich. Wenn jemand dreimal die Woche abends ins Training geht, jeden Dienstag und Freitag Bandprobe hat oder samstags töpfert, ist das am Ende auch nichts anderes, als würde ich dreimal die Woche abends einen politischen Lesekreis besuchen oder zweimal die Woche Hunde im Tierheim ausführen. Will sagen: Wer einem die aktivistischen Tätigkeiten absprechen möchte, meint es eventuell auch nicht gut mit einem. Letztlich sollte es in zwischenmenschlichen Beziehungen auch immer darum gehen, dass man sich gegenseitig respektiert. Und wenn das Engagement zu viel Zeit einnimmt, es dadurch Probleme gibt, dann sollte das bei einem heißen Tee in einem sachlichen Dialog besprochen und nach praktischen Lösungen gesucht werden. Widerstände sollten überwindbar, Aktivismus sollte möglich sein. Denkt an die Hobbys, die sind für die meisten Menschen auch möglich. Ich bin bei meinen Tätigkeiten auch durchaus kompromissbereit, und manchmal handeln wir daheim auch aus, was geht und was nicht. Es kommt vor, dass ich im Gegenzug für zwei Wochen Abwesenheit dann mal ein schönes Abendessen koche oder ein gemeinsamer Abend mehr eingelegt wird.

Wenn die Familie und das Umfeld kein Problem mit einem Engagement hätten, man selbst aber nicht weiß, wie und wann man das umsetzen sollte, gibt es eventuell auch Lösungen. Der Zeitfaktor spielt hier vermutlich die größte Rolle. Am besten steckt man erst mal ab, wie viel Zeit man theoretisch hätte, ob man die Kinder einen Abend in der Woche betreuen lassen kann oder welche anderen Lösungen sich finden lassen. Auch ist es sinnvoll, in die Selbstreflexion zu gehen. Ich habe mal geschaut, wie viel sinnlose Zeit ich am Handy verdaddel. Auch könnte ich mir die eine oder andere Folge *Downton Abbey* am Abend sparen und die Zeit anders nutzen. Manchmal finden sich so zeitliche Lücken, die man sinnvoll füllen kann.

Zudem ist nicht jede aktivistische Tätigkeit damit verbunden, das Haus zu verlassen. Wir haben beispielsweise Ehrenamtliche in unserem Verein, die abends oder zwischendrin administrative Aufgaben lösen, die Website nach Feierabend gestalten oder in ihrem Urlaub mal ein paar Tage abzwacken, um die Buchhaltung zu machen. Das Best-Case-Szenario wäre dann, dass man die Familie und das Umfeld einfach einbinden kann. Aus dem Demobesuch wird ein gemeinsamer Ausflug – unsere Nachbarn machen das mit ihren Kindern, und anschließend gibt es wahlweise eine heiße Schokolade oder eine Kugel Eis –, Plakate werden zusammen gebastelt, Bücher gemeinsam in einem Lesekreis mit den besten Freundinnen gelesen, Unterschriften im Verbund gesammelt. Aktivismus kann auch ein Gemeinschaftsprojekt werden und sich somit noch besser in den Alltag integrieren lassen.

Activist Burn-out

Es war mitten in der Nacht, ich lag gemütlich im Bett und war gerade eingeschlafen. Plötzlich wurde in unserer Straße ein lauter Böller gezündet. Es gab einen heftigen Knall, und ich stand im Bett. Mein Herz raste. Ich konnte spüren, wie ich instant anfing zu schwitzen vor Stress. Mein erster Gedanke: Luftangriff!

Seit einiger Zeit habe ich immer wieder solche Erlebnisse gehabt, assoziiere »lustiges« Silvestergeknalle mit einer tödlichen Gefahr. Besonders schlimm war es nach einer der letzten Ukrainefahrten im Jahr 2023.

In Cherson waren wir Ende des Jahres in einen heftigen Luftangriff geraten. Das war nicht das erste Erlebnis dieser Art, um uns herum waren schon öfter die Raketen geflogen oder hatten Sirenen bedrohlich geheult. Diesmal war es aber anders. Während der Rest des Teams in einem Wohnhaus war, um bei einer älteren Dame eine Katze abzuholen, die wir nach Kyjiw in Sicherheit bringen sollten, bin ich allein im Auto geblieben. Wir hatten eine angeschossene und dadurch sehr schwer verletzte Katze dabei, die in einer Transportbox auf meinem Schoß saß. Regelmäßig überprüfte ich, ob sie noch atmete. Sie war mehr tot als lebendig. Auch die anderen Tiere im Auto waren diesmal schwer traumatisiert, und deshalb wollte ich bei ihnen bleiben. Es war später Nachmittag, gegen

16:30 Uhr, an einem regnerischen Novembertag. Draußen war es bereits stockdunkel, und die Städte an der Front wurden nicht durch Straßenbeleuchtung erhellt. Man sah also die Hand vor seinen Augen nicht.

Zusätzlich treffen auch noch zum Zeitpunkt, als ich dies schreibe, täglich 40 bis 80 Geschosse jeglicher Art die Stadt Cherson, vor allem in der Dunkelheit geschehen viele Angriffe. Deshalb waren die meisten Menschen bereits geflohen. Die Stadt liegt an einem Fluss, die russische Armee befand sich auf der anderen Flussseite. Man konnte ihnen am Flussufer zuwinken oder in die Gewährläufe schauen – kein Witz. Cherson war kein sicherer Ort. Wir waren bereits den ganzen Tag in der Stadt und Umgebung unterwegs gewesen und an Panzerminen, ausgebrannten Autos und zerstörten Häusern vorbeigekommen. Am Himmel immer wieder dicke Rauchwolken, dröhnende Geräusche von Raketenbeschuss. Teilweise hatte die Erde unter unseren Füßen gebebt, manchmal der ganze Körper – wenn die Einschüsse besonders nahe waren.

Ich saß also allein im dunklen Auto, die Katze auf meinem Schoß, als plötzlich ein Luftangriff direkt neben mir anfing. Erst feuerte unsere Seite Raketen ab, dann kamen welche rein. In kurzen Abständen knallte es mehrfach hintereinander sehr laut, bis es in unserer unmittelbaren Nähe einen Einschlag in einem Wohnhaus gab. Ich konnte den Einschlag vom Auto aus sehen und wusste in diesem Moment nicht genau, wo der Rest des Teams gerade war. Wenige Sekunden später kamen die anderen mit der neuen Katze in einer Transportbox angerannt und sprangen in die Autos. »Wir müssen direkt weiter«, sagte einer, und wir rasten viel zu schnell durch die dunkle Stadt. Eine Querstraße weiter fuhren wir dann unglücklicherweise über Trümmerteile einer Rakete, sodass ein Auto schwer beschädigt wurde und wir uns als Team trennen mussten.

Wenn ich einen Böller höre oder auch einen lauten Donner, spult sich diese Situation in meinem Kopf immer wieder ab wie ein Film. Nach der Fahrt entwickelte ich für einige Wochen starke und täglich wiederkehrende Panikattacken. Während mein Kopf vor Ort sehr gut mit der Lage, den schlimmen Bildern, der tödlichen Gefahr und dem Leid zurechtkam, sah mein Unterbewusstsein zu Hause die Lage offenbar ein bisschen anders. Ich musste verstehen, dass mein Aktivismus in einem Kriegsland unmittelbare Auswirkungen auf meine geistige Gesundheit hatte.

Mit diesem Thema musste ich mich unweigerlich genauer befassen. Schon vorher hatte ich vom Activist Burn-out gehört, einem Zustand der Erschöpfung, der engagierte Personen ereilen kann, wenn sie nicht auf sich aufpassen. Ähnlich wie bei einem Burn-out, der beispielsweise durch zu intensive Arbeit ausgelöst werden kann, beschreibt der Activist Burnout einen Zustand der körperlichen, emotionalen und mentalen Erschöpfung. Oft tritt er bei Menschen auf, die sich intensiv und über einen längeren Zeitraum hinweg in sozialen Bewegungen engagieren.

An dieser Stelle ist wichtig zu erwähnen, dass das keine eigenständige Diagnose ist. Es gibt verschiedene Ursachen und Auslöser für diesen Zustand, beispielsweise die ständige Konfrontation mit belastenden Themen, den Druck, Veränderungen herbeiführen zu wollen, oder die oft hohen emotionalen und zeitlichen Anforderungen des Aktivismus. Wir haben uns bereits die Emotionen angeschaut, die Menschen ins Handeln bringen. Leider können einige dieser Emotionen auch dazu führen, dass man letztlich handlungsunfähig wird. Manchmal kehrt sich die Hoffnung in Frust um, und die Verzweiflung über den Status quo nimmt überhand. Wer ernsthafte und existenzielle Angst hat, deshalb beispielsweise in der Klimabewegung aktiv wird und dabei zusieht, wie die Bundesregierung kein Versprechen einlöst, kann durchaus den Mut verlieren. Das Gefühl der Selbstwirksamkeit kann abhandenkommen, die negativen Emotionen können das Ruder übernehmen, und dabei kann man geradezu in einen Burn-out rutschen. Jene, die in der Seenotrettung helfen und die völlige Verzweiflung der Geflüchteten auf Schlauchbooten auf hoher See mitbekommen, können oft genug nicht einmal helfen. Das ehrenamtliche Engagement in der Obdachlosenhilfe kann wahnsinnig frustrierend sein, wenn wieder keine öffentlichen Gelder in diesem Sektor landen, die Wohnungsnot in den deutschen Großstädten zunimmt und es zu viel Arbeit für zu wenige Freiwillige gibt. Tierheime, die überlaufen, stellen die Ehrenamtlichen vor das Problem, nicht mehr alle Tiere versorgen zu können. Und immer wieder wird die Forderung nach gleichen Rechten einfach nicht wahr- und ernst genommen. Das frustriert, und manchmal verliert man dabei die Kraft weiterzukämpfen.

In anderen Fällen, wie bei mir, ist es nicht der Frust, der überhandnimmt, sondern die teils traumatisierenden Erlebnisse, die Menschen bei ihren Aktivitäten erleben, die zur absoluten Erschöpfung führen können. Menschen, die Missstände in Mastanlagen aufdecken, sehen täglich unfassbares Tierleid, und das kann irgendwann Spuren hinterlassen. Ähnlich geht es jenen, die in Krisen- und Kriegsgebieten Menschen und Tieren helfen. So etwas kann man auf Dauer nicht selbst bewältigen, das Leid und Elend, dem man jeden Tag ausgesetzt ist. Manchmal ist auch die eigene körperliche Unversehrtheit real bedroht, was nicht ohne Folgen bleibt. Das kann weit über ein Burn-out hinaus, bis hin zu einer posttraumatischen Belastungsstörung gehen. Irgendwann meldet sich der Körper, so wie bei mir.

Zusammenfassend kann man also sagen, dass die emotionalen Beweggründe für das Engagement vielschichtig sind. Dabei spielt ein ausgeprägtes Verantwortungsbewusstsein eine wesentliche Rolle, das von einem Gefühl der Isolation und einem tiefen Verständnis für die weitreichenden Auswirkungen der Probleme, gegen die man kämpft, begleitet werden kann. Hinzu kommt der starke Wunsch nach Veränderung, gepaart mit einer gewissen Resignation angesichts der langsamen Fortschritte in diesem Bereich.

Auf struktureller Ebene steht man zudem oft vor dem Problem der Hilflosigkeit, wenn man mit der enormen Menge an Aufgaben konfrontiert wird, die es zu bewältigen gilt. Das kenne ich selbst auch sehr gut von meiner Tierschutzarbeit, denn um diese adäquat ausführen zu können, mussten wir einen Verein gründen und gemeinnützig werden. Inzwischen ist die Vereinsarbeit, mit all den dazugehörigen Aufgaben, zu einem Hauptjob neben dem Hauptjob geworden. Nicht selten frage ich mich, woher die Zeit kommen soll, die anfallenden Aufgaben zu erledigen. Wir haben inzwischen ein Team aufgebaut und Aufgaben besser verteilt. Aber auch das ist nicht immer einfach, und manchmal fehlen eben Verbündete. Das kann dann ziemlich überwältigend wirken und das Gefühl der Machtlosigkeit verstärken.

Nicht zu verachten sind zudem Widerstände und Gegenreaktionen, die sich durch Anfeindungen und einen Mangel an Anerkennung für die geleistete Arbeit äußern. Diese Herausforderungen können demoralisierend wirken und das Engagement in der Bewegung erschweren. Wenn man ständig angefeindet oder mit Nullargumenten konfrontiert wird, dann kann das auf Dauer echt mühsam werden. Leider werfen viele Menschen engagierten Personen unnötig Steine in den Weg.

Auch innerhalb einer Bewegung existieren Herausforderungen. Konkurrenzkampf – ja, das gibt es leider wirklich. Mangelnde Kooperation, interne Streitigkeiten und gegenseitige Vorwürfe können die Effektivität und den Zusammenhalt der Gruppe beeinträchtigen. Diese internen Konflikte können dazu führen, dass die eigentliche Mission der Bewegung in den Hintergrund gerät. Doch wie macht sich so ein Activist Burn-out dann bemerkbar?

Die Symptome können von der emotionalen bis hin zur körperlichen Erschöpfung reichen. Gefühle von Hilflosigkeit, Hoffnungslosigkeit oder Desillusionierung bezüglich der eigenen Aktivitäten und Ziele, aber auch ständige Müdigkeit, Schlafstörungen oder andere körperliche Beschwerden sind dabei typische Anzeichen. Manchmal gesellen sich dazu noch eine verminderte Leistungsfähigkeit, gekennzeichnet durch nachlassende Motivation, Schwierigkeiten, sich zu konzentrieren, und eine verringerte Produktivität. Verwundern mag eventuell, dass Activist Burn-out den Kampfgeist auch in eine gewisse Art der Distanzierung bis hin zum Zynismus umkehren kann. Dabei entstehen Gefühle der Gleichgültigkeit oder Distanzierung von der Aktivismusarbeit und den damit verbundenen Zielen.

Doch wie kann man das vermeiden? Wir müssen uns eine Sache bewusst machen: Gesellschaftliche Veränderung braucht einen langen Atem. Sie wird nicht von dem einen auf den anderen Tag herbeigeführt. Wenn wir uns also direkt komplett verausgaben und nicht auf uns selbst achten, dann sind wir nicht lange dabei. ***Aktivismus ist ein Marathon und kein Sprint.*** Deshalb müssen wir unsere Kräfte schonen und Pausen machen.

Ein Grund für dieses Buch ist, dass es mehr aktive Menschen braucht. Mehr Menschen sollten sich für gesellschaftlichen Wandel, eine solidarische Gemeinschaft, für Menschen, Tiere und die Umwelt einsetzen, damit die viele Arbeit – und es ist wirklich viel zu tun – nicht an wenigen Menschen hängen bleibt. Wenn mehr Menschen aktiv wären, könnte man die Ressourcen besser aufteilen. Das würde wiederum dazu führen, dass nicht nur einige wenige die Last der ganzen Welt auf ihren Schultern tragen, sondern diese Last fair verteilt wird. Je mehr Menschen etwas tun, umso mehr können wir gemeinsam bewirken. Und die Gefahr, dass Menschen dabei komplett ausbrennen, sinkt. Generell sollte aber immer gelten, dass wir in der Gruppe auch gegenseitig auf uns aufpassen müssen. Wenn du merkst, dass es dir nicht gut geht, ist es wichtig, auf ein angemessenes Gleichgewicht zwischen Engagement und Selbstfürsorge zu achten, Unterstützungssysteme zu nutzen und sich Zeit für Erholung und Reflexion zu nehmen. Mit ausgebildetem Fachpersonal darüber zu sprechen kann ebenfalls helfen. Es gibt inzwischen spezielle Therapieangebote für Menschen, die sich engagieren. Wir sind alle Menschen, wir können die Welt alleine nicht retten. Und manchmal brauchen wir eben auch mal eine kleine Verschnaufpause, ein paar schöne Erlebnisse, ausgelassene und sorglose Tage, damit wir dann mit voller Kraft weiterkämpfen können.

Nachwort
Be a Rebel

Aktivismus zeichnet sich durch seine Nuancen aus. Er kann laut und unüberhörbar sein, wirkt oft aber auch im Verborgenen, ist leise und beharrlich. Durch die Jahrhunderte hinweg haben soziale Bewegungen unaufhörlich Rechte erkämpft und Ungerechtigkeiten angeprangert. Viele haben für die gute Sache ihr Leben gelassen, sind für eine gerechtere Welt mit allen zur Verfügung stehenden Mitteln eingestanden. Diese Bewegungen und die Menschen dahinter machten mit Entschlossenheit und unerbittlichem Willen die Welt zu einem gerechteren Ort.

Die Kritik an Aktivismus ist ebenso vielfältig wie der Aktivismus selbst. Jeder Schritt, jede Bewegung und jedes Wort wird nicht selten genauestens hinterfragt. Doch in dieser kritischen Auseinandersetzung liegt eine Stärke: Sie fordert uns heraus, unsere eigenen Überzeugungen zu hinterfragen, unsere Perspektiven zu erweitern und letztlich zu einem tieferen Verständnis der komplexen sozialen Dynamiken zu gelangen, die unsere Welt formen. Es gibt kein absolut »Richtiges« im Aktivismus, keine unumstößliche Wahrheit, die alles umfassen kann. Vielmehr ist das, was uns voranbringt, ein ständiger Dialog, ein Austausch von Ideen und Idealen. Und die Forschung hat uns deutlich gezeigt, dass breite Sympathien nicht zwingend entscheidend für sozialen Wandel sind und Ablehnung durchaus hilfreich sein kann beim Erlangen dringend benötigter Aufmerksamkeit.

In diesem Buch habe ich versucht, die vielfältigen Aspekte des Aktivismus zu beleuchten, um euch einzuladen und zu ermutigen, selbst Teil der Veränderung zu werden. Dieses Nachwort soll nicht nur als Abschluss dienen, sondern als Aufruf, als Inspiration für jede einzelne Person, die diese Zeilen liest, aktiv zu werden und einen Beitrag für eine bessere Welt zu leisten.

Unsere Gesellschaft und unser tägliches Leben sind geprägt von Strukturen und Systemen, die oft reformbedürftig sind. Sie folgen keinen Naturgesetzen, basieren auf manchmal ungerechten Prinzipien oder sind offen diskriminierend. Diese Strukturen werden fortbestehen, wenn wir sie nicht herausfordern. Die Welt, in der wir leben, die Regeln, denen wir folgen, und die Gesetze, die wir befolgen, sind von Menschen geschaffen. Sie sind nicht in Stein gemeißelt und unveränderlich, sondern können – und sollten – hinterfragt und verbessert werden.

Die Geschichte lehrt uns, dass Veränderung möglich ist. Diejenigen, die in der Vergangenheit für unsere Rechte gekämpft haben, haben oft das bestehende System herausgefordert, um die Grundlagen zu verbessern oder überhaupt erst zu schaffen. In der Tat, es liegt an uns, in dieser Tradition des Engagements und des Aktivismus zu handeln. Wir müssen bereit sein, unsere eigenen Überzeugungen und Verhaltensweisen zu überprüfen und zu reflektieren, um sicherzustellen, dass sie zum Wohl aller beitragen und nicht unbeabsichtigt zu Ungerechtigkeit oder Ungleichheit führen.

Ich allein kann die Ausbeutung von Tieren nicht stoppen oder Tierquälerei beenden. Aber wenn wir gemeinsam darauf aufmerksam machen, uns aktiv dafür einsetzen und gemeinschaftlich deutlich machen, dass bestimmte Praktiken inakzeptabel sind, können wir nicht nur Druck auf die Gesetzgebenden ausüben, sondern auch auf einen gesellschaftlichen Konsens darüber hinwirken, was toleriert wird und was nicht.

Wir haben uns weiterentwickelt und werden uns auch in Zukunft weiterentwickeln.

Es ist eine ständige Bewegung, ein unaufhörlicher Prozess, der niemals endet. Jeder Schritt, den wir tun, jede Aktion, die wir initiieren, und jedes Wort, das wir aussprechen, trägt dazu bei, die Geschichte zu formen und die Welt um uns herum zu gestalten. Was uns heute umgibt, wird die Generationen nach uns beeinflussen. Dieser Verantwortung sollten wir uns nicht entziehen.

Zugegeben, Aktivismus erfordert Mut, Entschlossenheit und die Bereitschaft, sich Herausforderungen zu stellen. Es geht darum, für das einzustehen, was richtig ist, auch wenn es unbequem oder schwierig sein mag. Es geht darum, eine Stimme zu sein für diejenigen, die nicht gehört werden, und ein Licht zu sein in Zeiten der Dunkelheit. Es geht darum, Brücken zu bauen, wo Mauern stehen, und Dialoge zu eröffnen, wo Schweigen herrscht.

In unserer heutigen Welt, die von schnellen Veränderungen und globalen Krisen geprägt ist, ist Aktivismus wichtiger denn je. Wir stehen vor einer Vielzahl von Problemen, die von Klimawandel und Umweltzerstörung über soziale Ungerechtigkeit und Diskriminierung bis hin zu wirtschaftlicher Ungleichheit und dem Aufstieg rechtsextremer Kräfte reichen. Die Lösung dieser Probleme erfordert ein kollektives Engagement, eine gemeinsame Anstrengung aller Menschen, die bereit sind, sich für eine bessere Zukunft einzusetzen.

Jeder Beitrag zählt, egal, wie klein er erscheinen mag. Ob wir uns einer lokalen Initiative anschließen, eine Petition unterschreiben, an einer Demonstration teilnehmen oder einfach nur bewusster und nachhaltiger leben – jede Handlung trägt dazu bei, die Waage in Richtung Fortschritt und positiver Veränderung zu neigen. Lassen wir uns also von denjenigen inspirieren, die vor uns gekämpft haben, und von den unzähligen aktivistischen Menschen auf der ganzen Welt, die sich heute unermüdlich für Gerechtigkeit, Gleichheit und den Schutz unseres Planeten einsetzen.

Unser gemeinsames Engagement kann und wird einen Unterschied machen. Es ist an der Zeit, dass wir alle zusammenkommen, kollektiv unsere Stimmen erheben.

Wir haben die Möglichkeit, unsere eigene Geschichte zu schreiben und die gesellschaftlichen Regeln, Gesetze und moralischen Werte der Zukunft aktiv mitzugestalten.

Wie die Band Fehlfarben in den 1980er-Jahren bereits zu sagen pflegte: »Keine Atempause, Geschichte wird gemacht, es geht voran!«

Glossar
Das kritische Wörterbuch

Im Rahmen dieses Buches tauchen immer wieder Fremdwörter oder Begriffe im Kontext sozialer Bewegungen auf, die erklärungsbedürftig sind. Diese sollen im kritischen Wörterbuch noch mal einfach und verständlich erklärt werden.

Abolitionismus ist eine soziale Bewegung mit dem Ziel, die Sklaverei abzuschaffen und versklavte Menschen zu befreien. Heute wird der Begriff oft in erweiterter Form verwendet, um Bewegungen zu beschreiben, die sich für die Abschaffung verschiedener Formen von Unterdrückung und Ausbeutung einsetzen, wie etwa des Gefängnissystems, der Todesstrafe oder bestimmter Aspekte der Strafjustiz.

Activist Burn-out ist ein Zustand der Erschöpfung und Demotivation, der durch anhaltendes Engagement in sozialen, politischen oder ökologischen Bewegungen ohne ausreichende Erholungsphasen entstehen kann. Wichtig ist, dass es sich hierbei um keine Diagnose handelt.

Aktivismus meint das aktive Eintreten für soziale, politische oder ökologische Veränderungen, oft durch Proteste, Kampagnen oder andere Formen des Engagements.

Aktivismus-Dilemma beschreibt die Schwierigkeit, eine Balance zwischen dem Wunsch, durch Aktivität etwas zu verändern, und den möglichen negativen Auswirkungen dieser Bemühungen zu finden.

Allyship bezeichnet die aktive Unterstützung der Rechte und des Wohlergehens einer benachteiligten Person oder Personengruppe durch andere, die selbst nicht Teil der Gruppe sind.

Antispeziesismus ist die Ablehnung der Diskriminierung von Lebewesen aufgrund ihrer Spezies. Insbesondere kritisiert er die Bevorzugung von Menschen gegenüber anderen Tierarten.

Artivismus ist eine Verschmelzung von Kunst und Aktivismus, bei der kreative Ausdrucksformen genutzt werden, um auf soziale oder politische Themen aufmerksam zu machen und Veränderungen anzustoßen.

Boykott beschreibt die Vermeidung oder Ablehnung von Produkten, Dienstleistungen oder Veranstaltungen, um Druck auf Organisationen, Firmen oder Staaten auszuüben, damit diese ihre Politik oder ihr Verhalten ändern.

Buycott bezeichnet das gezielte Kaufen von Produkten oder Dienstleistungen von Unternehmen, um diese bei ihrem positiven sozialen oder ökologischen Engagement zu unterstützen und somit sozialen Wandel zu fördern.

Derailing ist eine Diskussionstaktik, bei der vom ursprünglichen Thema abgelenkt wird, um die Diskussion in eine andere, oft weniger relevante oder bequemere Richtung zu lenken.

Emanzipatorische Bewegungen sind soziale oder politische Bewegungen, die darauf abzielen, Ungleichheiten zu überwinden und Menschen mehr Freiheit, Rechte und Selbstbestimmung zu verschaffen.

Femizid bezeichnet die gezielte Tötung von Frauen oder Mädchen aufgrund ihres Geschlechts, oft im Kontext von Gewalt gegen Frauen.

Gelegenheitsstrukturen sind die der sozialen oder politischen Umstände, die das Entstehen und die Wirksamkeit von sozialen Bewegungen und Aktivismus begünstigen oder behindern.

Gesellschaftsrat bezeichnet ein Gremium, das sich aus einer Vertretung verschiedener gesellschaftlicher Gruppen zusammensetzt, um in Organisationen oder staatlichen Einrichtungen zu sozialen, kulturellen oder wirtschaftlichen Fragen Empfehlungen auszusprechen.

Globalisierung bezeichnet den Prozess zunehmender weltweiter Verflechtungen in den Bereichen Wirtschaft, Politik, Kultur und Umwelt, der zu einer intensiveren internationalen Zusammenarbeit und zum Austausch über Ländergrenzen hinweg führt.

Graswurzelbewegungen sind von der Basis ausgehende Initiativen, bei denen sich die normale Bevölkerung zusammenschließt, um sozialen oder politischen Wandel herbeizuführen.

Greenwashing ist eine irreführende Marketingstrategie, bei der Unternehmen sich umweltfreundlicher darstellen, als sie tatsächlich sind, um ein positives Image zu erzeugen.

Informationskaskaden beschreiben ein Phänomen, bei dem Individuen ihre Entscheidungen auf Basis der Aktionen vorangegangener Personen treffen, was zu einer schnellen Verbreitung bestimmter Verhaltensweisen oder Überzeugungen führt, selbst wenn diese nicht durch direkte Informationen oder Beweise gestützt sind.

Inklusion beschreibt den Ansatz, allen Menschen unabhängig von ihren individuellen Fähigkeiten oder Bedürfnissen gleichberechtigte Teilhabe in allen Lebensbereichen zu ermöglichen.

Klassismus ist die Diskriminierung oder Benachteiligung von Personen aufgrund ihrer sozialen Herkunft oder Zugehörigkeit zu einer bestimmten sozialen Klasse.

NGO (Nichtregierungsorganisation) beschreibt eine unabhängige, nicht auf Gewinn ausgerichtete Organisation, die sich für soziale, ökologische oder humanitäre Anliegen einsetzt.

Petitionsausschuss des Bundestags bezeichnet ein Gremium, das sich mit den Anliegen und Beschwerden befasst, die die Bevölkerung in Form von Petitionen an den Deutschen Bundestag richtet.

Pinkwashing bezeichnet die Praxis von Unternehmen oder Organisationen, sich durch oberflächliche Unterstützung von LGBTQIA* -Themen progressiv und tolerant darzustellen, oft um von anderen problematischen Verhaltensweisen abzulenken oder das eigene Image zu verbessern.

Protest ist eine öffentliche Demonstration von Missbilligung oder Widerstand gegen bestimmte politische Entscheidungen oder Situationen, oft in Form von Kundgebungen, Streiks oder anderen kollektiven Aktionen.

Radikale Flanke bezeichnet in sozialen Bewegungen die Gruppe oder Strömung, die extremere Positionen vertritt oder radikalere Methoden anwendet, um Aufmerksamkeit zu erregen und den Kernanliegen der Bewegung Nachdruck zu verleihen. Das kann dazu führen, dass sie die Positionen gemäßigter Gruppen innerhalb der Bewegung stärken, indem sie die Aufmerksamkeit und den Verhandlungsspielraum erweitern.

Reaktanz ist eine psychologische Abwehrreaktion, bei der Menschen auf wahrgenommene Einschränkungen ihrer Freiheiten mit Widerstand reagieren, um ihre Autonomie zu bewahren.

Rekuperation ist, wenn rebellische oder revolutionäre Ideen von der Mainstream-Gesellschaft übernommen und in etwas Kommerzielles verwandelt werden, wodurch sie ihre ursprüngliche Kraft verlieren. Rechte Bewegungen adaptieren manchmal linke Strategien, um ihre Ziele breiter zu kommunizieren.

Repressalien sind Strafmaßnahmen als Reaktion auf bestimmte Handlungen oder Verhaltensweisen.

Segregation beschreibt die Trennung von Menschen nach bestimmten Merkmalen wie Hautfarbe oder Religion in unterschiedlichen Bereichen des gesellschaftlichen Lebens.

Selbstermächtigung ist der Prozess, bei dem Individuen die Kontrolle über ihr eigenes Leben übernehmen, indem sie Selbstvertrauen und Unabhängigkeit aufbauen.

Soziale Bewegungen sind Gruppen von Menschen, die sich zusammenfinden, um gemeinsam für sozialen oder politischen Wandel zu kämpfen, oft mit dem Ziel, bestimmte Missstände zu beseitigen.

Tone Policing ist die Kritik an der Art und Weise, wie jemand etwas sagt, anstatt auf den Inhalt der Aussage einzugehen, oft um die Person zu diskreditieren oder vom eigentlichen Thema abzulenken.

Utilitarismus ist eine ethische Theorie, die Handlungen danach bewertet, ob sie zum größtmöglichen Glück der größtmöglichen Zahl von Lebewesen beitragen.

Vorbeugehaft ist die Inhaftierung einer Person, bevor sie eines Verbrechens überführt wurde, oft mit der Begründung, weitere Straftaten oder eine Flucht zu verhindern.

Wokewashing ist analog zu Green- und Pinkwashing eine Praxis, mit der sich Organisationen zu Marketingzwecken progressiv und sensibel gegenüber Gleichstellungsthemen präsentieren, ohne tatsächlich substanzielle Veränderungen vorzunehmen.

Xenophobie beschreibt die Angst oder Ablehnung gegenüber Menschen aus anderen Ländern oder Kulturen.

Ziviler Ungehorsam ist eine gewaltfreie Form des Protests, bei der Menschen bewusst Gesetze oder Regeln missachten, um auf soziale oder politische Missstände aufmerksam zu machen und Veränderungen zu fordern.

Anmerkungen

1.
Nicht nur eine Phase

1 https://www.spiegel.de/politik/deutschland/npd-aufmaersche-am-1-mai-proteste-gegen-nazis-a-194382.html
2 Sascha Schmidt, Yvonne Weyrauch (2023): *Rechter Terror in Hessen. Geschichte, Akteure, Orte.* Wochenschau Verlag, Frankfurt/Main, S. 186 ff. Forum Demokratieforschung (2013): »Extrem rechte Strukturen und Gegenstrukturen in hessischen Landkreisen«, in: *Beiträge aus der Forschung. Working Paper-Reihe im Fachgebiet Demokratieforschung am Institut für Politikwissenschaft der Philipps-Universität Marburg,* No. I, S. 30
3 Stephan Braun et al. (2015): *Strategien der extremen Rechten. Hintergründe – Analysen – Antworten.* Springer VS, Wiesbaden, S. 300 f.
4 https://www.bpb.de/kurz-knapp/zahlen-und-fakten/soziale-situation-in-deutschland/61778/vermoegen-in-west-und-ostdeutschland-nach-alter/

2.
Vom Funken zur Flamme

1 https://www.britannica.com/explore/savingearth/chipko-movement
2 Dieter Rucht (2023): *Kollektive Proteste und soziale Bewegungen. Eine Grundlegung.* Beltz, Weinheim, S. 53
3 ebd., S. 53
4 vgl. Karl-Dieter Opp (1996): »Gesellschaftliche Krisen, Gelegenheitsstrukturen oder rationales Handeln? Ein kritischer Theorienvergleich von Erklärungen politischen Protests«, in: *Zeitschrift für Soziologie,* Bd. 25, Ausg. 3, S. 223 ff.
5 vgl. Lea Ledwon (2016): »Ohne Emotionen keine sozialen Bewegungen«, in: *Neue Gesellschaft Frankfurter Hefte, Ausgabe 10/2016*
6 ebd., S. 28

7 vgl. Christian Koller (2014): »Soziale Bewegungen: Emotion und Solidarität«, in: Heike Stadtland, Jürgen Mittag (Hrsg.): *Theoretische Ansätze und Konzepte der Forschung über soziale Bewegungen in der Geschichtswissenschaft*, S. 403–422

8 https://www.deutschlandfunk.de/friedensdemo-1981-in-bonn-300-000-gegen-den-nato-100.html

9 https://www.ardalpha.de/wissen/psychologie/klimaangst-klimawandel-angst-zukunft-sorge-solastalgie-psyche-100.html

10 vgl. Christoph Hoeft (2021): *Stillstand in Bewegung? Kollektives Lernen in sozialen Bewegungen*. Transcript, Bielefeld

11 Positionspapier Deutscher Tierschutzbund (2022): Anforderungen an das Halten von Enten und Gänsen, Gewinnung von Federn, Fleisch und Stopfleber. https://www.tierschutzbund.de/fileadmin/Seiten/tierschutzbund.de/Downloads/Berichte/Positionspapier_DTSchB_Anforderungen_an_das_Halten_von_Gaensen_und_Enten.pdf

12 vgl. Lennart Alexy et al. (2020): Das Rechtslexikon: Begriffe, Grundlagen, Zusammenhänge. Bundeszentrale für politische Bildung, Bonn

13 https://rsw.beck.de/aktuell/daily/meldung/detail/olg-naumburg-bestaetigt-freisprueche-fuer-tierschuetzer-im-verfahren-um-filmaufnahmen-im-schweinestall

14 https://www.mz.de/mitteldeutschland/sachsen-anhalt/letzte-generation-klimakleber-prozess-strassenblockade-halle-einstellung-geldauflage-3764705

15 vgl. Peter Kirsch et al. (2022): *Gesellschaftliche Selbstermächtigung in Deutschland: Fridays for Future und Corona-Skepsis im Vergleich*. Springer VS, Wiesbaden

16 ebd., S. 117 ff.

17 vgl. Carolin Amlinger, Oliver Nachtwey (2022): *Gekränkte Freiheit. Aspekte des Libertären Autoritarismus*. Suhrkamp, Berlin

18 https://www.deutschlandfunk.de/kueken-schreddern-deutschland-verboten-100.html

19 https://de.statista.com/themen/71/ehrenamt/#topicOverview

20 vgl. Philipp Lepenies (2022): *Verbot und Verzicht. Politik aus dem Geiste des Unterlassens*. Suhrkamp, Berlin

21 https://www.rnd.de/wirtschaft/landwirtschaft-das-hoefesterben-geht-weiter-aber-langsamer-IXYH5G3HB5MM5F536UXWBDRSTY.html

22 https://www.bpb.de/themen/umwelt/landwirtschaft/316059/strukturwandel-und-agrarentwicklung-seit-1880/

3.
Warum Aktivismus manchmal dahin geht, wo es wehtut

1 https://www.zeit.de/politik/deutschland/2022-11/aktivismus-letzte-generation-querdenker-protest-kritik

2 https://www.tagesspiegel.de/gesellschaft/schaden-dem-klimaschutz-massiv-habeck-kritisiert-klimaaktivisten-nach-blockade-des-hamburger-und-dusseldorfer-flughafens-10138885.html

3 https://www.derwesten.de/panorama/promi-tv/markus-lanz-mediathek-ganze-folge-letzte-generation-klima-kleber-theodor-schnarr-id300593889.html

4 https://www.faz.net/aktuell/politik/inland/warum-die-letzte-generation-der-klimabewegung-schadet-18556025.html

5 https://www.sueddeutsche.de/meinung/nordrhein-westfalen-klima-braunkohle-rwe-luetzerath-tagebau-1.5727908?reduced=true

6 https://www.zeit.de/kultur/2023-01/luetzerath-besetzung-klimaaktivisten-klimaproteste-garzweiler-politik

7 Yasmine M'Barek (2023): *Protest. Über Wirksamkeit und Risiken des zivilen Ungehorsams.* Leykam, Graz, Wien, S. 52

8 Podcast *Feel The News*, Folge »Vegan oder Billigfleisch, so schmeckt Politik« (2. Juni 2022), ab Minute 15:50

9 Semper, Gottfried: *Der Stil in den technischen und tektonischen Künsten oder Praktische Ästhetik. Zweiter Band: Keramik, Tektonik, Stereotomie, Metallotechnik.* Bruckmann, München 1863. S. 231

10 *Die Grenzboten. Zeitschrift für Politik, Literatur und Kunst,* Bd. 75 (1916), Ausg. 2, S. 84

11 *Verhandlungen des Reichstags. XIII. Legislaturperiode. II. Session. Bd. 313. Stenographische Berichte.* Berlin 1918, S. 5652

12 https://www.oed.com/dictionary/activism_n?tab=meaning_and_use#19584405

13 vgl. Knut Cordsen (2022): *Die Weltverbesserer. Wie viel Aktivismus verträgt unsere Gesellschaft?* Aufbau, Berlin

14 vgl. Helmut Gruber (1967): »The Political-Ethical Mission of German Expressionism«, in: *The German Quarterly*, Bd. 40, Ausg. 2, S. 186–203

15 Donatella della Porta, Mario Diani (2006): *Social Movements. An Introduction.* Blackwell Publishing, Hoboken, S. 21

16 Klaus Schönberger, Ove Sutter (Hrsg.) (2009): *Kommt herunter, reiht*

euch ein … Eine kleine Geschichte der Protestformen sozialer Bewegungen. Assoziation A, Berlin, S. 24 f.

17 Rucht (2023), S. 14 ff.

18 Heiko Bayer, Annette Schnabel (2017): *Theorien sozialer Bewegungen. Eine Einführung.* Campus, Frankfurt/Main, S. 13 ff.

19 vgl. Niklas Luhmann (2016): *Protest. Systemtheorie und soziale Bewegungen.* Suhrkamp, Berlin

20 Christian Steuerwald, Frank Schröder (Hrsg.) (2013): *Perspektiven der Kunstsoziologie. Praxis, System, Werk.* Springer VS, Wiesbaden, S. 135. Jens Kastner (2011): »Kunstproduktion und soziale Bewegungen: zur Theorie eines vernachlässigten Zusammenhangs«, in: *Psychologie und Gesellschaftskritik*, Bd. 35, Ausg. 4, S. 7–33

21 Rucht (2023), S. 125 f.

22 Lars Koch (2021): »Über artivistische Interventionen. Invektivität, Medien, Moral«, in: *Kulturwissenschaftliche Zeitschrift*, Bd. 2021, Ausg. 1, S. 249

23 Christian Krüger (2022): »Aporien des Artivismus«, in: Birgit Eusterschulte, Christian Krüger (Hrsg.): *Involvierte Autonomie.* Transcript, Bielefeld, S. 194 f.

24 https://politicalbeauty.de/ueber-das-ZPS.html

25 https://politicalbeauty.de/holocaust-mahnmal-bornhagen.html

26 https://www.tagesspiegel.de/politik/staatsanwaltschaft-ermittelt-gegen-zentrum-fur-politische-schonheit-5548027.html

27 Koch (2021), S. 255

28 vgl. Nora Rigamonti (2021): »Aggressiver Humanismus«, in: *diskurs*, Ausg. 6, S. 105–127

29 https://www.deutschlandfunkkultur.de/zentrum-fuer-politische-schoenheit-berliner-bezirk-will-100.html

30 https://www.jetzt.de/politik/bundestag-entscheidet-indirekt-ueber-fluchtwege

31 »Millionenschäden durch linke Chaoten. Straßenterror in deutschen Großstädten«, in: *Bild* vom 1. Februar 1981

32 https://www.spiegel.de/politik/sanierung-haut-den-gesuendesten-um-a-b41e0f2b-0002-0001-0000-000014326116

33 vgl. Reinhild Kreis (2017): »Heimwerken als Protest. Instandbesetzer und Wohnungsbaupolitik in West-Berlin während der 1980er-Jahre«, in: *Zeithistorische Forschungen/Studies in Contemporary History*, Bd. 14, Ausg. 1, S. 41–67

34 https://www.deutschlandfunkkultur.de/westberlin-in-den-80er-jahren-stadterneuerung-per-100.html

35 Bauernprotest am 8. Januar 2024

36 Bis 1977 erforderte das Bürgerliche Gesetzbuch in Deutschland die Erlaubnis des Ehemanns, damit eine Frau arbeiten konnte.

37 https://www.zeit.de/politik/deutschland/2022–11/aktivismus-letzte-generation-querdenker-protest-kritik

38 vgl. Charles Tilly (1993): »Social Movements as Historically Specific Clusters of Political Performances«, in: *Berkeley Journal of Sociology*, Bd. 38, S. 1–30

39 Ruud Wouters, Stefaan Walgrave (2017): »What Makes Protest Powerful? Reintroducing and Elaborating Charles Tilly's WUNC Concept«. https://ssrn.com/abstract=2909740

40 Lisz Hirn (2023): »Zwischen moderat und radikal. Was Bildung können muss«, in: Universität für angewandte Kunst Wien: *Radikale Universität. Universitäten in Zeiten globaler Umbrüche. Die Angewandte und Rektor Gerald Bast.* Berlin, Boston: De Gruyter, S. 39 f.

41 vgl. Erica Chenoweth, Maria J. Stephan (2011): *Why Civil Resistance Works. The Strategic Logic of Nonviolent Conflict.* Columbia University Press, New York City.

42 vgl. Jonathan Sutton et al.(2014): »Explaining Political Jiu-Jitsu. Institution-Building and the Outcomes of Regime Violence against Unarmed Protests«, in: *Journal of Peace Research,* Bd. 51, Ausg. 5, S. 559–573

43 https://www.tagesschau.de/inland/gesellschaft/razzia-letzte-generation-100.html

44 https://www.fr.de/politik/klimapolitik-freispruch-letzte-generation-gericht-klima-kleber-praezedenzfall-aktivismus-92751723.html

45 vgl. Chenoweth, Stephan (2011)

46 https://www.washingtonpost.com/news/monkey-cage/wp/2016/01/18/how-the-world-is-proving-mlk-right-about-nonviolence/

47 https://www.zukunftsinstitut.de/zukunftsthemen/soziale-kipppunkte-im-kampf-gegen-den-klimawandel

48 https://www.wir-sind-tierarzt.de/2016/10/btk-flyer-qualzucht-bei-mops-und-co/

49 Das Verbot von Qualzucht ist zwar bereits im deutschen Tierschutzgesetz in § 11b festgehalten. Dieser Abschnitt verbietet die Zucht von Tieren, wenn dadurch Leiden oder gesundheitliche Beeinträchtigungen bei den Nachkommen zu erwarten sind. Allerdings sind diese Ausführungen nicht spezifiziert und machen das Gesetz damit wirkungslos.

50 https://www.derstandard.de/story/2000143979474/was-proteste-bringen-und-wann-sie-wirken

51 Majken J. Sørensen, Brian Martin (2014): »The Dilemma Action: Analysis of an Activist Technique«, in: *Peace & Change*, Ausg. 39, S. 73–100

52 https://www.tagesschau.de/inland/gesellschaft/letzte-generation-klebeaktionen-100.html

53 https://www.berliner-zeitung.de/mensch-metropole/wir-medien-sind-gehilfen-der-letzten-generation-schluss-mit-der-aufmerksam keit-li.434989

54 https://sz-magazin.sueddeutsche.de/die-loesung-fuer-alles/gene-sharp-protest-ziviler-ungehorsam-88891

55 vgl. Robin Celikates (2023): »Protest in der Klimakrise. Die Legitimität zivilen Ungehorsams«, in: Blätter für deutsche und internationale Politik, Ausg. 2/2023, S. 99–106

56 Luca Tratschin (2016): *Protest und Selbstbeschreibung. Selbstbezüglichkeit und Umweltverhältnisse sozialer Bewegungen.* Transcript, Bielefeld, S. 221–226

57 https://www.tagesspiegel.de/politik/fdp-spricht-von-erpressung-angebot-der-letzten-generation-stosst-auf-kritik-9419609.html

58 Stephen D'Arcy (2019): *Sprachen der Ermächtigung. Warum militanter Protest die Demokratie stärkt.* Unrast, Münster, S. 137 ff.

59 Podcast *Wissen Weekly*, Folge »Politik vs. Aktivismus: Was verändert die Welt wirklich?« (5. September 2021)

60 vgl. Dieter Rucht (2002): »Anstöße für den Wandel – Soziale Bewegungen im 21. Jahrhundert«, Vortrag im Rahmen der Gründungsversammlung für »Die Bewegungsstiftung – Anstöße für soziale Bewegungen«, Haus der Demokratie, Berlin, 2. März 2002

61 vgl. Friedel Grützmacher (2019): »Zwischen Protest und Parlament. Der Werdegang der Grünen aus der Sicht einer Beteiligten«, in: *Forschungsjournal Soziale Bewegungen*, Bd. 32, Ausg. 2, S. 262–269

62 Tratschin (2016), S. 45

63 D'Arcy (2019), S. 55 ff.

64 https://netzpolitik.org/2019/klimaproteste-warum-ziviler-ungehorsam-gut-fuer-die-demokratie-ist/

65 https://www.mdr.de/nachrichten/deutschland/gesellschaft/tiktok-rechtsextrem-herz-statt-hakenkreuz-100.html

66 Philipp Franz et al.: »›Protest‹ von Rechts – Protestformen von Links?«, in: Schönberger, Hutter (2009), S. 254

67 https://www.tagesspiegel.de/wissen/so-werden-die-grenzen-des-sagbaren-verschoben-4202638.html
68 vgl. Armin Pfahl-Traughber (2003): »Rechtsextremismus als neue soziale Bewegung? Aktivitäten und Kooperation von NPD, Neonazis und Skinheads«, in: *Forschungsjournal Soziale Bewegungen*, Bd. 16, Ausg. 4, S. 43–54
69 vgl. Karl R. Popper (2003): *Die offene Gesellschaft und ihre Feinde: Der Zauber Platons*. Mohr Siebeck, Tübingen

4.
Viva la revolución

1 Rucht (2023), S. 35ff.
2 https://www.die-debatte.org/debattenkultur-geschichte-der-meinungsfreiheit
3 https://www.ardalpha.de/wissen/geschichte/historische-persoenlichkeiten/mary-richardson-suffragette-frauenwahlrecht-museum-protest-frau-frauengeschichte-100.html
4 Richard Ryder (2000): *Animal Revolution. Changing Attitudes towards Speciesism*. Berg Publishers, Oxford, S. 17
5 vgl. Robert Freeman (2012): *The Scientific Revolution*. Kendall Lane Publishers, Palo Alto
6 Friederike Schmitz (2014): *Tierethik. Grundlagentexte*. Suhrkamp, Berlin, S. 32
7 Jeremy Bentham (1840): *The Works of Jeremy Bentham, Now First Collected: Under the Superintendence of His Executor, John Bowring*, Bd. 7. William Tait, Edinburgh, S. 143
8 *Jahrbücher für die preußische Gesetzgebung, Rechtswissenschaft und Rechtsverwaltung*. Berlin, Bd. 1843, S. 25
9 Ulrike Pollack (2009): *Die städtische Mensch-Tier-Beziehung. Ambivalenzen, Chancen und Risiken*. Universitätsverlag der TU, Berlin, S. 168

5.
Keimzellen des Wandels

1 Sebastian Bödeker (2011): »Die soziale Frage der Demokratie. Einkommen und Bildung beeinflussen die Chancen politischer Teilhabe«, in: *WZB Mitteilungen*, Ausg. 134, S. 26f.
2 vgl. ebd.

3 vgl. Ingrid Miethe, Silke Roth (2016): »Bildung und soziale Bewegungen – eine konzeptionelle Einführung«, in: *Forschungsjournal Soziale Bewegungen*, Bd. 29, Ausg. 4, S. 20–29
4 https://www.fr.de/panorama/2020-und-2010-was-zehn-jahre-so-veraendern-90033273.html
5 https://de.statista.com/infografik/24000/anzahl-der-vegetarier-und-veganer-in-deutschland
6 https://www.destatis.de/DE/Presse/Pressemitteilungen/2023/02/PD23_051_413.html
7 Dietlind Stolle, Michele Micheletti (2005): »Warum werden Käufer zu ›politischen Verbrauchern‹?«, in: *Forschungsjournal Soziale Bewegungen*, Bd. 18, Ausg. 4, S. 41
8 https://www.stern.de/wirtschaft/news/nestlè-soll-unrechtmaessig-wasser-in-kalifornien-abpumpen-und-verkaufen-7802706.html
9 https://www.handelsblatt.com/unternehmen/handel-konsumgueter/lebensmittelkonzern-warum-nestle-so-unbeliebt-ist/26287122.html
10 https://www.deutschlandfunk.de/david-gegen-goliath-128.html
11 vgl. Lisa A. Neilson (2010): »Boycott or buycott? Understanding political consumerism«, in: *Journal of Consumer Behaviour*, Bd. 9, Ausg. 3, S. 214–227
12 https://www.nd-aktuell.de/artikel/1141393.tamponsteuer-versoehnung-im-streit-um-tampon-petition.html
13 https://www.geo.de/natur/nachhaltigkeit/21121-rtkl-aktivismus-im-netz-was-bringen-online-petitionen
14 Hedy Greijdanus et al. (2020): »The psychology of online activism and social movements: Relations between online and offline collective action«, in: *Current opinion in psychology*, Ausg. 35, S. 49–54
15 Deen Freelon et al. (2020): »False equivalencies: Online activism from left to right«, in: *Science*, Bd. 369, Ausg. 6508, S. 1197–1201
16 https://www.mdr.de/nachrichten/deutschland/gesellschaft/demo-gegen-afd-rechtsextreme-wirkung-politikwissenschaftler-interview-100.html
17 https://www.mdr.de/nachrichten/deutschland/panorama/dauerprotest-streik-bauern-bahn-arztpraxen-100.html
18 https://www.stern.de/news/umfrage--afd-verliert-an-zuspruch---grosse-aufmerksamkeit-fuer-demos-gegen-rechts-34392288.html
19 vgl. Francesco Colombo et al. (2021): »From the Streets to the Voting

Booth. The Electoral Effect of Grassroots Mobilization Against the Far-Right«. https://ssrn.com/abstract=3826965

20 https://www.tagesspiegel.de/politik/niedrigster-stand-seit-juli-afd-rutscht-in-umfrage-auf-20-prozent-11157277.html

6.
Rebel 101

1 vgl. Silke Roth (2013): »Alltag und Aktivismus. Schlüsselfiguren in Familie, Nachbarschaft und Arbeit«, in: *Forschungsjournal Soziale Bewegungen,* Bd. 26, Ausg. 4, S. 43–50

2 vgl. Christina Müllenmeister et al. (2023): »Exploring doing activism as a means for political action and social transformation in Germany«, in: *Journal of Occupational Science*, Bd. 30, Ausg. 3, S. 377–389